国家自然科学基金青年项目

"多层次创新网络对科技服务业集群企业创新绩效的影响研究"（项目编号：71902034）

梁　娟◎著

多层次创新网络对科技服务业集群企业创新绩效的影响研究

Influence of multi-level innovation network
on innovative performance of science
and technology service cluster firms

中国财经出版传媒集团

经济科学出版社
Economic Science Press

图书在版编目（CIP）数据

多层次创新网络对科技服务业集群企业创新绩效的影响研究／梁娟著 . -- 北京：经济科学出版社，2023.7

ISBN 978 - 7 - 5218 - 4943 - 1

Ⅰ . ①多… Ⅱ . ①梁… Ⅲ . ①互联网络 - 影响 - 科技服务 - 服务业 - 产业集群 - 企业绩效 - 研究 - 中国 Ⅳ . ①F279. 244

中国国家版本馆 CIP 数据核字（2023）第 132042 号

责任编辑：杜　鹏　武献杰　胡真子
责任校对：王苗苗
责任印制：邱　天

多层次创新网络对科技服务业集群企业创新绩效的影响研究
梁　娟◎著
经济科学出版社出版、发行　新华书店经销
社址：北京市海淀区阜成路甲 28 号　邮编：100142
编辑部电话：010 - 88191441　发行部电话：010 - 88191522
网址：www. esp. com. cn
电子邮箱：esp_bj@ 163. com
天猫网店：经济科学出版社旗舰店
网址：http://jjkxcbs. tmall. com
固安华明印业有限公司印装
710 × 1000　16 开　16. 5 印张　280000 字
2023 年 7 月第 1 版　2023 年 7 月第 1 次印刷
ISBN 978 - 7 - 5218 - 4943 - 1　定价：98. 00 元
（图书出现印装问题，本社负责调换。电话：010 - 88191545）
（版权所有　侵权必究　打击盗版　举报热线：010 - 88191661
QQ：2242791300　营销中心电话：010 - 88191537
电子邮箱：dbts@ esp. com. cn）

前　言

党的二十大报告强调了"必须坚持科技是第一生产力、人才是第一资源、创新是第一动力",提出到2035年要实现"高水平科技自立自强,进入创新型国家前列",建成科技强国的总体目标。在建成科技强国的总体目标下,面对创新全球化和服务经济时代的双重叠加,科技服务业已经成为当前全球围绕创新、创业全链条布局的最活跃、最快的产业之一,已成为各国政府和学术界关注的焦点。

随着科技服务业的高速发展,科技服务业逐渐呈现出空间集聚与全球扩张的双重趋势,其创新活动会同时发生在集群、区域、全球等多空间尺度,科技服务业企业的创新绩效会受到各层次创新网络的共同影响。但现有创新网络和创新绩效的研究大多集中于制造业及工业集群,对服务业集群创新网络及创新绩效的专门研究较少。科技服务业集群企业在不同的地理空间层次进行合作,科技服务企业个体特征又有一定差异,多层次创新网络如何在差异中发挥作用,网络嵌入和个体特征如何交互影响科技服务业集群企业创新绩效等问题还需进一步分析。因此,以科技服务业集群企业为研究对象,从多层次互动的网络视角来审视科技服务业集群创新网络及集群企业的创新绩效,研究科技服务业集群多层次创新网络是否普遍存在、不同空间层次创新网络对创新绩效有何差异性影响等问题,是对当前研究的有益补充,具有一定的理论意义。

本书以网络嵌入理论、创新理论、内生增长理论等为理论基础,对不同空间层次的创新网络进行了整合,提出了科技服务业集群多层次创新网络研究的整合框架,从静态和动态相结合的视角,基于科技服务业集群企业的自适应知识交互行为,运用多主体仿真技术进行仿真模拟,使用案例分析、结构方程模型、多元统计分析和模糊集定性比较分析等方法予以实例验证,揭示多层次创新网络特征、不同空间层次耦合对创新绩效的影响轨迹,得出影响科技服务业集群企业创新绩效的关键因素,为科技服务集群企业构建最佳空间尺度的创新网络和提升创新绩效提供理论支持和实践启示。本书共11章:第1章,导论,介绍研究背景与意义、研究目标和内容、研究思路与方法、主要创新和重要概念;第2章,文献综述,对科技服务业集群、服务业创新网络与创新绩效关系、服务业创新网络的多层次和复杂性研究现状及趋势进行介绍及评述;第3章,科技服务业集群多层次创新网络的内涵、特征、形成机理分析;第4章,中国科技服务集群的发展现状及区域分异格局,发现中国科技服务业集聚趋势加强、省份间集聚水平差异大、四大区域间集聚水平分异显著;第5章,科技服务业集群多层次创新网络的案例分析,以华为和福州软件园为例,验证多层次创新网络的形成过程和特征的理论研究;第6章,中国科技服务业集群识别与多层次创新网络演化,对科技服务业多层次创新网络的区位选择差异性、网络特征和空间格局进行分析,揭示了科技服务业集群多层次创新网络的演化规律;第7章,科技服务业多层次创新网络的仿真模型及其实验结果分析,验证了多层次创新网络形成机理、演化过程和结构特征的理论分析,发现网络权力是影响多层次网络规模、个体网络密度、关系强度的重要变量;第8章,多层次创新网络对科技服务业集群企业创新绩效的影响仿真,从微观的网络节点层面和宏观的网络嵌入视角,直观观察多层次创新网络节点个体特征和网络嵌入对创新绩效的影响轨迹,得出关键影响因素;第9章,多层次网络嵌入与科技创新绩效的模糊集定性比较分析,发现了导致高科技创新绩效的驱动路径;第10章,多层次网络嵌入影响众创空间创新绩效的实证分析,发现了多层次网络嵌入、双元创新行为对创新绩效的协同作用;第11章,基于PMC指数模型的科技服务业政策文本量化评价,得出我国省级科技服务业政策的量化等级、结构合理性和政策短板,并提出相应的政策优化建议。

本书得到国家自然科学基金青年项目(项目编号:71902034)、福建江夏学院科研创新团队资助，在此表示衷心的感谢。在本书的写作过程中，查阅了大量的文献，引用了许多相关的资料，也得到了诸多专家学者的帮助，在此谨向他们表示诚挚的谢意。由于本书的参考文献和引用资料较多，在标注时难免有所疏漏，在此谨向在标注中被遗漏的作者表示诚挚的感谢和深深的歉意。创新是一项系统工程，科技服务业集群企业的创新绩效受多重因素的影响。本书以科技服务业集群企业为研究对象，专门研究多层次创新网络对科技服务业集群企业创新绩效的影响，衷心希望本书能对科技服务业集群企业创新绩效的提升起到指引。本书难免会存在一些疏忽和遗漏，敬请各位专家、同行及广大读者批评指正，以进一步修改完善。

梁　娟

2023 年 3 月

目　　录

第1章 导 论

1.1 研究背景与意义

1.1.1 研究背景

党的二十大报告强调了"必须坚持科技是第一生产力、人才是第一资源、创新是第一动力""坚持创新在我国现代化建设全局中的核心地位",凸显了科技在新时代新征程中的基础性、战略性支撑作用。报告还提出,到2035年要实现"高水平科技自立自强,进入创新型国家前列",建成科技强国的总体目标。《中华人民共和国国民经济和社会发展第十四个五年规划和2035年远景目标纲要》明确要求"完善国家创新体系,加快建设科技强国""建设重大科技创新平台""完善企业创新服务体系""更加主动融入全球创新网络",均释放了科技服务业提速发展的重要信号。在建成科技强国的总体目标下,面对创新全球化和服务经济时代的双重叠加,科技服务业已经成为当前全球围绕创新、创业全链条布局的最活跃、最快的产业之一。

近年来,随着科技服务业的高速发展,科技服务业不断呈现出空间集聚发展的态势,并率先在中国一些发达省份涌现出科技服务业集群,这些集群在提升创新效率、促进产业升级、与制造业互动发展、推动区域经济增长中起到了非常重要的作用(李晓龙等,2017;孟卫军等,2021;吴芹和蒋伏心,2020;黄晓琼和徐飞,2021;曹允春和王尹君,2020;杨力和刘敦虎,2021;姚战琪,2020;郑苏江和吴忠,2020;慕静等,2019;王智毓和冯华,2020;谢臻和卜伟,2018)。但是,科技服务业集群的地理邻近、认知邻近会引发集群企业发展路径的集体刚性与创新资源的低端锁定（徐蕾和魏江，2014）。全球生产网络倡导者提出集群企业应构建跨界网络，实现远距离知识传播（Dicken et al.，2001；Humphrey and Schmitz，2002）；产业集群外部联系受到研究关注。进一步研究发现，如果区域缺乏高度本地蜂鸣特征，外部联系主体就难以扩散通过跨界网络获取的外部知识（Morrison and Rabellotti，2009）。巴塞尔特和亨恩（Bathelt and Henn，2014）意识到本地或非本地单一尺度知识网络分析的局限性，将本地视角和跨界视角结合起来，提出了"本地蜂鸣—全球管道"理论。国内也有学者指出在集群本地网络的基础上嵌入全球价值链，整合集群内外部的创新资源，构建双重创新网络（王琳和魏江，2017）。卡帕尔多和佩特鲁泽利（Capaldo and Petruzzelli，2011）有关网络复合层级的研究中强调网络优化同样发生在企业层级与网络层级。可见，集群创新网络的研究尺度逐渐从本地网络，发展到重视外部知识源和跨集群知识网络，再拓展至强调全球—地方联结和多层次创新网络。

在实践领域中已经出现了科技服务业集群多层次创新网络嵌入的现象，如美国硅谷以及中国台湾新竹、北京中关村、张江高科技园区、深圳南山区创业服务中心、苏州科技城等（谢家平等，2017；刘媛等，2016；李一曼和孔翔，2020；滕丽等，2020）。但现有创新网络和创新绩效的研究大多集中于制造业及工业集群，对服务业集群创新网络及创新绩效的专门研究较少。穆勒特和加洛伊（Moulaert and Gallouj，1993）指出制造业集聚的理论与模型恐怕并不适合服务业。希普（Hipp，2010）指出把不同的理论视角联系起来能更加全面地认识服务业创新网络及其对创新绩效的影响问题。另外，克莱伯特（Kleibert，2016）、内科切亚-蒙德拉贡等（Necoechea-Mondragón et al.，2017）学者均认为服务业集聚应该在全球网络的背景下加以考虑。科技服务业具有高交互性、高创新性、高集聚性等特点（刘开云，2014）。科技服务业的特点决定了其创新网络具有组织边界高度渗透、非线性的多边合作、知识边界高度模糊、知识资产高度分散的特点，是高隐性知识转移、高行为主体导向的松散耦合系统，强调自组织主体之间基于资源依赖性和互惠性关系的动态合作（白鸥和魏江，2016；D. Fjedstad et al.，2012）。此外，与制造业不同，顾企交互（Kim et al.，2017）、横向合作（Zach and Hill，2017）、服务交付（Vigl et al.，2017）、动态能力（Khaksar et al.，2017）、生态创新（Garcia-Pozo et al.，2018）等在科技服务业创新中扮演着重要的角色。伴随

"地方空间"向"全球空间"的转变，不同空间层次的知识流动和创新绩效引起学者们的关注，多空间层次创新网络耦合及其对创新绩效的影响问题成为热点议题。

因此，从产业集群理论、创新网络研究和科技服务业集群发展实践出发，科技服务业集群成为值得深入研究的产业集群类型，创新网络以及多空间层次创新网络耦合对科技服务业集群企业创新绩效的差异性影响将成为一个新的研究重点。基于此，本书对不同空间层次（集群、区域、全球）的创新网络进行了整合，提出了科技服务业集群多层次创新网络研究的整合框架。从多层次互动的网络视角来审视科技服务业集群创新网络及集群企业的创新绩效，研究科技服务业集群多层次创新网络是否普遍存在、不同空间层次创新网络对创新绩效有何差异性影响等问题。

1.1.2　研究意义

1.1.2.1　理论意义

以科技服务业集群企业为研究对象，对不同空间层次的创新网络进行了整合，提出了科技服务业集群多层次创新网络研究的整合框架，从静态和动态相结合的视角，基于科技服务业集群企业的自适应知识交互行为，运用多主体仿真技术进行仿真模拟，使用案例分析、结构方程模型和多元统计分析等方法予以实例验证，研究多层次创新网络对科技服务业集群企业创新绩效的影响，拓展了产业集群创新网络、创新绩效研究的情境，对创新网络在空间视角的后续研究具有一定的指引作用，是对当前研究的有益补充，具有一定的理论意义。

1.1.2.2　实践意义

通过研究多层次创新网络对科技服务业集群企业创新绩效的影响轨迹和关键影响因素，引导科技服务集群企业认识多层次创新网络对创新绩效的影响规律，探索科技服务业集群企业突破低端锁定状态，为科技服务集群企业构建最佳空间尺度的创新网络和提升创新绩效提供理论支持和实践启示。

1.2　研究目标

本书的研究目标主要有三个：

（1）整合不同空间层次（集群、区域、全球）的创新网络，界定科技服务业集群多层次创新网络的内涵，探讨各层次创新网络及网络间的耦合关系、多层次耦合特征，着重分析科技服务业集群企业根据自身特点动态嵌入各层次创新网络的内在机理，探析科技服务业集群多层次创新网络的形成及演化路径。

（2）揭示多层次创新网络对科技服务业集群企业创新绩效的影响机理和影响轨迹。分别使用实证分析方法和多主体仿真方法，从静态和动态两个角度，揭示多层次创新网络特征、不同空间层次耦合对创新绩效的影响轨迹，得出影响科技服务业集群企业创新绩效的关键因素，构建创新网络的最佳空间尺度。

（3）提出科学的、具有可操作性的政策和策略建议，以引导科技服务业集群企业认识多层次创新网络对科技服务业集群企业创新绩效的影响机理和影响轨迹，构建最佳空间尺度的创新网络并提升创新绩效。

1.3　研究内容

1.3.1　科技服务业集群多层次创新网络研究

1.3.1.1　各层次创新网络及网络间的耦合关系研究

在研究集群创新网络、区域创新网络、全球创新网络等各层次创新网络的网络范围、网络主体、网络关系的基础上，对不同空间层次（集群、区域、全球）的创新网络进行整合，提出科技服务业集群多层次创新网络研究的整合框架。从资源依赖性和互惠性角度，分析各层次创新网络间的各种正式（规则正式化、合同、集体协商制度）和非正式（社会规范和信任关系）的耦合关系。

1.3.1.2　科技服务业集群多层次创新网络特征研究

在构建科技服务业集群多层次创新网络系统的基础上，基于服务主导逻辑和科技服务业创新交互个性化的特征，从网络主体、网络资源、联结关系等方面，分析各层次创新网络主体在特定情境下开展的动态资源共享、分工合作与协同创新等交互过程，深入探讨科技服务业集群多层次创新网络的多层次耦合特征。

1.3.1.3　科技服务业集群多层次创新网络的形成及演化路径研究

结合科技服务业集聚示范区的实际调研，分析科技服务业集群企业根据不同成长阶段的不同知识需求和拥有的资源程度的制约，动态嵌入各层次创新网络，进而促使多层次创新网络形成及演化的机理。构建仿真模型，直观地展现多层次创新网络的演化路径，从整体网络层面上刻画不同空间尺度下创新网络的结构及演化特征，深刻认识各层次创新网络间的耦合过程及协同演化规律。

1.3.2　多层次创新网络对科技服务业集群企业创新绩效的影响机理研究

1.3.2.1　多层次创新网络对科技服务业集群企业创新绩效影响机理的理论分析

现有研究发现了"嵌入性悖论"，这表明网络嵌入性与创新绩效之间还存在着复杂的关系，某些中介因素在影响着两者的关系。为此，在现有研究的基础上，结合社会网络理论和知识创新理论，按照产业经济学中的结构行为绩效模型，提出多层次创新网络—创新行为—创新绩效分析框架，推导出多层次创新网络对科技服务业集群企业创新绩效影响过程的理论假设，提出多层次创新网络对科技服务业集群企业创新绩效作用机理的概念模型。

1.3.2.2　多层次创新网络对科技服务业集群企业创新绩效影响机理的研究设计

根据上述概念模型，设计量表、选取样本、收集数据并对数据进行信度和效度分析。根据本书的研究对象，采取随机抽样的方式，在中国已有的科技服务集聚示范区内选择若干企业作为样本，获取相关数据，并对数据的可靠性和一致性进行检验，确保研究的信度和效度。

1.3.2.3 结构方程模型验证及结果分析

在科技服务业集聚示范区实际调研的基础上，根据实证研究的步骤，使用结构方程模型验证上述理论假设，分析多层次创新网络对科技服务业集群企业创新绩效的影响，探析创新行为的中介作用，并根据验证结果对初始模型进行修正，得出多层次创新网络对科技服务业集群企业创新绩效的影响机理。

1.3.3 多层次创新网络对科技服务业集群企业创新绩效的影响路径研究

1.3.3.1 从微观的节点层面，分析多层次创新网络特征对创新绩效的影响轨迹

基于科技服务业集群多层次创新网络仿真模型，调整运行参数，从微观的网络节点（企业）层面，检验网络主体、网络属性、多层次嵌入等因素对节点创新绩效的差异性影响，直观观察多层次创新网络特征对科技服务业集群企业创新绩效的影响轨迹，归纳出关键影响因素。

1.3.3.2 从动态嵌入视角，探讨不同空间层次耦合对创新绩效的影响轨迹

逐步改变环境变量，分层次、分阶段嵌入不同空间层次的创新网络（集群创新网络、区域创新网络、全球创新网络），以分析不同阶段、不同空间层次及多层次创新网络对创新绩效的影响轨迹，探索科技服务业集群企业实现多层次创新网络有机整合和动态嵌入的有效路径，构建创新网络的最佳空间尺度。

1.3.3.3 进行实验结果的比较分析和案例验证

分析影响科技服务业集群企业创新绩效的关键因素，揭示多层次创新

网络特征及不同空间层次耦合对科技服务业集群企业创新绩效的影响轨迹，选择若干科技服务集聚示范区为重点调研对象开展关于多层次创新网络及科技服务业集群企业创新绩效的案例分析，以检验仿真分析结论的实践意义。

1.3.4　相关政策和策略研究

一是进行科技服务业政策文本的量化评价和对比分析。根据评价结果和对比结果，发现政策文本的短板，提出加快科技服务业发展的政策优化建议。二是提出相关政策和策略建议。提出科学的、具有可操作性的构建和优化科技服务业集群多层次创新网络及提升创新绩效的政策和策略，以促进和指导科技服务业集群企业根据自身的成长阶段和资源限制等因素动态地嵌入多层次创新网络。

1.4　研 究 思 路

本书在对现实科技服务业集聚示范区及创新网络进行实际调研的基础上，整合不同空间层次创新网络，提出科技服务业集群多层次创新网络研究的整合框架，并对其内涵、耦合关系、多层次耦合特征进行描述、概括、抽象。运用多主体建模方法，借助计算机模拟及仿真实验手段，直观观察多层次创新网络形成及演化路径，调整仿真参数，从动态嵌入角度考察不同空间层次耦合对创新绩效的影响轨迹，构建创新网络的最佳空间尺度。通过理论分析，提出多层次创新网络—创新行为—创新绩效分析框架，运用结构方程模型进行验证，得出多层次创新网络对创新绩效的影响机理。以科技服务业集群企业为调研对象，开展案例研究，以检验仿真分析结论的实践意义，为政府及集群企业提供优化创新网络和提升创新绩效的政策和策略取向。

1.4.1　科技服务业集群多层次创新网络研究

梳理相关的文献资料，结合科技服务业集聚示范区的实际调研，对各空间层次创新网络及其耦合关系、科技服务业集群多层次创新网络的内涵、多层次耦合特征、形成及演化路径等开展研究。

第一，开展各空间层次创新网络及其耦合关系研究。首先，对现实科技服务业集聚示范区创新网络进行实际调研和实证分析。运用区位熵和社会网络分析法，对中国科技服务业集群进行识别。基于科技服务业申请发明专利数据，分析科技服务业集群创新网络的空间尺度、空间结构及创新绩效。其次，在实际调研的基础上，分析集群、区域、全球等不同空间层次的科技服务业集群创新网络的网络范围、网络主体、网络关系。最后，分析各层次创新网络间的耦合关系，实现协同创新。

第二，界定科技服务业集群多层次创新网络的内涵及特征。首先，基于中国科技服务业申请发明专利数据，运用卡方检验方法，证实科技服务业集群多层次创新网络的现实存在。其次，基于科技服务业集群特性，运用产业集群理论、社会网络理论、交易费用理论和资源基础理论，整合微观、中观和宏观视角，建立科技服务业集群多层次创新网络整合框架（集群创新网络、区域创新网络、全球创新网络），并对科技服务业集群多层次创新网络的内涵进行界定。最后，对多层次创新网络的创新行为主体通过资源共享、分工合作、协同创新而形成的贯穿知识生产、应用、扩散全过程的结构体系进行分析，探讨多层次创新网络内的各种正式和非正式的耦合关系，分析其区别于单一网络的网络结构特征，探讨其多层次耦合的特征。

第三，科技服务业集群多层次创新网络形成及演化路径研究。首先，对科技服务业集群多层次创新网络的形成及演化机理进行研究。借助 UCINET 软件，探讨现实科技服务业集群多层次创新网络的演化轨迹，并结合对重点科技服务业集群企业的访谈及实地调研，分析科技服务业集群多层次创新网络的演化机理。其次，分析多层次创新网络嵌入下科技服务业集群企业的自适应创新行为，对现实中科技服务业多层次创新网络的特征、创新行为进行科学、客观表达，设计多主体仿真模型。最后，进行计算实验并比较试验结果。按照不同的研究偏好来设计仿真实验，模拟网络主体的自适应行为，直观地展现多层次创新网络的形成、成长和成熟过程，分析多层次创新网络的演化特征及演化路径，验证关于多层次创新网络特征及形成机理的理论分析。

1.4.2　多层次创新网络对科技服务业集群企业创新绩效的影响机理研究

第一，多层次创新网络对科技服务业集群企业创新绩效影响机理的理论分析。首先，使用扎根理论从已有研究中归纳出创新网络对创新绩效的影响机理，结合科技服务业集群企业和多层次创新网络的特质，提出多层次创新网络对科技服务业集群企业创新绩效的影响框架。其次，使用文献分析法，通过对现有相关文献观点的提炼及对科技服务业集群企业创新绩效的理论分析，根据多层次创新—创新行为—创新绩效分析框架，从知识嵌入、关系嵌入、结构嵌入等多维度度量多层次创新网络，提出多层次创新网络对科技服务业集群企业创新绩效作用机理的理论假设和概念模型。

第二，多层次创新网络对科技服务业集群企业创新绩效影响机理的研究设计。首先，设计量表。选择合理的题项对概念模型中的每个变量进行测度。在量表的设计中，尽量采用以往学者使用过的、信度和效度较有保证的测量题项。其次，选取样本及收集数据。选取中国若干科技服务业集聚区作为调查对象，采用问卷调查的方法获取相关数据。最后，分析数据的信度和效度。使用统计分析软件对收集的数据进行可靠性分析和因子分析，分析数据的内部一致性和模型结构的合理性。

第三，结构方程模型验证及结果分析。在信度与效度分析的基础上，根据实证研究的步骤，使用结构方程模型验证上述理论假设。假设检验过程分为两个阶段：第一阶段为探索性分析阶段，分析多层次创新网络与科技服务业集群企业创新绩效的关系，如果成立，可进入第二阶段；第二阶段进行中介作用的检验。根据检验结果可以得出多层次创新网络对科技服务业集群企业创新绩效的影响机理。

1.4.3　多层次创新网络对科技服务业集群企业创新绩效的影响轨迹研究

第一，分析多层次创新网络特征对创新绩效的影响轨迹。基于仿真平台进行计算实验，根据研究意图，调整仿真模型运行参数，分别从微观的网络节点（企业）层面和宏观的网络嵌入视角，直观观察多层次创新网络节点个体特征和网络嵌入对创新绩效的影响轨迹，提炼出关键影响因素。

第二，探讨网络节点（企业）个体特征对创新绩效的差异性影响。通过逐步改变参数，观察网络节点（企业）的吸收能力、整合能力和创新能力对创新绩效的影响轨迹及其发挥的作用条件，提炼出网络节点（企业）个体特征对创新绩效的关键影响因素。依据科技服务业集群企业的个体特征，构建最佳空间尺度的创新网络。

第三，分析网络嵌入对创新绩效的差异性影响。通过改变网络嵌入参数，观察结构嵌入、关系嵌入和知识嵌入、网络权力状态对科技服务业集群企业创新绩效的影响轨迹，分析影响创新绩效的关键因素，揭示在网络嵌入不同状态下多层次创新网络对创新绩效的影响规律。

第四，探讨网络节点（企业）个体特征与网络嵌入特征对创新绩效的交互性影响。通过改变网络节点（企业）个体参数和网络嵌入参数，综合考察网络权力与吸收能力、关系嵌入与吸收能力、关系嵌入与整合能力等对科技服务业集群企业创新绩效的交互性影响轨迹。

1.4.4　相关政策文本研究

第一，进行政策文本挖掘。基于文本挖掘，结合科技服务业政策的特征，运用 ROST CM 软件对收集的 2008~2021 年我国 117 份科技服务业政策文本的高频词进行筛选，构建语义关系网。

第二，对政策文本进行量化评价和省级比较。以 24 份省级科技服务业政策为样本，基于八大政策类属，构建科技服务业政策 PMC 评价指标体系，对政策文本进行量化评价和省级比较。根据量化评价和省级比较的结果，提出科技服务业政策的优化建议。

1.5　研 究 方 法

本书以复杂网络理论为基础，重点采用基于多主体的仿真建模技术和计算模拟的研究方法开展系统研究。在回顾科技服务业集群、服务业创新网络与创新绩效关系、服务业创新网络的多层次和复杂性等相关文献的基础上，对研究现状进行综述，结合中国科技服务业集群企业发展路径的集团刚性与创新资源的低端锁定、创新网络等特点，提出构建科技服务业集群多层次创新网络的必要性，为本书总体理论框架与研究逻辑的构成提供了重要的线索与启示。在实例验证部分，则通过统计年鉴、问卷调查法和访谈法收集相关数据资料，以实例数据、模糊集定性分析和案例分析检验仿真分析结论的实践意义。

1.5.1　多主体建模及仿真方法

鉴于科技服务业集群多层次创新网络的复杂性，单纯使用案例研究和抽象的数学分析无法深入了解创新活动的本质，而计算机模拟则是解决此类复杂问题的有效方法。为此，本书基于网络权力和知识交互行为建立了科技服务业集群多层次创新网络的多主体仿真模型，并运用 Swarm2.2 仿真平台，模拟科技服务业集群多层次创新的形成和演化过程，分析多层次创新网络绩效的影响因素。

1.5.2　问卷调查、多元统计分析方法和结构方程模型

在文献检索的基础上，参考相关研究中曾使用过的测量题目，结合本书的调查目的并咨询相关领域的专家形成了问卷初稿，在正式调查之前，对部分企业进行预调查，对部分问卷项目进行了修订，以确保问卷具有可靠的信度和效度。以福州市为例，对福州市科技服务业集聚发展示范区建设情况进行实际调研。通过对科技服务业集聚示范区进行重点访谈和问卷调查，收集相关实证分析数据。从《中国科技统计年鉴》《中国城市统计年鉴》《福建统计年鉴》收集中国和福建省科技服务业发展水平数据，运用区位熵，对中国和福建省科技服务业集聚水平进行测度和识别。基于中国科技服务业申请发明专利数据，构建科技服务业集群多层次创新网络。应用 SPSS17.0、lisrel8.7 软件，运用相关分析、探索性和验证性因子分析、多元线性回归、结构方程模型等对本书提出的理论假设进行验证。实证分析验证了相关研究结论，为本书的理论研究提供了有力支持，也提高了研究结论对实际问题的指导意义。

1.5.3 模糊集定性比较分析方法（fsQCA）

结合网络嵌入理论和内生增长理论，基于组态视角和集合论思想，运用模糊集定性比较分析方法，从网络嵌入和内生创新努力两个层面，探讨其影响科技服务业集群城市科技创新绩效的多重因素及组合路径。由于本书的变量是连续变量，因此使用 fsQCA 进行分析。fsQCA 方法能够探析多种因素构成的组态对结果变量的非线性影响，探讨多层次网络嵌入、内生创新努力两个层面中的 4 个要素相互依赖、相互作用构成组态对科技服务业集群的科技创新绩效产生影响，进而得出"多层次网络嵌入、内生创新努力的哪些因素的组合能产生高创新绩效"，揭示影响结果变量的多条等效路径。使用 fsQCA 方法，可聚焦于挖掘科技服务业集群城市高创新绩效的前因，能够对比高创新绩效与非高创新绩效的非对称前因，深化研究结论。

1.6　主要创新

第一，在集群情境下，以科技服务业集群企业为研究对象，研究多层次创新网络对科技服务业集群企业创新绩效的影响，拓展了产业集群创新网络、创新绩效研究的情境，具有一定的理论意义。

第二，对不同空间层次的创新网络进行了整合，提出了科技服务业集群多层次创新网络研究的整合框架，多空间层次探讨创新网络的演化路径及其对科技服务业集群企业创新绩效的影响，对创新网络在空间视角的后续研究具有一定的指引作用。

第三，从静态和动态相结合的视角，基于科技服务业集群企业的自适应知识交互行为，运用多主体仿真技术进行仿真模拟，使用案例分析、结构方程模型、多元统计分析和模糊集定性比较分析方法等方法予以实例验证，有助于深入理解多层次创新网络对科技服务业集群企业创新绩效的影响机理和影响轨迹，是对当前研究的有益补充。

1.7　重要概念的界定

1.7.1　科技服务业

科技服务业是现代服务业的重要组成部分，是指运用现代科技知识、现代技术和分析研究方法，以及经验、信息等要素向社会提供智力服务的新兴产业，具有人才智力密集、科技含量高、产业附加值大、辐射带动作用强等特点。科技服务业的产业活动范围非常广泛，《国家科技服务业统计分类（2018）》将科技服务业范围确定为科学研究与试验发展服务、专业化技术服务、科技推广及相关服务、科技信息服务、科技金融服务、科技普及和宣传教育服务、综合科技服务七大类。

1.7.2　科技服务业集群多层次创新网络

本书对集群创新网络、区域创新网络、全球创新网络进行了整合，提出了科技服务业集群多层次创新网络研究的整合框架。本书认为科技服务业集群多层次创新网络不同于制造业集群，是一个多层次网络嵌入的复杂系统，并将此系统定义为：基于服务主导逻辑，以价值共创为导向，科技服务业集群企业基于对异质性资源（特别是知识）的内在需求，与集群创新网络、区域创新网络、全球创新网络中各类企业和组织建立多层次交互关系（信任互惠、技术合作、市场交易、互联网互动等），通过正式（规则正式化、合同、集体协商制度）或非正式（社会规范和信任关系）交互机制，所形成的旨在实现基于情境的动态资源共享、分工合作、协同创新的、松散耦合的动态开放创新系统。

第 2 章 文献综述

2.1 科技服务业集群研究现状及趋势

科技服务业的概念最早是由国家科学技术委员会（以下简称国家科委）于 1992 年提出的。学术界普遍认为，科技服务业属于经济合作与发展组织所定义的知识密集型服务业的一种特殊类型（白鸥和魏江，2016）。根据现阶段所掌握的文献与资料，国外研究服务业的相关领域中大多以知识密集型产业为研究对象，较少有学者将科技服务业作为单独的一个范畴进行研究。由于目前关于科技服务业集群及创新网络的研究文献较少，下面就与科技服务业密切相关的知识密集型服务业集群的研究现状进行简单的介绍，以供借鉴。

2.1.1 知识密集型服务业集群的研究

自马歇尔以来，集群研究大多集中于制造业及工业集群，对服务性产业的集群研究较少。斯科特（Scott，1988）将"服务业集群"概念化后，关于服务业集群的研究也取得了一定的进展，如伦敦的金融服务业集群（Amin and Thrift，1995）、加利福尼亚州的多媒体集群（Scott，1988）以及中国上海的陆家嘴金融服务业集群和北京中关村的中介服务业集群等（陈建军等，2009）。相关理论和实证研究表明，知识密集型企业集聚的最大好处是获取当地化和相对不流动的缄默知识而不是降低交易成本（Keeble and Wilkinson，2017）。越来越多的研究还发现，获取全球网络、客户和知识以及地方知识基地是知识密集型企业集聚的理由之一（Kim et al.，2017；Zach et al.，

2017；Scuotto et al.，2017）。如基布尔和纳库姆（Keeble and Nachum，2002）的调查发现，各类专业性咨询机构都倾向于集聚在大都市，以获取全球网络机会。实证研究表明，服务企业的发展更加依赖于企业获得外部知识的能力，创新网络的构建对于其形成和发展极为重要（Latiff and Hassan，2008），服务业集群创新网络也随之成为研究热点。

在国内，一些学者也认为聚集经济在传统的制造业集群上的解释力并不一定适于服务业（李红，2005）。国内对知识密集型服务业集群的研究逐渐从狭义的经济地理学的范畴转向了知识管理的范畴，从关注地理位置、空间距离转向了知识外溢、创新桥梁（赵炎和王晨，2009）。一些研究发现了集群的外部技术性、知识密集型企业之间的功能依赖关系对知识密集型服务业集群形成和发展的重要性，相关的案例和实证研究有上海现代服务业集群、武汉东湖开发区内生产性服务业集群、郑东新区、重庆北碚国家大学科技园、东莞松山湖高新区等（王俊松等，2017；叶竹馨和买忆媛，2016；赵建吉等，2017；汪艳霞，2018；李天柱等，2016）。当前，国内学者虽然已经开始从知识管理的范畴研究知识密集型服务业集群，但是关注的焦点仍是集聚的现状、成因、功能、与制造业的互动、对经济增长或组织绩效的影响等方面，对知识密集型服务业集群创新网络方面的研究与国外相比仍较少。

通过文献回顾，发现在服务业集群理论的研究对象上，已有研究基本定位为知识密集型服务业，针对科技服务业集群的专门研究较少。因此，本书以科技服务业集群企业为研究对象，研究创新网络对中国科技服务业集群企业创新绩效的影响，具有一定的价值和意义。

2.1.2 科技服务业集群的研究

国家科委在 1992 年发布的《关于加速发展科技咨询、科技信息和技术服务业意见》的文件中，首次提出了新型科技服务业的概念，但是并没有对科技服务业作出明确的界定。之后，学者们从产业层面，就科技服务业的定义、分类、发展现状（朱相宇和严海丽，2017；于淳馨等，2017）、地区创新（朱文涛和顾乃华，2017）、城市化（蒋同明和陈井安，2017）、经济增长的关系（冀鸿和柳烨，2018；谢臻和卜伟，2018）、对工业效率提升的溢出效应（齐芮和祁明，2018）等方面开展了研究。

2010 年在《国家发展改革委关于开展服务业综合改革试点工作的通知》中，首次在国家层面明确提出支持服务业集聚发展。服务业集聚区建设工作日益受到各级政府的重视。科技服务业集聚区的快速发展推动了科技服务业集群理论的研究。在集群层面，学者们对科技服务业集聚特征（张琴等，2015）、空间集聚测度（廖晓东等，2018）、集聚发展模式（张清正，2015a；王丽平等，2017；巫孝君，2018）、集聚影响因素（徐顽强等，2016）、集聚结构模式（谢泗薪和侯蒙，2017）、空间演化（张清正，2015b；韦文求等，2016；林宏杰，2018）、对创新的影响（李晓龙等，2017；王海龙等，2016；谢臻和卜伟，2018）等方面进行了研究，但研究成果比较分散，对科技服务业集群创新网络及创新绩效方面的研究较少，有待进一步研究。

一些学者已经发现现实中科技服务业集聚化和网络化发展的趋势，城市、区域和国际化的科技服务网络已经出现。科技服务网络作为虚拟的科技服务形式，消除了时间、空间等客观因素的障碍，提高了创新要素与行为主体的效益和竞争水平（张清正和李国平，2015）。观察科技服务业集群的研究历程，其研究经历了产业层面—集群层面的研究过程，并朝着集聚化和网络化研究的方向发展。由此可见，科技服务业集群创新网络已经在实践中存在，迫切需要开展相关的理论研究，为实践活动提供理论指导。

2.2 服务业创新网络与创新绩效关系的研究现状及趋势

创新网络构建的最基本动因就是对创新绩效提升的追求。但是，更多的实践表明，创新网络这种合作创新组织形式失败率也相当高，创新网络不一定必然带来创新绩效的提升。长期以来创新研究主要关注新技术和有形产品的开发，而服务业企业提供的是无形的服务产品，更多地依赖于非正式、非技术研发活动（Miles，2007），应采用不同的方法对服务业创新网络与创新绩效关系进行专门研究。一些学者基于服务业的特质，从网络嵌入理论、交易费用理论和知识基础理论视角对服务业创新网络与创新绩效关系进行了研究，为本书提供了有益的借鉴。

2.2.1　网络嵌入理论视角下创新网络与创新绩效关系的研究

在网络嵌入理论视角下，关系嵌入和结构嵌入对创新绩效有显著影响，但存在着"嵌入悖论"：一是关系嵌入悖论，以乌泽（Uzzi，1997）、汉森（Hansen，1999）等为代表的强关系观点认为强关系能够促进信任与合作，可提升创新绩效（连远强，2016；Mcintyre and Srinivasan，2017）；而以格拉诺维特（Granovetter，1973）为代表的弱关系观点则认为弱连接比强关系更能发挥作用，克拉克哈特（Krackhardt，1999）的研究也发现强关系会限制新观念的产生和发展，从而阻碍服务业创新。贾里洛（Jarillo，1988）认为强嵌入和弱嵌入只是网络联结强度的两极，联结强度可以由弱到强变化，两者之间没有明显的界线。阿胡贾（Ahuja，2000）也指出网络关系无论是直接关联还是间接关联均对创新绩效产生显著的正向影响。二是结构嵌入悖论，科尔曼（Coleman，1988）认为网络密度越高，将有助于行动者间信任机制的形成和协作关系的维系；与此相反，伯特（Burt，1992）提出了"结构洞"观点，认为分散的、低密度的网络更有利于行动者获得异质性的信息和发展机会。席林和菲尔普斯（Schilling and Phelps，2007）、布朗和罗珀（Brown and Roper，2017）的研究支持科尔曼的观点，发现大规模的网络有利于提高绩效。而魏龙和党兴华（2017）、简等（Jian et al.，2017）的研究与伯特的观点相似，发现小规模网络、结构洞有利于产生创新性的观点和创意。

面对"嵌入性悖论"，一些学者尝试引入网络能力（Li et al.，2017）、合法性（张春雨等，2018；李靖华和黄继生，2017）、知识搜索和产学研合作行为（何郁冰和张迎春，2017）、治理机制（胡雅蓓和霍焱，2017）等因素研究嵌入悖论，然而却未获得一致结论。楚鲁（Chuluun et al.，2017）等的研究发现不同的网络连接特性对企业的创新投入和产出有不同的影响。为此，部分学者们认为不同的环境条件需要选择不同强度的关系来提升创新绩效（连远强，2016）。创新网络的嵌入性处于不断的动态变化过程中，创新网络主体应该根据需要动态地调整联结对象与联结关系的强弱性，动态地扩展或收缩联结规模，适时地调整企业在网络中的结构位置和联结方式（连远强，2016）。可见，在创新网络动态演化过程中，考察不同空间尺度网络嵌入性动态变化与创新绩效之间的关系是未来研究的重点。

2.2.2 交易费用理论视角下服务创新网络与创新绩效关系的研究

在交易费用理论视角下，学者们发现领导角色、合作创新模式、非正式合作机制、社会资本、网络治理、组织耦合有利于创新。戴维斯和艾森哈特（Davis and Eisenhardt，2011）的研究发现交替领导方式更有利于合作创新。安德森等（Anderson et al.，2011）、陈等（Chen et al.，2017）的研究表明，合资、商业合作有助于隐性知识的传递，对创新产生直接的正向影响。阿加瓦尔和赛琳（Agarwal and Selen，2009）发现对利益相关者的教育有助于构建网络高阶动态能力，促进新服务的开发。加西亚－维拉维尔德等（García-Villaverde et al.，2017）对西班牙215家酒店和旅游公司的实证研究表明，社会资本的结构、关系和认知维度对服务创新有不同程度的影响。克劳斯和斯皮斯（Clauss and Spieth，2017）的研究表明事务治理、关系治理和制度化的治理显著促进了开放创新网络的创新绩效。霍夫曼和哈尔曼（Hofman and Halman，2017）发现创新网络成员之间的组织耦合程度显著影响协同创新的商业绩效。

当前，已有的实证研究多集中在一般服务业或传统服务业，如公共服务机构（Bankins et al.，2017）、时尚产业（Scuotto et al.，2017）、酒店和旅游公司（García-Villaverde et al.，2017）、绿色科技公司（Marra et al.，2017）、旅行社（Chen et al.，2017），对科技服务业的针对性研究较少。已有研究表明，服务业创新网络中领导角色、合作创新模式、非正式合作机制、社会资本、网络治理、组织耦合等都会对创新绩效产生影响，但已有研究没有深入探讨上述因素的综合作用对创新绩效的影响，没有解答在服务业创新网络嵌入下哪些是影响服务创新绩效提升的关键交易费用因素。

2.2.3 知识基础理论视角下服务创新网络与创新绩效关系的研究

在知识基础理论视角下，学者们发现外部资源（合作伙伴、客户资源）、知识共享、知识整合等因素会对创新绩效产生影响。维特尔等（Witell et al.，2017）、乔瓦内蒂和皮加（Giovannetti and Piga，2017）的研究发现，企业与外部合作伙伴建立联系，可提升服务创新绩效。梅纳德斯等（Mainardes et al.，2017）认为信息技术的应用对服务创新有重要影响。基姆等（Kim et al.，2017）、巴瓦尼和马修斯（Bharwani and Mathews，2016）的研究也发现，信息共享、与客户的有效互动有利于服务创新。普雷斯比泰罗等（Presbitero et al.，2017）、扎克和希尔（Zach and Hill，2017）的实证研究表明知识共享能力对服务创新绩效有正向影响。奥达尼尼和帕拉苏拉曼（Ordanini and Parasuraman，2011）发现知识整合机制的使用程度越高，服务业创新的新颖程度就越高。阿尔贝蒂和匹兹诺（Alberti and Pizzurno，2017）通过意大利航空集群的案例研究发现，与不同类型的参与者合作可以获得不同知识类型的组合，对开放式创新有明显的促进作用。科洛克和雷克（Kolloch and Reck，2017）也认为不同知识类型及其交换模式对创新有显著影响。

由于服务创新的特殊性，创新网络如何对创新绩效产生影响以及产生什么样的影响是服务业合作创新研究的重要课题（Chen et al.，2011）。在知识基础理论视角下，学者们发现创新网络能通过从客户、伙伴等获取外部知识，通过知识共享、知识溢出、知识整合促进服务业企业开发新的服务，并提高创新效率，但已有研究没有解答在服务业创新网络嵌入下如何有效获取外部资源、促进客户隐性知识共享、实现知识整合，进而提升服务创新绩效等问题。

2.3　服务业创新网络的多层次、复杂性研究

当前，创新网络的研究已由静态的单层次研究逐渐转变为多空间层次的动态研究，复杂网络理论和方法的应用已成为此领域研究的热点。一些学者基于服务业的特质，对服务业创新网络进行了多层次、复杂性研究，为本书的研究提供了有益的借鉴。

2.3.1　服务业创新网络的多层次研究

在经济地理视角下，学者们已经分别从企业、集群、区域层次对创新网络开展研究。已有研究指出，创新网络的研究已从以单一层次（企业、集群

或区域）为主转向全球背景下多层次（尺度空间）行动者和机构相互作用的研究（Sunley，2008；Bathelt and Henn，2014）。然而，不同层次并非相互孤立而是相互影响的，创新往往在多层次同时发生。创新网络研究的层次转向愈加显著，跨空间尺度的多层次（本地—全球）网络研究已成为近年来创新网络研究的主流方向（邹琳等，2018）。

在企业层次，学者们的研究发现，联盟可以促进知识转移，产生创新的网络效应，进而影响创新绩效（Bruneel et al.，2010；赵炎和王燕妮，2017）。在集群层次，学者们最初关注的是本地创新网络的构建，认为集群的专业性与地域根植性能促进开放式创新网络的形成（连远强，2016）。但过度的本地知识会使创新网络陷入"本地知识冗余危险"或者"能力陷阱"（Boschma et al.，2009），创新集群应通过外部知识管道超越特定地理区域边界，形成跨集群间的创新网络（Cowan et al.，2007；Boschma and Frenken，2010；王琳和魏江，2017）。阿雷查瓦拉·巴尔加斯等（Arechavala-Vargas et al.，2009）也发现国外某些产业集群网络是开放的国际创新网络而不是本土的区域网络。格里利奇等（Grillitsch et al.，2015）提出创新与空间层次关系最重要。徐娜娜（2017）等也认为全球创新网络嵌入，可促进后发企业实现逆向创新的演化升级。尽管在创新网络研究方面已经取得了丰富的成果，但单一层次研究相对较多，多层次的综合研究较少。

卡帕尔多和佩特鲁泽利（Capaldo and Petruzzelli，2011）强调网络治理同样发生在企业层级与网络层级。许多经济地理学者也认为应从微观的节点、中观的集群和宏观的区域三个层次，系统梳理创新网络的形成和发展趋势（连远强，2016）。一些学者分析了网络层级、二元层级及企业层级的跨层级创新网络治理机制（党兴华和肖瑶，2015）。魏龙和党兴华（2017）提出了组织—惯例的相依技术创新网络，通过相依网络描述不同层次的创新网络及网络间的耦合相依状态。可见，已有创新网络空间层次方面的研究，呈现从本地网络或全球网络的分割研究向多层次网络的研究转向。

创新活动不断呈现出空间集聚与全球扩张的双重趋势，变成嵌入在一定的经济地理空间范围内各创新主体的动态多方合作创新的过程（连远强，2016）。云计算、物联网、移动互联网、大数据等新技术在科技服务领域应用的不断深入，极大地拓展了科技服务机构的服务半径（连远强，2016；陈建军等，2009）。利用互联网突破传统区域创新网络的空间特征和地理格局，嵌入全球创新网络，构建多层次创新网络成为科技服务业集群创新网络的新趋势。实践中科技服务业集群企业的创新活动会同时发生在多空间层次，其交互活动必然会受到各层次创新网络的共同影响，仅研究单一网络的作用是不全面的。因此，从集群创新网络理论研究和科技服务业集聚区建设实践出发，从不同空间层次网络耦合视角对科技服务业创新网络的专门研究将总结出独特的网络发展路径、模式和经验，丰富创新网络的研究内容。

2.3.2 服务业创新网络的复杂性研究

加洛伊和萨沃纳（Gallouj and Savona，2009）认为服务业的发展轨迹像一个无政府主义状态下自下而上的内企业家过程，服务业创新网络是复杂网络。目前从复杂网络视角，完全针对科技服务业创新网络的仿真研究较少。在复杂网络视角下，现有研究发现：服务创新网络是无边界的动态混合网络，不同于制造业创新的企业主导性特征，服务创新更显示出网络性特征（孙耀吾和贺石中，2013）。加莱和洪勒（Gallay and Hongler，2009）发现生产—服务网络具有自组织性和历史数据路径依赖性。谢家平等（2017）对科创平台网络、周青和梁超（2017）对长三角绿色制药协同创新中心、薛娟等（2016）对 Ideastorm 众包社区的研究都发现创新网络具有自组织性、动态性、共生性、小世界、集聚性等复杂网络特征。一些学者尝试使用仿真方法对服务创新网络进行研究。如孙耀吾等（2014）对高技术服务创新网络的合作利益分配机制、竞合关系进行了建模与仿真研究。藤井诚（Fujii Makoto，2022）应用随机网络、无标度网络和小世界网络作为网络进行仿真，确认了网络结构的差异导致创新传播（意见分布）的差异。董慧梅等（2016）等构建了中关村产业园的创新扩散复杂网络模型并进行模拟仿真。龙跃等（2017）构建了开放式创新下组织间知识转移的生态学仿真模型。张海红和吴文清（2017）构建了孵化器内创业者知识超网络模型，利用多主体仿真方法，揭示了创业者之间知识互动与网络演化规律。

已有研究对服务业创新网络是复杂网络已经有一致的认识，但把复杂网络的分析方法引入服务业创新网络与创新绩效关系研究领域的研究较少。如何通过建模、模拟仿真与实验等方法，系统研究服务业创新网络的动态演进过程，深入揭示其对创新绩效的影响轨迹是服务业创新网络研究的核心内容。

2.4 研 究 述 评

综合上述分析，国内外学术界在相关领域已取得许多成果，但仍面临一些亟待深入研究的问题：

（1）服务业集群及创新网络的相关研究主要针对一般意义上的服务业，较少结合具体的服务业类型开展针对性研究。科技服务业具有高交互性、高创新性、高集聚性等特点。科技服务业的特点决定了其创新网络、创新过程不同于制造业，也不同于一般意义上的服务业，而已有研究对此关注较少，且缺乏对中国科技服务业集群创新的专门研究。因此，本书在对中国科技服务业集群调研的基础上，开展多层次创新网络对科技服务业集群企业创新绩效影响的专门研究，可以拓展服务业创新理论的研究内容。

（2）创新网络单一层次的研究相对较多，对多层次创新网络的耦合研究较少。卡帕尔多和佩特鲁泽利（Capaldo and Petruzzelli，2011）强调网络治理同样发生在企业层级与网络层级。已有研究多关注本地或非本地单一尺度创新网络，将空间层次问题视为孤立的层级式形态，缺乏对全球、区域、集群不同空间层次要素、组织间关联性问题的阐释。因此，突破传统创新网络的空间特征和地理格局，将多空间层次整合，构架一个科技服务业集群多层次创新网络，进行跨层次交互耦合影响的系统性研究将弥补现有对创新网络空间层次研究方面的不足，实现从多空间层次耦合视角对创新网络理论研究的推进。

（3）创新网络对科技服务业集群企业创新绩效的差异化影响方面的研究较少。现有研究多强调网络结构或网络关系对创新绩效的影响，得出截然不同的结论，形成了所谓的"嵌入性悖论"，缺乏对不同空间层次网络实质性差异的解析。科技服务业集群企业在不同的地理空间层次进行合作，合作关系及合作活动又有一定差异，多层次网络如何随时间在关系变化中发挥作用，又如何影响创新绩效等问题还需进一步分析。因此，从不同空间层次耦合的角度探讨创新网络对科技服务业集群企业创新绩效的差异性影响，构建创新网络的最佳空间尺度，进而探索实现多层次创新网络有机整合和动态嵌入的有效路径，对完善创新理论研究有一定推进作用，有利于解析"嵌入型悖论"。

因此，以科技服务业集群企业为研究对象，对不同空间层次（集群、区域、全球）的创新网络进行整合，提出了多层次创新网络对科技服务业集群企业创新绩效影响的研究框架。在对多层次创新网络的内涵、耦合关系、多层次耦合特征研究的基础上，运用多主体建模方法，借助计算机模拟及仿真实验手段，直观观察多层次创新网络形成及演化路径。通过理论分析，提出多层次创新网络—创新行为—创新绩效分析框架，运用结构方程模型进行验证，得出多层次创新网络对创新绩效的影响机理。调整仿真模型运行参数，检验网络主体、网络属性、多层次嵌入对创新绩效的差异性影响，并从动态嵌入角度考察不同空间层次耦合对创新绩效的影响轨迹，构建创新网络的最佳空间尺度。以科技服务业集群企业为调研对象，开展案例研究，以检验仿真分析结论的实践意义。探索实现多层次创新网络有机整合和动态嵌入的有效路径，并提出优化创新网络和提升科技服务业集群企业创新绩效的相关政策及策略建议。

2.5　本章小结

从本章相关理论回顾和文献综述可以看出，关于科技服务业集群、服务业创新网络与创新绩效关系、服务业创新网络的多层次和复杂性等方面已经积累了丰富的研究成果，为本书的研究奠定了基础，而当前研究的不足和新的研究趋势也为本研究的研究提供了思路。

本章第一部分介绍了科技服务业概念的起源，对科技服务业集群的研究现状进行归纳，在此基础上，发现科技服务业集群创新网络的专门研究较少，因此，本书以科技服务业集群多层次创新网络为研究对象具有重要的价值和意义。

本章第二部分总结了基于网络嵌入理论、交易费用理论和知识基础理论等不同研究领域的学者对服务业创新网络与创新绩效关系的研究现状并进行归纳，发现在创新网络动态演化过程中，考察不同空间尺度网络嵌入性动态变化与创新绩效之间的关系是未来研究的重点。

本章第三部分介绍了服务业创新网络的多层次和复杂性研究现状及发展趋势，创新网络的研究已由静态的单层次研究逐渐转变为多空间层次的动态研究，复杂网络理论和方法的应用已成为此领域研究的热点。实践中企业同时嵌入在多层次创新网络中，其创新活动必然会受到各层创新网络的共同影响。尽管在创新网络研究方面已经取得了丰富的成果，但单一层次研究相对较多，多层次的综合研究较少，把复杂网络的分析方法引入服务业创新网络与创新绩效关系研究领域的研究也较少。因此，通过建模、模拟仿真与实验等方法，系统研究服务业创新网络的动态演进过程，深入揭示创新网络不同空间层次耦合对科技服务业集群企业创新绩效的差异性影响，构建创新网络的最佳空间尺度，进而探索实现多层次创新网络有机整合和动态嵌入的有效路径，对完善创新理论研究有一定的推动作用。

第3章 科技服务业集群多层次创新网络的内涵、特征、形成机理分析

3.1 构建科技服务业集群多层次创新网络的必要性

近年来，随着科技服务业的高速发展，科技服务业不断呈现出空间集聚发展的态势，并率先在中国一些发达省份涌现出科技服务业集群，这些集群在促进服务业与制造业融合发展、推动区域经济增长中起到了非常重要的作用（李晓龙等，2017；李骏等，2018；王智毓和冯华，2020）。科技服务业集聚区的快速发展推动了科技服务业集群理论的研究。目前，在集群层面，学者们对科技服务业空间集聚测度（廖晓东等，2018）、与制造业关系（张琴等，2015）、空间演化（林宏杰，2018）、发展影响因素（张曼和菅利荣，2021）、对产业升级的影响（杨力和刘敦虎，2021）、与高技术产业协同集聚创新效应（黄晓琼和徐飞，2021）等方面进行了研究，但研究成果比较分散，在科技服务业集群创新网络方面的研究较少，有待进一步研究。

现有创新网络和创新绩效的研究大多集中于制造业及工业集群，对服务业集群创新网络及创新绩效的专门研究较少。在实践领域中已经出现了科技服务业集群多层次创新网络嵌入的现象，如美国硅谷以及中国台湾新竹、北京中关村、张江高科技园区、深圳南山区创业服务中心、苏州科技城、广州市天河区等（谢家平等，2017；刘媛等，2016；李一曼和孔翔，2020；滕丽等，2020）。伴随"地方空间"向"全球空间"的转变，不同空间层次的知识流动和创新绩效引起区域经济学者的关注，多空间层次创新网络的构建及其耦合关系问题成为热点议题。

本章从构建科技服务业集群多层次创新网络的必要性出发，首先，对不同空间层次（集群、区域、全球）的创新网络进行了整合，提出了科技服务

业集群多层次创新网络研究的整合框架，从多层次互动的网络视角来审视科技服务业集群创新网络的构成要素及创新主体要素，并使用 DEMATEL 方法定量分析各要素之间的耦合关系，研究科技服务业集群多层次创新网络要素之间的影响度、被影响度和中心度等问题；其次，对各层次创新网络的主体、关系、资源与活动开展研究，归纳出创新网络的特征；再次，研究各层次创新网络的中主体网络权力的内涵、影响因素，构建网络权力函数；最后，分析基于网络权力的科技服务业集群多层次创新网络演化的作用机制。此项内容是本书的基础性工作之一。

3.2 科技服务业集群多层次创新网络的构成及内涵

本书基于产业（科技服务业集群）层面来讨论多层次创新网络，科技服务业集群地理界限为集群创新网络的范围，产业集群所在的地方行政区域为区域创新网络的范围，集群所在的地方行政区域之外为全球创新网络的范围。在实践中，基于认知邻近，科技服务业集群企业在集群内部获取当地化和相对不流动的缄默知识以及知识外溢，形成集群创新网络；基于地理邻近，科技服务业集群企业与集群所在的地方行政区域内的企业和组织，通过联系互动获取区域内异质性资源，形成区域创新网络；基于组织邻近，科技服务业集群企业跨越地理区域通过互联网与集群所在的地方行政区域外企业和组织线上互动获取全球异质性资源，形成全球创新网络（梁娟和陈国宏，2019）。因此，集群创新网络、区域创新网络和全球创新网络构成了科技服务业集群多层次创新网络。

3.2.1 多层次创新网络系统的构建

在构建科技服务业集群多层次创新网络系统的过程中，首先回答几个基本问题：

3.2.1.1 多层次创新网络的范围

多层次创新网络包括哪些层次的创新网络？各层次创新网络的范围如何界定？本书研究的多层次创新网络包括集群创新网络、区域创新网络、全球创新网络。本书基于科技服务业集群来讨论多层次创新网络，科技服务业集群地理界限为集群创新网络的范围，科技服务业集群所在的地方行政区域为区域创新网络的范围，科技服务业集群所在的地方行政区域之外为全球创新网络的范围。

3.2.1.2　多层次创新网络的参与主体

创新参与主体是哪些？本书研究的多层次创新网络的创新参与主体为处于科技服务业价值链上下游的企业、顾客、以及支持创新实现的机构和组织。把科技服务业集群企业组成的网络称为服务网络，把顾客组成的网络称为顾客网络。服务网络指多层次创新网络内提供智力服务的全部科技服务组织，包括知识生产型科技服务、知识扩散转化型科技服务以及科技服务支撑。顾客网络是指与科技服务业集群企业进行服务创新互动的所有组织与个人，包括研究机构/大学、供应商（制造业供应商、商务服务提供商、技术服务提供商）、客户（服务业客户、制造业客户、个人）、政府机构、竞争者等。

3.2.1.3　多层次创新网络的联结机制

各层次创新网络是如何相互联系的？单一企业和单层次创新网络受有限的知识资源与创新能力的限制，无法满足日益复杂的创新需求，因此，科技服务业集群企业需要根据不同成长阶段的创新需求和拥有的资源程度的制约，动态嵌入不同层次的创新网络，通过正式（规则正式化、合同、集体协商制度）或非正式（社会规范和信任关系）交互机制，从各层次创新网络中获得互补性资源（如专门化的知识、技术和经验），并在特定情境下开展资源共享、分工合作与协同创新等活动，实现创新产出。

从网络层次、网络主体、网络功能、构成要素 4 个方面对科技服务业集群多层次创新网络进行分析，如表 3-1 所示。

表 3-1　　　多层次创新网络网络层次、网络主体、网络功能与
构成要素间的对应关系

网络层次	网络主体	网络功能	构成要素
集群创新网络	科技服务业集群内科技服务相关组织	获取当地化科技服务业资源外溢	认知邻近要素（集体协商制度、信任关系、文化认知）
区域创新网络	科技服务业集群所在地方行政区域内科技服务相关组织	获取区域内异质性科技服务业资源	地理邻近要素（区位优势、社会资本）

续表

网络层次	网络主体	网络功能	构成要素
全球创新网络	科技服务业集群所在地方行政区域之外的科技服务相关组织	获取全球异质性科技服务业资源	组织邻近要素（组织准则、合同、规则正式化）

3.2.2 科技服务业集群多层次创新网络的构成要素

3.2.2.1 认知邻近要素

集群创新网络由科技服务业集群内企业和组织构成，由于科技服务兼具技术和知识的双重密集性，科技服务业集群企业和组织间相互信任、理解和依赖，形成基于集群根植性的认知邻近。乌泽（Uzzi，1996）认为集群根植性具有 3 个特征，即信任、丰富的信息交换和共同解决问题的制度安排。借鉴乌泽（1996）的观点，本书认为认知邻近要素包含科技服务业集群企业基于集群根植性而形成的集体协商制度、信任和文化认知三方面的内容。集体协商制度是科技服务业集群企业间共同解决问题的制度安排，可使科技服务业集群企业快速、协调地解决问题。信任是指科技服务业集群企业由于经常性的交往与互动，形成都能够接受和遵守的规范，以促进知识、技术等科技服务业资源的扩散和溢出，增强科技服务业集群企业创新能力，推动创新。文化认知是指科技服务业集群内形成相同或相近的文化传统、价值观念、圈内语言、交易规则，能够促进技术研发、技术评估、技术交易等根植性专业化和社会化服务的交换、传播，进而产生协同创新关系，有利于创意创造的产生，可提升科技服务业集群企业的创新绩效。

3.2.2.2 地理邻近要素

由于地理邻近，集群企业"共处"于区域内部特定空间，具有相同的区位优势和相似的社会资本，有利于企业获得信任，能够有效的促进知识尤其是隐性及敏感知识的交流，并形成创造氛围、创新创业的栖息地，可催生创意与创造（Copercini，2016）。由此，本书认为地理邻近要素包含区位优势、社会资本两方面的内容。区位优势是指聚集在同一个区域的企业，具有距离最短、密集会面与接触的优势，有助于新思想的交流碰撞，促进创新绩效的提升（吕可文等，2019）。社会资本是在特定区域内经过历史的演进逐渐产生共同文化理解，形成一种有利于信息汇聚、新思想和新创意萌发的创造氛围（Scott，2020）。由于地理空间邻近，科技服务业集群企业在区域创新网络中基于区位优势增加了面对面接触的频率和关系强度，社会资本又促进了合作关系和信任关系的建立，分散了知识创新的风险，可提升知识转移的效果，促进创新绩效的提高。

3.2.2.3　组织邻近要素

借鉴托瑞和拉莱（Torre and Rallet，2005）提出的组织邻近概念，本书认为组织邻近是指科技服务业集群内协同创新各方享有共同的信念和表述系统，遵循共同的行为准则和惯例，通过合同约束降低合作的不确定性，从而减少机会主义行为。由此定义可知，组织邻近包括组织准则、规则正式化和合同的相似程度，通过组织邻近可以促进科技服务业集群企业彼此间的沟通和理解、交流和学习，进而对创新绩效产生作用。科技服务具有效益外部性、服务和消费的无形性，上述特征使得科技服务业集群企业更依赖于基于组织邻近的资源共享和整合，有利于获得跨越地理界限的知识溢出。有研究发现，组织邻近性对嵌入全球生产网络的珠三角电子产业集群获得跨越地理界限的知识溢出有重要作用（符文颖，2014）。组织准则有利于科技服务业集群企业跨越地理界限，连接全球科技服务业资源和顶尖技术，如全球科技服务业联盟成员具有共同的宗旨和使命，形成相似的组织准则，使联盟成员在科技服务领域互相协作、资源共享，形成巨大合力与影响力，进而推动科技创新及产业发展。此外，规则正式化和合同往往意味着流动的科技服务业资源是通过正式通道获得的，可直接使用，有利于为服务对象带来稳定的科技服务业资源或新产品创意（Shaw and Gilly，2000），降低组织距离带来的知识转移的不确定性（Hernandez and Kulchina，2020）。

3.2.3　科技服务业集群多层次创新网络的内涵

由于创新任务具有特定性和复杂性，受资源和能力的限制单一企业和单层次创新网络很难有效完成创新任务，于是科技服务业集群企业根据不同成长阶段的差异性知识需求和拥有的资源及能力的制约，动态嵌入不同层次的创新网络，通过正式（规则正式化、合同、集体协商制度）或非正式（社会规范和信任关系）交互机制，从各层次创新网络中获得互补性资源（如专门化的知识、技术和经验），并在特定情境下开展资源共享、分工合作与协同创新等活动，实现创新产出。

在上述分析的基础上，本书把科技服务业集群多层次创新网络界定为：基于服务主导逻辑，以价值共创为导向，科技服务业集群企业基于对异质性资源（特别是知识）的内在需求，与集群创新网络、区域创新网络、全球创新网络中各类企业和组织建立多层次交互关系（信任互惠、技术合作、市场交易、互联网互动等），通过正式（规则正式化、合同、集体协商制度）或非正式（社会规范和信任关系）交互机制，所形成的旨在实现基于情境的动态资源共享、分工合作、协同创新的松散耦合的动态开放创新系统，如图 3-1 所示。

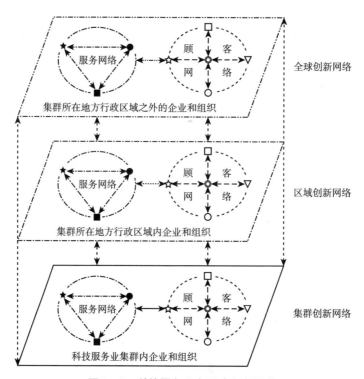

图 3-1　科技服务业多层次创新网络

注：★知识生产型科技服务　●科技推广及相关科技服务　■科技支撑服务　☆供应商　▽客户　◎竞争者　□研究机构/大学　○政府机构　◄━►顾客网络内的正式与非正式交互　◄┅►服务网络内的正式与非正式交互　◄━►基于认知邻近的交互　◄┄►基于地理邻近的交互　◄┅►基于组织邻近的交互　◄┄►多层次交互（信任互惠、技术合作、市场交易、互联网互动等）

3.3　各层次创新网络分析

借鉴哈堪森和斯涅何塔（Hakansson and Snehota，1989）的三要素观点，本书从网络行为主体、资源、网络联系（或活动的发生）三要素角度分析集群创新网络、区域创新网络和全球创新网络，如图 3 - 2 所示。

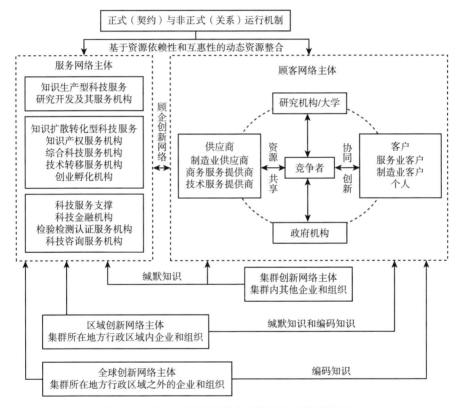

图 3 - 2　多层次创新网络中的网络主体及联结关系

3.3.1　集群创新网络

3.3.1.1　集群创新网络的行为主体

集群创新网络中的行为主体，是在科技服务业集群地理界限内，供需价值链上参与创新活动的主体，包括参与在顾客网络和服务网络中的所有集群企业和组织。科技服务业遵循服务主导逻辑，注重生产者和消费者之间、其他供应和价值链协作者之间，在顾企创新网络不断的互动过程中共同创造价值。因此，科技服务业集群创新网络中的行为主体具体包括：集群内科技服务企业（服务网络中的知识生产型科技服务提供者、知识扩散转化型科技服务提供者、科技服务支撑者）和集群内顾客网络中的研究机构/大学、政府、客户、供应商和竞争者。科技服务产品的创新性与时效性，要求科技服务业上下游的行为主体间实现精细分工、柔性服务和灵活创造，需要构建相互学习、相互依存的交互式网络关系，促进各种创新要素如知识、信息、技术、人才、经验和智慧等频繁流动并实现有效整合，因此更多的科技服务业企业倾向于采取集群式发展战略，通过构建集群创新网络，引发集群内部企业间的合作机制和溢出效应，有助于提升科技服务企业的创新能力和服务效率（梁咏琪，2019）。

3.3.1.2　集群创新网络中的资源

集群创新网络中的资源是指创新行为得以发生的媒体或媒介资源，包括知识资本、社会资本、人力资本和技术资本等，既有静态的对象性资源（农产品、工业产品），也有动态的操作性资源（知识、信息、技术、人才、经验和智慧）。在服务主导逻辑中，最基本的财富资源和唯一可靠的竞争优势来源于对动态的操作性资源的掌握程度。由于科技服务企业提供的多是针对特定情境的订单式服务（梁咏琪，2019），因而差异性极强、替代性较差，且多以人力资本、技术资本和知识资本为主要投入，因而其产出多为知识、信息、技术、经验和智慧等动态的操作性资源。因此，动态的操作性资源是科技服务集群创新网络中的主要资源，包括网络中共享、整合、溢出和创造的所有知识、信息、技术、经验和智慧。集群创新网络中的网络主体是科技服务集群地理界限内的企业和组织，因此网络中流动的知识多为集群知识和行业知识（梁娟和陈国宏，2018）。

3.3.1.3　集群创新网络中的网络联系

集群创新网络中节点间的活动与联系是指知识、经验和智慧等动态的操作性资源在集群创新网络中不同网络节点间的流动，主要是指以创新的激发、开发、商业化和扩散为主的活动。由于服务是一个供需双方不断互动的过程，在服务主导逻辑下，集群创新网络中的所有行为主体间的所有关系都是对称的，服务提供者、所有协作者、顾客、竞争者都需要被平等地对待，交流对话，以实现信息共享，共同创造价值。基于认知邻近，以科技服务业集群为核心，集群内部的同类企业之间、产业链前后企业之间形成一种横向、纵向的跨链式的连接（梁咏琪，2019）。

3.3.2 区域创新网络

3.3.2.1 区域创新网络中的网络主体

区域创新网络的范围为科技服务业集聚区所在的地方行政区域。因此，区域创新网络中的网络主体为科技服务业集群所在的地方行政区域内参与创新活动所有组织和机构，包括科技服务集群企业以及本区域内的科技服务提供者、顾客、供应商、研究机构/大学、竞争者和政府机构。已有研究表明，基于地理邻近，嵌入于区域创新网络中的科技服务企业可吸收或获取区域中溢出的知识和创新资源，有利于信息汇集和新创意、新思想的萌发，从而提升创新能力（Porter，1998；魏江和徐蕾，2014）。

3.3.2.2 区域创新网络中的资源

区域创新网络是个地方根植网络。区域创新网络的网络资源是指根植于本区域，从集聚区及本地行政区域内科技服务企业、竞争者、客户、供应商及公共技术部门等获取的知识资本、社会资本、人力资本和技术资本。通过区域内知识溢出和协同创新，区域创新网络内各类组织（科技服务企业、竞争者、客户、供应商及公共技术部门）拥有了区域化的合作、创新和学习的机会，增强了区域创新氛围和创新活力，最终形成本地区域化的知识、社会资本和能力体系（张恒俊和杨皎平，2015）。由于区域创新网络中的网络主体是本区域的组织和机构，因此网络资源为区域化的知识、社会资本和能力体系，具有高本地根植性。区域创新网络嵌入注重共享本区域知识，这有利于促进集聚企业的渐进式创新（Nonaka et al.，2000）。

3.3.2.3 区域创新网络中的网络联系

区域创新网络中节点间的活动与联系是指科技服务业集群所在行政区域

内有创新连接的各类网络节点间开展的协同创新活动。有研究发现，在区域创新网络内，集群企业同时拥有企业间网络和本区域研发网络，因而表现出更高的创新绩效（魏江和徐蕾，2014）。基于地理邻近要素，区域创新网络中的网络主体是本区域的组织和机构，它们有着相似的价值观念和经营理念，因而能增加网络主体间的相互依赖和信任，形成互动频繁、联系持久的强关系，这有利于提高知识交流的深度和效率，有利于内部知识的积累（吴俊杰和盛亚，2011；张恒俊和杨皎平，2015）。但是由于企业资源和本地区域知识的有限性，若过度嵌入区域创新网络嵌入，会因缺少外部联系而产生网络刚性和集体困境，难以从区域创新网络外部获取异质性知识资源，不利于科技服务业集群企业的可持续发展。

3.3.3 全球创新网络

3.3.3.1 全球创新网络中的网络主体

全球创新网络跨越了科技服务业集群所在的行政区域地理边界，是跨地理边界的开放的创新网络。全球创新网络中的网络主体为科技服务业集群所在的地方行政区域之外参与创新激发、创新开发、创新商业化和创新扩散的所有组织和机构。

3.3.3.2 全球创新网络中的资源

全球创新网络中的网络资源为全球资源，特别是非冗余知识资本、社会资本、人力资本和技术资本。嵌入在全球创新网络中的网络主体主要注重全球知识的探索性学习，其目的是寻找优势的异质性知识，弥补网络权力差距，实现突破式创新（Corso et al. , 2003）。全球创新网络中网络主体来自开放的跨地理边界，具有异质性，这些异质性网络主体可以提供非冗余的创新资源，有利于异质性创新要素的有效组合，触发创造性的解决方案，有助于实现突破式创新（任胜钢等，2011；张恒俊和杨皎平，2015）。

3.3.3.3 全球创新网络中的网络联系

基于开放的跨地理边界特性，全球创新网络中的网络联系具有偶发性和弱联结的特点。不同于根植性的区域创新网络，全球创新网络主体是在开放的跨地理边界内与拥有优势异质性知识的企业间通过正式的契约或合同产生不够亲密的偶发性连接，这种连接虽然有利于获得异质性知识和显性知识，但不利于常规知识和隐性知识的扩散和学习，同时过于丰富的知识来源反而有可能导致集群企业无法形成共享的行为准则和惯例，阻碍渐进式创新（张恒俊和杨皎平，2015）。

综上所述，可以归纳出科技服务业集群多层次创新网络中各层次网络的网络节点、网络边界、网络连接机制、网络资源和网络活动，如表3－2所示。

表3－2　　　　　科技服务业集群多层次创新网络的基本特征

基本特征	科技服务业集群多层次创新网络		
	集群创新网络	区域创新网络	全球创新网络
网络节点	集群内组织	本区域组织	全球组织
网络边界	集群内	本区域	全球
网络联结机制	产业邻近	地理邻近	组织邻近
网络资源	集群知识	本区域知识	全球知识
网络活动	同产业拓展型创新活动	本地开发型创新活动	全球探索型创新活动

3.4 科技服务业多层次创新网络的网络主体

科技服务业集群多层次创新网络的网络主体为处于科技服务业价值链上下游的企业、顾客以及支持创新实现的机构和组织。把科技服务业集群企业组成的网络称为服务网络，把顾客组成的网络称为顾客网络。借鉴《国家科技服务业统计分类（2018）》对科技服务业七大类的划分①，本书将科技服务分为三种：知识生产型科技服务（包括科学研究与试验发展服务）、科技推

————————

① 国家统计局印发的《国家科技服务业统计分类（2018）》将科技服务业范围确定为科学研究与试验发展服务、专业化技术服务、科技推广及相关服务、科技信息服务、科技金融服务、科技普及和宣传教育服务、综合科技服务七大类。

广及相关服务（包括科技推广及相关服务、综合科技服务）、科技支撑服务（包括科技金融服务、专业技术服务、科技信息服务、科技普及和宣传教育服务）。服务网络指多层次创新网络内提供智力服务的全部科技服务组织。顾客网络是指与科技服务业集群企业进行服务创新互动的所有组织与个人，包括研究机构/大学、供应商（制造业供应商、商务服务提供商、技术服务提供商）、客户（服务业客户、制造业客户、个人）、政府机构、竞争者等，如表3－3所示。

表3－3　　　科技服务业集群多层次创新网络的网络主体、主体功能、构成要素和内容

网络主体	主体功能	构成要素	内容
科学研究与试验发展服务机构	提供知识生产型科技服务	知识生产要素	研究开发
			技术合作
知识产权服务机构 科技推广与创业孵化机构 科技法律及相关服务机构 综合科技服务机构	提供科技推广及相关服务	科技推广要素	知识产权保护
			科技推广与创业孵化
			科技法律
			综合科技服务
科技金融服务机构 专业化技术服务机构 科技信息服务机构 科技普及及宣传教育服务机构	提供科技服务支撑	科技支撑要素	金融支撑
			专业化技术支撑
			科技信息支撑
			科普和科技出版支撑
制造业供应商 商务服务提供商 技术服务提供商	提供产品或服务	市场要素	资源共享
			分工合作
客户	购买产品或服务		市场交易
竞争者	竞争秩序 市场交易环境		价值共创
			交互学习
研究机构/大学	培养高层次人才、科学研究和高新技术开发		协同创新
政府机构	政策供给 提供基础设施	政府要素	基础设施
			政策供给

3.4.1 知识生产主体

知识生产主体是指提供知识生产型科技服务的科学研究与试验发展服务机构，服务内容包括知识生产和技术合作，承担着知识生产、扩散、转移等职能。创新过程是一个互动学习的过程，知识生产主体的创新绩效受与其进行协同创新的各类组织的影响。知识生产主体具有地理根植性，其创新是否符合市场需求、能否受到当地政府的支持、科技支撑和科技推广是否顺畅，与当地市场环境、政府机构、法律等地理邻近因素和社会价值观念等认知邻近因素密切相关。

3.4.2 科技推广主体

科技推广主体是指提供科技推广及相关服务的知识产权服务机构、综合科技服务机构；服务内容包括知识产权保护、科技推广与创业孵化、科技法律、综合科技服务。拉达尔和沃尔特（Radauer and Walter，2009）指出知识产权服务在帮助客户保护、处理和实现知识产权价值的过程中，也可以为技术创新和发展提供新思路和新技术（Radauer and Walter，2009）。作为企业开展技术创新的重要辅助力量，知识产权服务是企业提升技术创新能力和维持知识产权优势的重要支撑（谷丽等，2018）。科技推广与创业孵化服务为企业技术创新成果的及时转化创造条件。科技法律及相关服务为技术创新活动的顺利开展提供法律保障。综合科技服务机构依托科学技术和专业知识向社会提供科技管理、信用担保、科技咨询与调查、职业中介等科技服务。科技推广主体为市场主体提供知识产权保护、法律保障、新技术和其他专业服务，政府主体对其进行科技政策的支持。

3.4.3 科技支撑主体

科技支撑主体是指提供科技服务支撑的科技金融服务机构、专业化技术服务机构、科技信息服务机构和科技普及及宣传教育服务机构，服务内容包括金融支撑、专业化技术支撑、科技信息支撑、科普和科技出版支撑。科技金融服务机构为企业提供投融资和评估服务，为企业的创新活动提供资金保障。专业化服务机构提供专业化公共技术服务（如检验、检测、标准、认证和计量、工程技术、专业化设计等服务），是科技创新和产业发展的专业化技术支撑。科技信息服务机构不仅可以为企业提供竞争情报分析、科技查新和文献检索等科技信息服务，还可以为企业提供集成化的工程技术解决方案和科技咨询服务，是企业开展创新活动的科技信息支撑。科技普及及宣传教育服务机构为科技活动和科普宣传等提供服务（如图书管理、档案管理、收藏、研究、展示以及文献查询检索等服务），为企业的创新活动提供科普和科技出版支撑。科技支撑主体是知识生产主体、科技推广主体、市场主体开展科技创新的重要支撑，会对邻近要素产生影响，并受政府主体的影响。

3.4.4　市场主体

市场主体包括供应商、客户、竞争者、研究机构/大学，通过资源共享、分工合作、市场交易，实现价值共创、交互学习和协同创新。供应商是科技服务产业链的上游，为科技服务企业提供其所需的产品或服务，如科学研究设备、原材料等，其供应效率和成本会对科技服务企业的创新活动产生巨大影响。客户是科技服务产业链的下游，指购买产品或服务的组织或个人，客户需求指引着科技服务业的发展方向。科技服务企业需要及时关注竞争环境的变化，了解自己的竞争地位及彼此的优劣势，必要时与竞争者合作，协同创新，实现共赢。研究机构/大学是科技服务企业的主要合作对象，借助资源、技术的协同、互补作用实现价值共创、交互学习和协同创新。市场主体受认知邻近要素、地理邻近要素、组织邻近要素的影响；同时知识生产主体、科技推广主体的发展又依赖于市场力量，市场主体是知识生产和科技推广的导向，引导知识生产和科技推广的发展方向；政府主体和科技支撑主体通过政策调节市场行为对市场主体产生影响。

3.4.5　政府主体

政府主体是指为科技服务企业提供基础设施和政策供给的政府机构。在美国、欧盟、日本等发达国家和地区，政府是科技服务业发展的核心元素之一，政府对科技服务业的发展和完善非常重视（李丽，2014）。政府机构主要通过政策制定、基础设施的建设、财政划拨等行政措施为网络主体的有效运行提供保障，对知识生产主体、科技推广主体、科技支撑主体和市场主体产生影响，促进创新生态系统的可持续发展。林宏杰（2018）的实证研究发现，政府应在政策的扶持者与创新的倡导者之间选择合理的定位。周文泳等（2019）认为，由于政府在科技服务业发展中扮演着资源支配和机构协调者的角色，充分发挥政府补贴对科技服务业的积极作用显得至关重要。

3.5　科技服务业集群多层次创新网络间的耦合关系的定量分析

耦合关系是电学里经常使用的概念，表示事物或实体之间相互作用、相互影响的关系。从系统论看，耦合是两个或两个以上体系协同完成任何单一体系无法完成的任务，产生 1 + 1 > 2 的效应。科技服务业集群多层次创新网络间的耦合关系是指多层次创新网络构成要素与网络主体之间的紧密配合、相互影响、有机耦合，使多层次创新网络实现基于认知邻近、地理邻近和组织邻近的高交互性、高创新性、高集聚性，从而提升科技服务业集群企业的创新绩效。

DEMATEL 方法是一种运用图论，通过构建直接影响矩阵来认识复杂系统因素之间的因果关系并筛选出关键影响因素的方法（王伟明、邓潇、徐海燕，2021）。该方法已被众多领域的专家和学者采用，用于影响因素分析和关键因素识别（孙伟，2020）。也有学者对 DEMATEL 方法本身进行研究，克服该方法难以处理不完备专家判断信息、群体决策评价标度不一致等问题（王伟明、邓潇、徐海燕，2021；韩玮、孙永河、缪彬，2021）。鉴于已有研究，本书结合科技服务业集群多层次创新网络的内涵、构成要素和网络主体间的关系，使用 DEMATEL 方法对科技服务业集群多层次创新网络之间的耦合关系进行定量分析，以此找到科技服务业集群多层次创新网络的关键影响因素，为科技服务业集群多层次创新网络的构建及运行提供依据。

3.5.1　构建多层次创新网络构成要素与网络主体之间的有向图

把科技服务业集群多层次创新网络中的认知邻近要素、地理邻近要素、组织邻近要素 3 个构成要素和知识生产主体、科技推广主体、科技支撑主体、市场主体、政府主体 5 个网络主体共 8 个元素分别记为 E1、E2、E3、E4、E5、E6、E7、E8。根据前面分析的科技服务业集群多层次创新网络构成要素与网络主体之间的理论联系，构造科技服务业多层次创新网络构成要素与网络主体之间关系的有向图，如果 Ei 对 Ej 有直接影响，则由 Ei 画一个指向 Ej 的箭头。

3.5.2　确定科技服务业集群多层次创新网络的直接影响矩阵

各构成要素与网络主体之间的影响关系用 8 阶矩阵 $A^d = (A_{ij})_{8 \times 8}$ 表示，当 Ei 对 Ej 有直接影响且影响程度为 φ 时，$A_{ij} = φ$；当 Ei 对 Ej 没有影响时，φ = 0。为了保证实证分析的代表性、科学性和严谨性，借鉴杨建武运用 DEMATEL 方法对影响因素进行识别时的做法（杨建武，2021），邀请科技服务业领域的 20 位专家学者组成专家组，其中 5 人为科技厅等相关政府部门人员、7 人为相关学科教授，8 人为创新网络或科技服务业相关博士研究生，采用德尔菲法对多层次创新网络构成要素与网络主体间的耦合关系强度（0 为无耦合关系，1 为耦合关系弱、2 为耦合关系较弱、3 为耦合关系中等、4 为耦合关系强、5 为耦合关系非常强）进行打分，如表 3 - 4 所示。专家组成员具有代表性，且通过多轮打分，最终获得一致的评价矩阵，符合本研究的实证分析要求。

表 3 - 4　　　　科技服务业集群多层次创新网络要素与网络主体间的
直接影响矩阵

元素	E1	E2	E3	E4	E5	E6	E7	E8
E1	0	3	4	5	5	0	0	0
E2	5	0	0	4	4	3	0	0
E3	4	0	0	4	3	2	0	0

续表

元素	E1	E2	E3	E4	E5	E6	E7	E8
E4	0	0	0	0	5	0	2	0
E5	0	0	0	5	0	0	2	0
E6	0	0	0	4	4	0	0	0
E7	3	3	3	5	5	0	0	0
E8	0	2	0	4	3	3	2	0

3.5.3 科技服务业集群多层次创新网络的综合影响矩阵

科技服务业集群多层次创新网络的综合影响矩阵可以帮助分析构成要素与网络主体之间的间接影响关系。先对表 3-3 科技服务业集群多层次创新网络构成要素与网络主体的直接影响矩阵 A^d 各行的元素求和，再从每行之和中选取最大值，然后将直接影响矩阵 A^d 各元素除以最大值，得到正规化影响矩阵 A，最后根据公式 $B = A(I-A)^{-1}$，计算出综合影响矩阵 B，如表 3-5 所示。

表 3-5 科技服务业集群多层次创新网络构成要素与网络主体间的
综合影响矩阵

元素	E1	E2	E3	E4	E5	E6	E7	E8
E1	0.13	0.20	0.26	0.59	0.58	0.06	0.12	0.00
E2	0.32	0.07	0.08	0.53	0.53	0.18	0.11	0.00
E3	0.25	0.05	0.07	0.46	0.42	0.12	0.09	0.00
E4	0.04	0.03	0.03	0.17	0.38	0.01	0.16	0.00
E5	0.04	0.03	0.03	0.38	0.17	0.01	0.16	0.00
E6	0.02	0.01	0.01	0.33	0.32	0.00	0.07	0.00
E7	0.29	0.23	0.24	0.66	0.65	0.06	0.14	0.00
E8	0.08	0.15	0.05	0.48	0.44	0.19	0.20	0.00

3.5.4 科技服务业集群多层次创新网络的影响因素分析

根据综合影响矩阵 B 可以计算出每个元素的影响度、被影响度、中心度和原因度，并进行排名，如表3-6所示。

表3-6 影响度、被影响度、中心度和原因度

元素	影响度（R）		被影响度（C）		中心度（R+C）		原因度（R-C）	
	R	排名	C	排名	R+C	排名	R-C	排名
E1	1.92	2	1.17	3	3.09	4	0.76	4
E2	1.82	3	0.77	6	2.59	5	1.04	3
E3	1.47	5	0.78	5	2.25	6	0.69	5
E4	0.82	6	3.59	1	4.41	1	-2.77	8
E5	0.82	7	3.47	2	4.30	2	-2.65	7
E6	0.77	8	0.63	7	1.39	8	0.14	6
E7	2.26	1	1.06	4	3.32	3	1.20	2
E8	1.59	4	0.00	8	1.59	7	1.59	1

3.5.5 结果分析

（1）影响度分析。影响度R表示对其他因素施加的影响。根据R排名可知，8个因素对科技服务业多层次创新网络的影响度存在差异，市场主体（E7）、认知邻近要素（E1）、地理邻近要素（E2）的影响度均在1.8以上，其中多层次创新网络主体元素中的市场主体（E7）的影响度最大。这说明市场主体在多层次创新网络中对创新绩效发挥最大的作用，在多层次创新网络中占据最重要的地位，多层次创新网络中科技服务业企业与供应商、客户、竞争者、研究机构/大学等市场主体能否形成资源共享、分工合作、市场交易、价值共创、交互学习和协同创新对于其他元素的构建具有决定性作用，同时也最大限度地影响着科技服务业多层次创新网络的创新绩效。

（2）被影响度分析。被影响度C表示其他元素对该元素施加的影响。根据C排名可知，首先是其他因素对知识生产主体（E4）施加的影响最大，其次是科技推广主体（E5），再次是认知邻近要素（E1）。多层次创新网络元素中的知识生产主体（E4）和科技推广主体（E5）的被影响度最大，这说

明知识生产主体和科技推广主体这两个元素受其他因素的影响最大，在构建多层次创新网络的实践中，可通过其他元素对知识生产主体和科技推广主体施加影响而间接影响这两个因素，以促进多层创新网络中科技服务集群企业的研究开发和技术合作。

（3）中心度分析。中心度表示该元素与其他元素的关系，中心度的值越大，关系越密切。根据表 3 - 6 的中心度排名可知，知识生产主体（E4）和科技推广主体（E5）的中心度最大，与其他元素之间的关系最密切。通过对中心度进行标准化，8 个元素的权重得分依次为：E1 = 0.135，E2 = 0.113，E3 = 0.098，E4 = 0.192，E5 = 0.187，E6 = 0.061，E7 = 0.145，E8 = 0.069，这表明多层次创新网络中最重要的元素是知识生产主体（E4 = 0.192）和科技推广主体（E5 = 0.187），多层次创新网络要解决的中心问题是知识生产和科技推广。知识生产主体和科技推广主体是构建多层次创新网络时需要重点关注的两个网络主体。结合原因度和中心度进行分析，发现认知邻近要素（E1）和市场主体（E7）既具有较高的中心度也具有较高的原因度，表明认知邻近要素和市场主体在构建科技服务业多层次创新网络中既对其他因素有较高的影响性，也为较关键性的元素。在实践中，在重点关注知识生产主体和科技推广主体这两个关键网络主体的同时，对认知邻近要素、市场主体这两个次关键性元素也要给予足够的重视。

（4）原因度分析。原因度值越大表示对其他元素施加很大影响，自身很少受其他元素影响。根据表 3 - 6 中的原因度得分是否为正，可将多层次创新网络影响元素分为 6 个原因元素和 2 个结果元素。原因元素排名依次为 E8（1.59）、E7（1.2）、E2（1.04）、E1（0.76）、E3（0.69）、E6（0.14），说明政府主体（E8）、市场主体（E7）、地理邻近要素（E2）、认知邻近要素（E1）、组织邻近要素（E3）、科技支撑主体（E6）6 个元素为影响科技服务业多层次创新网络的原因元素，其中政府主体、市场主体和地理邻近要素是最关键的原因元素；而知识生产主体（E4）和科技推广主体（E5）元素的原因度分别为 - 2.77 和 - 2.65，均小于 0，说明知识生产主体和科技推广主体为结果元素，受其他因素影响。

（5）象限图分析。根据表 3 - 6，本书以中心度和原因度为横坐标和纵坐标，以中心度的平均值和 0 为横纵坐标的交点，利用象限法对科技服务业多层次创新网络的影响元素进行划分，以区分驱动元素、关键元素和支援元素，如图 3 – 3 所示。

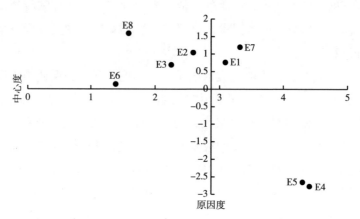

图 3 – 3   多层次创新网络影响因素的象限图

由图 3 – 3 可见，认知邻近要素（E1）和市场主体（E7）位于第一象限，中心度高于平均值，且原因度大于 0，是科技服务业多层次创新网络中的驱动元素。地理邻近要素（E2）、组织邻近要素（E3）、科技支撑主体（E6）、政府主体（E8）位于第二象限，中心度低于平均值，原因度大于 0，是科技服务业多层次创新网络创新绩效的支援元素，发挥辅助影响作用。知识生产主体（E4）和科技推广主体（E5）位于第四象限，中心度高于平均值，原因度小于 0，是科技服务业多层次创新网络中最易受其他因素影响的核心因素，为关键元素。由于中心度越高，元素的重要性越高，因此关键元素（知识生产主体和科技推广主体）和驱动元素（认知邻近要素和市场主体）的重要性高于支援元素（地理邻近要素、组织邻近要素、科技支撑主体和政府主体）。

3.5.6   结论与建议

多层次创新网络不仅是科技服务企业提升创新绩效的重要保障和外部条件，同时多层次创新网络元素之间也存在相互影响关系。对科技服务业集群多层次创新网络的构成要素、网络主体以及耦合关系进行理论分析。在理论分析的基础上，运用 DEMATEL 方法，定量分析 3 个构成要素与 5 个网络主体之间的耦合关系，通过对专家组评价矩阵的计算，识别出 8 个元素的影响度、被影响度、中心度和原因度，并以中心度和原因度为横纵坐标画出四象限图，将8个元素分为关键元素、驱动元素和支援元素三类。实证分析结论表明：知识生产主体和科技推广主体的中心度最高，是多层次创新网络需要关注的关键元素和结果元素；市场主体、认知邻近要素在科技服务业集群多层次创新网络的构建中发挥最大的影响作用，是驱动元素；地理邻近要素、组织邻近要素、科技支撑主体和政府主体是原因元素和支援元素，对其他元素产生影响和支撑作用。

根据以上结论，本书对科技服务业集群多层次创新网络的构建和运行提出以下建议。

首先，构建科技服务业集群多层次创新网络的过程中，可从政府主体、市场主体、地理邻近要素、认知邻近要素、组织邻近要素、科技支撑主体6个原因元素入手，其中政府主体、市场主体和地理邻近要素为3个关键的原因元素。因此要特别注重发挥上述3个关键因素的影响作用。如政府主体可通过政策制定、基础设施的建设、财政划拨等行政措施为科技服务业多层次创新网络的有效运行提供保障。供应商、客户、竞争者、研究机构/大学等市场主体可通过资源共享、分工合作和市场交易，为科技服务业集群企业的价值共创、交互学习和协同创新提供市场保障。地理邻近要素中的区位优势和社会资本增加了科技服务业企业面对面接触的频率，促进了合作关系和信任关系的建立，可促进多层次创新网络创新绩效的提高。

其次，在科技服务业集群多层次创新网络的运行过程中，需要发挥市场主体和认知邻近要素的驱动作用，通过认知邻近要素促进市场主体与科技服务业集群企业之间基于集体协商制度、信任关系、文化认知的资源共享和价值共创。同时，也需要重视地理邻近要素、组织邻近要素、科技支撑主体和政府主体对科技服务业集群多层次创新网络的支撑作用。地理邻近要素有利于科技服务业集群多层次创新网络中的网络主体获取区域内异质性技术和知识等科技服务业资源，通过面对面的接触，催生创意与创造。组织邻近要素通过建立相似的组织准则、规则正式化和合同，有助于科技服务业集群企业跨越地理界限、缩短组织距离，获取全球异质性技术和知识等科技服务业资源，促进网络主体彼此间的资源共享和协同创新，进而对创新绩效产生作用。科技支撑主体为科技服务企业的创新活动提供资金支撑、专业技术服务和技术咨询等科技支撑服务；政府主体需要为多层次创新网络的运行提供有力的政策供给和完善的基础设施，支撑科技服务企业多层次创新网络的有序运行，提升创新绩效。

3.6 科技服务业集群多层次创新网络的特征

根据科技服务业集群多层次创新网络的内涵界定，从主体、关系（宏观上体现为结构）、资源与活动三要素角度，可提炼出多层次创新网络区别于单重、双重网络的如下特征。

3.6.1 多层次性

科技服务业多层次创新网络由集群创新网络、区域创新网络和全球创新网络三个层次构成，由服务网络和顾客网络中处于科技服务业价值链上下游的企业、顾客以及支持创新活动的机构和组织形成跨越产业范围和区域范围的多层次创新网络。科技服务业多层次创新网络的主体跨越了地理边界和产业边界，具有多元性且数量多，不仅包括提供服务的全部科技服务组织（知识生产型科技服务、知识扩散转化型科技服务以及科技服务支撑），还包括与科技服务企业进行服务创新互动的所有组织与个人（研究机构/大学、供应商、客户、政府机构、竞争者），不仅在组织属性、网络位置、创新功能上具有差异性，而且在拥有的创新资源和网络权力上具有异质性。

3.6.2 复杂自适应性

科技服务业集群多层次创新网络是动态变化的复杂自适应系统，节点为了提升网络权力而产生与其他节点连接的自适应行为，在微观节点间关系形成、复制、重构中涌现出多层次网络结构和关系的不断演化。基于服务主导逻辑，以价值共创为导向，科技服务企业根据不同成长阶段的不同创新需求和拥有的资源程度的制约，动态嵌入各层次的创新网络，各层次的创新网络具备不同的网络关系，形成独特的创新氛围和文化并内化为核心能力。科技服务集群多层次创新网络作为多个网络的集合，其网络节点嵌入于行业、集群、区域、文化等特定的外部情景之中，与集群创新网络、区域创新网络和全球创新网络中各类企业和组织通过正式（规则正式化、合同、集体协商制度）或非正式（社会规范和信任关系）交互机制建立战略联盟、信任互惠、技术合作、市场交易、互联网互动等多层次交互关系，网络关系具有复杂性和自适应性。

3.6.3　无标度性、强弱联结并存和小世界特征

在科技服务业集群多层次创新网络呈现出无标度性、强弱联结并存和小世界特征。无标度性反映了创新网络节点连接度的不均匀性，即部分节点具有极高的连接度，而大量节点的连接度则很低。由于认知邻近和地理邻近，在集群创新网络和区域创新网络中节点间存在经常性的交往和互动，部分节点成为核心节点，其连接度极高；而在全球创新网络中节点跨越了地理界限分布在全球范围，节点由于组织邻近而产生偶发性和不稳定的连接，具有较高的稀疏性。由于科技服务业集群多层次创新网络主体创新资源存在差异，必然会导致网络主体间的创新资源依赖关系——网络权力的差异，这种差异就体现为网络主体度分布的不均匀，即无标度性。科技服务业集群多层次创新网络内处于同一产业和同一地域的组织具有高度的嵌入性和高信任度，具有强联结特性，但位于不同产业和跨越集群地理空间的组织间却具有较少的接触频率和较低的情感性，具有弱联结特性（周荣和喻登科，2018）。多层次创新网络跨越了产业边界、地理边界和知识边界，使科技服务企业可以在更大的创新空间内寻求合作，任意节点之间可达的距离更短，同时由于认知邻近、地理邻近和关系邻近，多层次创新网络较随机网络有更高的聚集系数，具有小世界特征。多层次创新网络的小世界特征，使网络主体可以从各层次创新网络中以更短的距离获得互补性资源（如专门化的知识、技术和经验），实现基于情境的动态资源共享、分工合作、协同创新，极大地提高了创新扩散的速度，再加上因更高的聚集系数有利于获得嵌入网络中的隐性知识，实现了网络资源的有效流动和知识共享，有利于提升创新绩效。

3.7 基于网络权力的科技服务业多层次创新网络的形成机理

3.7.1 网络权力的界定

考恩等（Cowan et al.，2007）认为生产知识是创新网络形成的目的，知识创造和知识积聚促成了技术创新网络的形成。拉蒂夫和哈桑（Latiff and Hassan，2008）把知识权力界定为企业因拥有关键知识优势而产生的权力。资源依赖理论认为权力来自他者的依赖性，创新主体间因为知识资源拥有种类和质量的差异引发了他者对其关键优势知识的依赖，进而产生知识势差和权力不对等（郭献强、党兴华、刘景东，2014；王建军、叶明海、曹宁，2020）。据此，本书把网络权力界定为的网络权力需求方对拥有关键优势网络资源的资源优势方的依赖，这种依赖感可以用网络资源所有权的大小来衡量。相关理论和实证研究表明，科技服务业集群的最大好处是获取当地化和相对不流动的隐性知识而不是降低交易成本（Jarvenpaa and Staples，2001），而隐性知识的流动和共享更容易受到网络主体间关系和网络资源所有权的影响。由于服务的无形性，网络资源所有权的特别是隐性知识所有权的度量和界定十分困难（金辉，2014）。鉴于网络资源特别是隐性知识资源的特性和资源依赖理论，本书承袭前人的研究（Jarvenpaa and Staples，2001；冯帆和张蕾，2014），借鉴潘伟和张庆普（2016）的研究成果，从感知角度界定和度量网络资源所有权，把网络资源所有权的核心界定为因所拥有的内在资源及其在网络中的地位权力而产生的对资源的占有和心理连接，并将其划分为感知的组织资源所有权和感知的创新网络资源所有权。感知的组织资源所有权是网络主体通过自主创新获得关键优势资源，并申请专利或在合同和生产经营中占有和控制该资源而产生的"本组织"的心理感知（Peng，2013）。感知的创新网络资源所有权是网络主体嵌入多层次创新网络中，通过资源共享或协同创新获得的本组织和其他组织共有的资源，从而产生属于创新网络的心理感知（金辉、杨忠、冯帆，2011）。

3.7.2 关系形成过程

感知的网络资源所有权的差异会导致多层次创新网络主体结网行为的差异。网络资源在科技服务集群多层次创新网络内网络主体间的转移伴随着网络权力的转移，会产生因共同资源所有权人的增加而带来的网络权力稀释，从而丧失在创新网络中的独特资源价值和权力基础。网络权力损失可以用来衡量组织感知到公开自身资源特别是隐性知识后会产生的网络权力稀释的心理状态。在科技服务业集群多层次创新网络的形成过程中，网络主体在获得资源共享和整合效应的同时，也要承担相应的知识溢出、网络合作伙伴背叛等网络风险而引发的网络权力损失，网络节点的网络连接选择更为复杂且多变，这不仅反映了科技服务企业间竞争合作关系的动态变化，更体现了科技服务企业对复杂环境的自然选择行为。

科技服务业集群多层次创新网络的形成过程是：面对特定而复杂的创新任务，基于价值共创，在提升网络权力需要的驱使下，科技服务企业通过基于利益标准和地理标准选择最优伙伴，促成创新网络中知识流动、协同创新，以实现减少网络权力损失，满足市场竞争和顾客需求的过程（见图3-4）。由图3-4可知，科技服务业集群多层次创新网络形成的外部动力是市场竞争和顾客需求；科技服务业集群多层次创新网络形成的起点与基础是网络权力差距，促使网络节点间建立知识共享、协同创新等互动关系的源泉和实质是源于网络权力差距的客观存在；科技服务业集群多层次创新网络演化的内在驱动是提升感知的网络资源所有权和减少网络权力损失。首先，科技服务业企业需要判断是否存在网络权力差距。面对特定而复杂的创新任务，在市场竞争和顾客需求的作用下，科技服务企业将感知的网络资源所有权与外部环境中网络权力要求进行对比，判断是否存在网络权力差距。当外部环境中的网络权力要求小于或等于感知的网络资源所有权时，不存在网络权力差距，科技服务企业没有提升网络权力需要，保持原有连接。当外部环境中的网络权力要求大于感知的网络资源所有权时，存在网络权力差距，科技服务业企业需要产生新的连接来提升感知的网络资源所有权以缩短或弥补网络权力差距。其次，当存在网络权力差距时，因网络资源的有限性科技服务业企业需要根据自身的需要，基于利益标准（交易费用、利益、互补资源）和地理标准（认知水平、社会联系、地理位置）选择最优连接伙伴构建创新网络，通过资源共享和协同创新，达到"网络互惠"效应（获得互补网络资源，同时降低网络资源交易费用，促成异质性网络资源的互惠交换），以提升自身以及整个创新网络感知的资源所有权。网络连接行为是否发生取决于科技服务业企业的自适应选择过程：基于利益维度，当能够降低交易费用、获取互补网络资源、提升感知的网络资源所有权、减少网络权力损失，且收益大于成本时，建立连接；基于地理维度，基于认知邻近、地理邻近和社会邻近要素，嵌入多层次创新网络的科技服务业企业将优先选择认知水平接近、地理位置接近、社会联系紧密的主体（段文斌、刘大勇、皮亚彬，2016）。

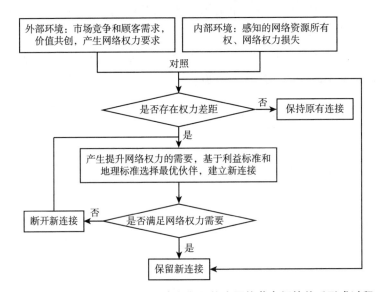

图 3-4　科技服务业集群多层次创新网络中网络节点间的关系形成过程

3.7.3　演化过程

基于社会网络视角，目前对创新网络连接关系的形成及演化过程的解释存在两种主流理论模式："复制"与"重构"。"复制"理论模式认为，科技服务集群企业节点在进行网络连接时倾向于搜寻符合已有网络特征的新节点，使已有网络结构和特征不断得到复制，网络规模不断扩张。"重构"理论模式认为，结构洞有利于获得关键资源和异质性网络资源，需要与处于结构洞的节点建立连接，使不同网络特征和结构的创新网络间建立联系，达到网络规模的不断扩张（魏奇锋、顾新、张宁静，2013），利益标准和地理标准是多层次创新网络关系形成阶段的关键影响因素，网络权力需要的满足程度是推动多层次网络关系复制与重构的核心要素，演化过程简图如图3-5所示。

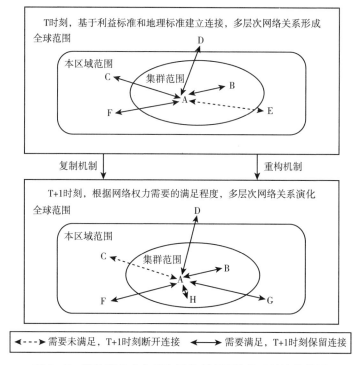

图3-5　科技服务业集群多层次创新网络关系的演化简图

　　基于网络权力差距，科技服务企业为了提升网络权力需求，科技服务业企业A不断经过关系形成机制、复制机制、重构机制建立了如图3-5所示的多层次创新网络。根据T时刻关联节点B、C、D、E、F与科技服务企业A间的创新交互活动结果，发现在与节点E的连接中，科技服务企业A的网络权力产生损失，其感知的组织资源所有权大于感知的创新网络资源所有权、节点E存在"搭便车"行为。在T+1时刻，科技服务企业A断开与节点E的连接，根据"复制"机制继续保持与节点B、C、D、F之间的连接。同时，根据网络权力需求的满足程度，科技服务企业A基于利益理性和地理理性通过重构机制选择能够提升其网络权力需求的节点G、H建立新连接，推动科技服务业集群多层次创新网络的演化。

3.8　本章小结

　　本章结合产业集群理论和创新网络理论，在界定科技服务业集群多层次网络概念的基础上，分别探析了集群创新网络、区域创新网络和全球创新网络的网络主体、网络资源和网络联系；从网络主体、主体功能、构成要素和内容方面对科技服务业集群多层次创新网络进行解构，基于 DEMATEL 方法，定量分析科技服务业集群多层次创新网络构成要素与创新主体之间的耦合关系，进而归纳出科技服务业集群多层次创新网络的多层次性、复杂自适应性、无标度性、强弱联结并存和小世界特征；以资源依赖理论为依据，把网络权力界定为感知的组织资源所有权和感知的创新网络资源所有权，基于科技服务企业提升资源所有权弥补网络权力差距的心理基础，根据复制、重构机制对多层次创新网络的关系形成及演化过程进行分析。本章关于科技服务业集群多层次创新网络内涵、各层次创新网络构成、网络构成要素间耦合关系、网络特征、网络权力、网络关系形成演化机理的分析为下一步研究奠定了理论基础。

第4章　中国科技服务业集群的发展现状及区域分异格局

实践中，科技服务业作为现代服务业的重要组成部分，在实施创新驱动发展战略、推动经济提质增效升级中的重要作用已经取得共识。2014年《国务院关于加快科技服务业发展的若干意见》中指出"形成一批具有国际竞争力的科技服务业集群"，通过集群的示范效应，促进科技服务业规模的扩张和质量的提升。为贯彻落实上述意见，各省高度重视科技服务业发展，把科技服务业集聚区作为集约发展科技服务业的重要空间载体，先后出台相关政策文件，支持建设科技服务业集聚基地或示范区，汇聚创新资源，以促进科技服务业健康快速发展。在各级政府的推动下，科技服务业取得了飞速发展，为当地的科技创新和产业发展提供了有力支撑。

国家科委于1992年首次提出了新型科技服务业的概念，但并没有对科技服务业作出明确的界定。之后，学者们从产业层面，对科技服务业的发展水平、发展效率、与地区创新、与高技术产业协同、经济增长、制造业效率的关系等方面开展了研究（张鹏、梁咏琪、杨艳君，2019；周柯和刘洋，2019；朱文涛和顾乃华，2017；黄晓琼和徐飞，2021；王智毓和冯华，2020；周柯和武墨涵，2020）。2010年，国家发展改革委首次在国家层面明确提出支持服务业集聚发展，服务业集聚区建设工作日益受到各级政府的重视。"服务业集群"的概念由斯科特（Scott）首先提出，并引发了国内外学术界对服务业集群的研究热潮，相关理论和实证研究表明，获取全球网络、客户和知识以及地方知识基地是知识密集型企业集聚的理由之一（Scuotto et al.，2017；Zach and Hill，2017）。科技服务业集聚区的快速发展推动了科技服务业集群理论的研究。在集群层面，学者们对科技服务业空间集聚测度、集聚发展、集聚影响因素、集聚结构模式、空间演化、对创新的影响等方面进行了研究

（廖晓东、邱丹逸、林映华，2018；王猛、朱丽多、张宇婧，2021；张曼和菅利荣，2021；谢泗薪和侯蒙，2017；张清正，2015；韦文求等，2016；林宏杰，2018；吴芹和蒋伏心，2020；曹允春和王尹君，2020），虽然对中国科技服务业的集聚发展、集聚测度和空间演化有一些研究，但对科技服务业集聚区域分异格局的关注较少，有待进一步研究。

科技服务业集群是各级政府推动科技服务业快速健康发展的载体，是客观存在的经济现象，迫切需要开展相关的理论研究，为实践活动提供理论指导。本章从总体规模、空间分布、产业集聚等评价指标，对中国科技服务集群发展现状及区域分异格局进行实证分析，考察中国科技服务业集聚发展现状、非均衡发展以及集聚发展的程度、特征及趋势，通过对比探究中国各地科技服务业的集聚特征和集聚水平，验证了科技服务业集聚的客观存在。

4.1　中国科技服务业的基本情况

中国科技服务业从无到有、从小到大，虽然起步较晚，但发展迅速，主要体现在科技活动基本情况各项指标逐年增加上，科技服务业的发展有力地促进了科技创新和经济进步，如图4-1～图4-6所示。根据2021年的《中国第三产业统计年鉴》，2019年中国全国科技服务业增加值22624.3亿元，占GDP比重2.3%，相比于2009年的4721.7亿元，增长了3.79倍。根据2021年的《中国科技统计年鉴》，2020年全国研究与试验发展人员全时当量523.45万人年，相比1999年的82.17万人年，增长了5.37倍；2019年全国研究与试验发展经费支出24393.11亿元，相比1999年的678.91亿元，增长了34.93倍；2020年全国发明专利申请授权数530127项，相比1999年的7637项，增长了68.42倍；2020年全国高技术市场成交额28251.5亿元，相比1999年的523.45亿元，增长了52.97倍。根据2021年《中国第三产业统计年鉴》，2020年末，全国科技服务业城镇单位从业人员431.2万人，占全国城镇单位总就业人数的4.2%；中国科学研究和技术服务业法人单位数1738335个，占全部法人单位数的8.03%，相比于1999年的42608个，增长了39.8倍。

图 4 - 1　全国科技服务业增加值及占 GDP 比重变化（2009 ~ 2019 年）

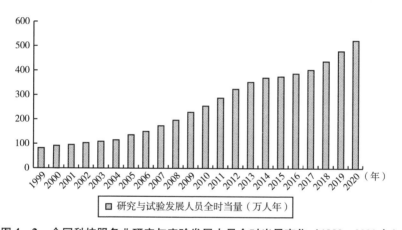

图 4 - 2　全国科技服务业研究与实验发展人员全时当量变化（1999 ~ 2020 年）

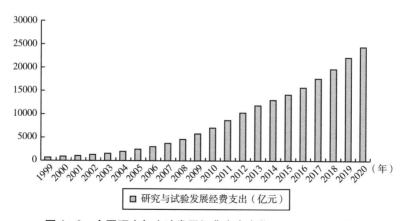

图 4 - 3　全国研究与实验发展经费支出变化（1999 ~ 2020 年）

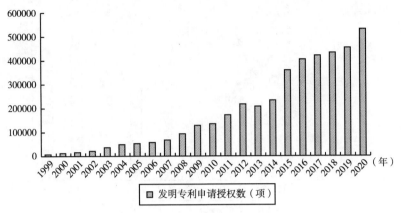

图4-4　全国发明专利申请授权数变化（1999~2020年）

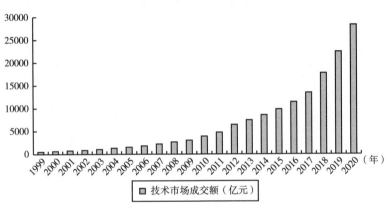

图4-5　全国技术市场成交额变化（1999~2020年）

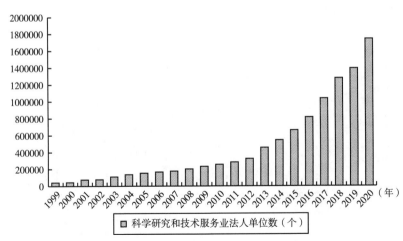

图4-6　全国科学研究、技术服务和地质勘查业法人单位数变化（1999~2020年）

4.2　中国科技服务业的空间分布

从科技服务业法人单位的区域分布来看，根据 2021 年《中国第三产业统计年鉴》，2019 年中国科技服务业法人单位在四大区域的分布为①：东部地区 108.6219 万家，中部地区 34.0071 万家，西部地区 24.5973 万家，东北地区 6.6072 万家，不难发现科技服务业法人单位数存在东部地区强、中部地区中等、西部地区弱、东北地区少的区域分异格局，各区域占全国总数的比重如图 4 - 7 所示。

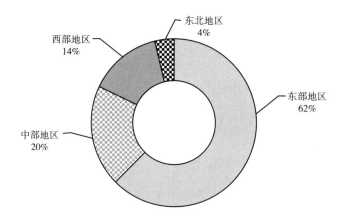

图 4 - 7　全国科技服务业法人单位各区域分布

从科技服务业企业法人单位数、营业收入、资产总计和从业人员四个评价指标看，北京、广东、江苏 3 个省份均排在前列，企业法人单位数均超过 18 万家，营业收入均超过 5000 亿元，资产总计均超过 1.6 千亿元，从业人员均超过 120 万人，远远领先于其他省份，如图 4 - 8 所示。显然北京、广东、江苏是科技服务业发展水平最高，也是科技服务业企业法人单位数最为集聚的省份。科技服务业企业法人单位数在北京、广东、江苏 3 个省份的分布最为密集，分别占全国总量的 12.77%、12.07%、10.51%。北京、广东、

──────────

①　东部地区包括：北京、天津、河北、上海、江苏、浙江、福建、山东、广东和海南 10 个省份。中部地区包括：山西、安徽、江西、河南、湖北和湖南 6 个省份。西部地区包括：内蒙古、广西、重庆、四川、贵州、云南、西藏、陕西、甘肃、青海、宁夏和新疆 12 个省份。东北地区包括：辽宁、吉林和黑龙江 3 个省份。资料来源：2021 年《中国第三产业统计年鉴》。

江苏3个省份的科技服务业企业法人单位营业收入也位于全国前列，分别占全国总量的19.35%、11.11%、10.90%。北京、江苏、广东3个省份的科技服务业企业法人单位资产总计分别占全国总量的21.54%、10.53%和8.89%。科技服务业从业人员最多的是广东，占全国总量的13.89%；第二是北京，占全国总量的11.76%；第三是江苏，占全国总量的10.74%。

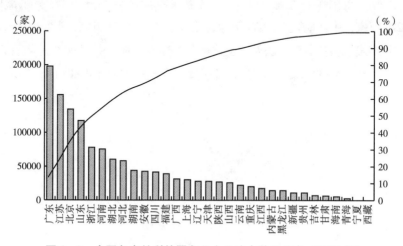

图4-8 全国各省份科技服务业企业法人单位分布（2020年）

根据上述四个评价指标2018~2020年的平均值，采用系统聚类分析法，使用Ward法计算各类之间的距离，对31个省份进行聚类，见图4-9。根据聚类图对聚类结果进行整理，可得表4-1。根据聚类分析结果（见图4-9和表4-1），可以将中国31个省份划分为四类。第一类是北京、江苏、广东。这三个省份的科技服务业企业法人单位数、营业收入、资产总计、人员均遥遥领先，均分布在东部区域，存在较为明显的头部集聚现象。第二类是上海、山东、浙江、河南、湖北、四川、河北、湖南、福建、安徽10个省份，以东部和中部区域的省份为主，这些地区在4个指标上明显低于第一类地区，呈现出区域分异特征。第三类是江西、天津、陕西、重庆、辽宁、云南、山西、广西8个省市，除天津是东部省份外，其余多为中部和西部的省份。第四类是贵州、吉林、甘肃、黑龙江、内蒙古、新疆、青海、宁夏、海南、西藏10个省份，多处于东北、西部等地区，上述10个省份科技服务业企业法人单位数、营业收入、资产总计、人员的合计数分别仅为北京的47.06%、21.29%、38.15%、46.03%，科技服务业发展水平的区域分异非常显著。

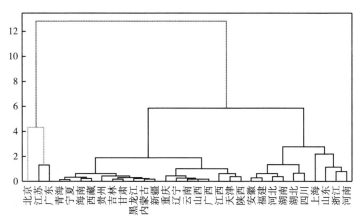

图 4 - 9　科技服务业各地区聚类分析

表 4 - 1　　　　　　　　　　中国科技服务业地区聚类分析表

分类	类（1）	类（2）		
分两类	北京、江苏、广东	上海、山东、浙江、河南、湖北、四川、河北、湖南、福建、安徽、江西、陕西、天津、重庆、辽宁、云南、山西、广西、贵州、吉林、甘肃、黑龙江、内蒙古、新疆、青海、宁夏、海南、西藏		
	类（1）	类（2）	类（3）	
分三类	北京、江苏、广东	上海、山东、浙江、河南、湖北、四川、河北、湖南、福建、安徽	江西、天津、陕西、重庆、辽宁、云南、山西、广西、贵州、吉林、甘肃、黑龙江、内蒙古、新疆、青海、宁夏、海南、西藏	
	类（1）	类（2）	类（3）	类（4）
分四类	北京、江苏、广东	上海、山东、浙江、河南、湖北、四川、河北、湖南、福建、安徽	江西、天津、陕西、重庆、辽宁、云南、山西、广西	贵州、吉林、甘肃、黑龙江、内蒙古、新疆、青海、宁夏、海南、西藏

　　上述聚类分析的研究结果与韩冰（2016）、苏庭栋（2019）、廖晓东等（2018）等的研究成果基本吻合。

　　从聚类分析结果可以看出：（1）中国科技服务业发展水平地区间的差异较大，呈现出两极分化格局。第一类的三个地区在四个评价指标的贡献率均超过30%，占全国总量的1/3以上，其中营业收入和资产总计指标占全国总量的40%以上，而第四类的10个省份4个指标的贡献率分别仅为10%左右。（2）处在同一区域的省份间科技服务业发展水平也参差不齐，呈现出区域分异格局。以东部区域的10个省份为例，北京、江苏、广东为第一类，上海、山东、浙江、福建、河北为第二类，天津是第三类，而海南则处于第四类，北京市科技服务业的企业法人单位数、营业收入、资产总计、人员 4 个评价指标分别是福建省的 4.01 倍、9.92 倍、14.81 倍和 4.28 倍，是海南省的 31.54 倍、60.44 倍、17.58 倍和 30.07 倍，同一区域中各省份间科技服务业的发展水平差距明显。

4.3　中国科技服务业集聚化发展水平评价

分析产业集聚的集聚指数有空间基尼系数、行业集中度、区位熵、赫芬达尔 – 赫希曼指数、E – G 指数等，考虑到数据的可获得性和指标的可解释性，本书选取了实证分析中应用最多的空间基尼系数、区位熵、行业集中度三个集聚指数。因此，本书以 2006 ~ 2021 年的《中国统计年鉴》《中国第三产业统计年鉴》《中国科技统计年鉴》中科技服务业相关数据为基础数据，以中国 31 个省份为研究对象，通过计算空间基尼系数、区位熵和行业集中度三个集聚指数对中国科技服务业的集聚程度进行评价，进而考察中国科技服务业集聚发展现状、非均衡发展以及集聚发展的程度、特征及趋势，通过对比探究中国各地区科技服务业集聚特征和集聚水平。

4.3.1　中国科技服务业的空间基尼系数

空间基尼系数最早由克鲁格曼提出，后被学者们大量使用在产业集聚度测度中，其计算公式为：

$$G_{ij} = \sum (S_{ij} - X_i)^2 \qquad (4-1)$$

其中，G_{ij} 为 i 省份 j 行业的空间基尼系数，S_{ij} 为 i 省份 j 行业城镇单位就业人员数占全国 j 行业城镇单位就业人员总数的比重；X_i 为 i 省份就业人员占全国总就业人员数的比重（苏庭栋，2019）。G_{ij} 的取值为（0, 1），取值越大表明该行业在地理上的集聚水平越高，最大值为 1。为了检验本方法的可靠性，度量了中国第三产业 14 个行业的空间基尼系数，如表 4 – 2 所示。

如表 4 – 2 所示，受疫情影响，2020 年各行业的空间基尼系数均趋于弱化。2005 ~ 2019 年，第三产业中 14 个行业的空间基尼系数呈现出两个明显的特征：第一，有 7 个行业的空间基尼系数趋于强化，这些行业大多属于向

表 4－2　中国第三产业各行业的空间基尼系数（2005～2020 年）

年份	交通运输、仓储和邮政业	信息传输、计算机服务和软件业	批发和零售业	住宿和餐饮业	金融业	房地产业	租赁和商务服务业	科学研究、技术服务和地质勘查业	水利、环境和公共设施管理业	居民服务和其他服务业	教育	卫生、社会保障和社会福利业	文化、体育和娱乐业	公共管理和社会组织
2005	0.284	0.345	0.250	0.348	0.226	0.416	0.470	0.363	0.243	0.549	0.116	0.159	0.294	0.143
2006	0.290	0.349	0.250	0.351	0.235	0.413	0.485	0.369	0.235	0.553	0.112	0.157	0.292	0.141
2007	0.289	0.393	0.250	0.366	0.234	0.417	0.479	0.370	0.231	0.547	0.111	0.148	0.292	0.141
2008	0.288	0.410	0.253	0.374	0.235	0.427	0.483	0.377	0.221	0.543	0.113	0.143	0.291	0.140
2009	0.286	0.403	0.258	0.376	0.229	0.411	0.503	0.382	0.226	0.547	0.111	0.136	0.296	0.147
2010	0.282	0.421	0.263	0.383	0.231	0.403	0.507	0.379	0.227	0.545	0.107	0.133	0.285	0.147
2011	0.292	0.423	0.290	0.390	0.242	0.398	0.476	0.359	0.228	0.520	0.106	0.133	0.293	0.149
2012	0.291	0.423	0.302	0.380	0.254	0.379	0.486	0.350	0.225	0.541	0.104	0.121	0.286	0.144
2013	0.257	0.402	0.282	0.347	0.241	0.341	0.440	0.336	0.213	0.510	0.097	0.113	0.275	0.148
2014	0.258	0.411	0.292	0.365	0.248	0.329	0.449	0.324	0.203	0.503	0.093	0.111	0.271	0.149
2015	0.257	0.421	0.299	0.368	0.257	0.325	0.459	0.328	0.209	0.500	0.096	0.109	0.273	0.150
2016	0.254	0.428	0.306	0.379	0.254	0.321	0.453	0.337	0.214	0.474	0.093	0.104	0.270	0.150
2017	0.258	0.449	0.322	0.401	0.258	0.332	0.455	0.349	0.219	0.452	0.090	0.101	0.280	0.152
2018	0.257	0.467	0.341	0.435	0.252	0.344	0.456	0.360	0.220	0.495	0.100	0.099	0.280	0.160
2019	0.311	0.461	0.339	0.433	0.273	0.322	0.415	0.364	0.196	0.442	0.105	0.112	0.295	0.167
2020	0.226	0.441	0.296	0.392	0.240	0.290	0.383	0.293	0.166	0.410	0.082	0.082	0.240	0.144
趋势	上升	上升	上升	上升	上升	下降	下降	上升	下降	下降	下降	下降	平稳	上升

社会提供高附加值、高层次、知识型的生产服务和生活服务的现代服务业，是中国各级政府鼓励加快集聚发展的科技研究和技术服务业、金融业、信息传输计算机服务和软件业等服务行业（王猛和王琴梅，2021）。第二，有7个行业的空间基尼系数在下降或趋于平稳，这7个行业大都属于公共服务领域，这些行业的空间基尼系数的变化与中国推进公共服务一体化和均等化的发展要求相一致。以上特征表明，本部分的计算结果具有可靠性，与各行业的实际聚集状态相一致，可以用于度量中国科技服务业的集聚状态。

从表4-2可知，随着时间的推移和国家政策的扶持，科技服务业空间基尼系数不断变动且呈现出阶段性的特征。根据空间基尼系数的变动情况，可以把中国科技服务业集聚程度划分为三个阶段：（1）2005~2009年集聚攀升期，科技服务业的空间基尼系数在不断攀升，表明随着中国科技服务业的发展，越来越呈现出集聚的态势；（2）2010~2014年集聚调整期，科技服务业空间基尼系数总体呈下降趋势，表明中国科技服务业在发展中动态调整，集聚水平在调整中逐渐回调；（3）2014年以后集聚持续提升期，特别是国务院在2014年出台《关于加快科技服务业发展的若干意见》后，激发了各级政府推动科技服务业的集聚水平的动力，促进了各地科技服务业集聚基地和示范区的建设，科技服务业空间基尼系数值出现较大幅度的增长，表明2014年以后，中国科技服务业的集聚水平在持续提升，集聚示范效应凸显。该研究结论与相关文献的研究结论基本一致（苏庭栋，2019；廖晓东、邱丹逸、林映华，2018）。

4.3.2 中国科技服务业的区位熵

区位熵又称为专门化率，是衡量专业化的重要指标，可测度各地区科技服务业的集聚程度，其计算公式为：

$$LG_i = \frac{K_i/K}{T_i/T} \qquad (4-2)$$

其中，LG_i 为 i 省份的区位熵，K_i 为 i 省份科技服务业城镇单位就业人员总数，K 为全国科技服务业城镇单位就业人员总数，T_i 为 i 省份就业人员数，T 为全国就业人员数。

根据2006~2021年的《中国统计年鉴》，可测算出中国31个省份科技服务业的区位熵，如表4-3所示。由表4-3可知，中国31个省份科技服务业

表4-3　中国31个省份科技服务业的区位熵（2005～2020年）

地区	2005年	2006年	2007年	2008年	2009年	2010年	2011年	2012年	2013年	2014年	2015年	2016年	2017年	2018年	2019年	2020年
北京	11.33	11.63	11.65	12.02	12.20	11.53	12.11	11.31	10.39	9.79	9.43	10.46	10.55	10.92	9.65	8.70
天津	3.08	3.05	2.92	2.91	2.42	2.32	1.78	2.40	2.51	2.31	2.38	2.36	2.46	2.27	2.21	3.07
河北	0.67	0.66	0.62	0.65	0.62	0.60	0.65	0.71	0.66	0.65	0.66	0.72	0.62	0.71	0.70	0.74
山西	1.24	1.22	1.14	1.07	1.01	0.93	0.90	0.76	0.75	0.74	0.76	0.70	0.69	0.72	0.72	0.79
内蒙古	1.24	1.21	1.14	1.12	1.02	0.95	0.90	0.87	0.86	0.79	0.81	0.74	0.78	0.78	0.94	0.88
辽宁	1.35	1.44	1.39	1.36	1.32	1.35	1.50	1.51	1.33	1.25	1.24	1.11	0.98	0.87	0.78	0.82
吉林	1.47	1.55	1.52	1.45	1.37	1.33	1.30	1.30	1.12	1.03	0.96	0.94	0.96	0.93	0.96	1.01
黑龙江	1.69	1.73	1.76	1.78	1.69	1.62	1.58	1.36	1.08	1.05	1.05	1.01	0.99	0.87	0.86	0.66
上海	4.81	5.07	4.71	5.05	5.46	5.54	2.87	2.54	2.96	3.12	3.12	3.14	3.31	3.69	4.69	4.07
江苏	0.63	0.63	0.61	0.59	0.58	0.60	0.65	0.62	0.80	0.86	0.86	0.85	0.85	0.87	1.03	0.95
浙江	0.75	0.84	0.81	0.81	0.81	1.00	1.08	1.10	0.86	0.82	0.81	0.91	0.92	0.82	0.83	0.88
安徽	0.45	0.44	0.43	0.42	0.42	0.43	0.47	0.45	0.39	0.42	0.40	0.39	0.38	0.40	0.43	0.60
福建	0.66	0.67	0.66	0.64	0.62	0.63	0.59	0.59	0.60	0.61	0.59	0.58	0.51	0.52	0.51	0.66
江西	0.76	0.75	0.72	0.60	0.57	0.53	0.56	0.49	0.44	0.40	0.41	0.43	0.43	0.44	0.43	0.55
山东	0.44	0.43	0.45	0.42	0.44	0.45	0.43	0.44	0.51	0.53	0.51	0.50	0.52	0.53	0.46	0.65
河南	0.62	0.63	0.62	0.60	0.52	0.50	0.51	0.48	0.46	0.48	0.49	0.49	0.47	0.39	0.48	0.66
湖北	0.85	0.88	0.82	0.82	0.82	0.77	0.81	0.85	0.81	0.78	0.84	0.80	0.79	0.83	0.85	0.91

续表

地区	2005年	2006年	2007年	2008年	2009年	2010年	2011年	2012年	2013年	2014年	2015年	2016年	2017年	2018年	2019年	2020年
湖南	0.49	0.52	0.51	0.51	0.54	0.54	0.54	0.55	0.61	0.60	0.54	0.55	0.55	0.56	0.65	0.71
广东	0.77	0.79	0.81	0.80	0.75	0.80	0.80	0.83	0.96	0.98	1.05	0.95	0.99	1.10	1.18	1.18
广西	0.62	0.62	0.63	0.63	0.62	0.63	0.66	0.78	0.67	0.66	0.64	0.58	0.54	0.47	0.46	0.59
海南	1.24	1.31	1.32	1.08	1.05	1.01	0.89	0.81	0.77	0.77	0.75	0.70	0.63	0.63	0.64	0.80
重庆	1.10	1.09	1.10	1.04	0.99	0.93	0.82	0.81	0.75	0.86	0.88	0.87	0.88	0.90	0.80	0.80
四川	0.75	0.78	0.76	0.78	0.77	0.74	0.78	0.78	0.82	0.83	0.82	0.80	0.83	0.79	0.56	0.75
贵州	0.51	0.51	0.53	0.60	0.69	0.63	0.66	0.69	0.69	0.76	0.75	0.68	0.66	0.62	0.42	0.51
云南	0.72	0.75	0.69	0.68	0.66	0.58	0.57	0.63	0.63	0.65	0.64	0.62	0.64	0.81	0.56	0.60
西藏	1.10	1.07	0.98	1.08	1.15	1.05	0.97	1.26	1.06	0.97	0.96	0.87	0.70	0.58	0.81	0.90
陕西	1.99	2.02	1.91	1.66	1.73	1.61	1.79	1.62	1.61	1.63	1.67	1.62	1.67	1.55	1.11	1.12
甘肃	1.09	1.11	1.09	1.00	0.93	0.90	0.85	0.87	0.91	0.87	0.86	0.82	0.84	0.79	0.76	0.95
青海	1.95	1.95	1.76	1.66	1.93	1.95	2.24	2.09	1.45	1.37	1.29	1.25	1.30	1.26	0.97	1.25
宁夏	1.16	1.14	1.20	1.16	1.02	0.96	0.98	0.81	0.79	0.74	0.78	0.80	0.74	0.64	0.65	0.86
新疆	1.75	1.73	1.68	1.60	1.51	1.40	1.34	1.40	1.18	1.10	1.01	0.94	0.89	1.00	0.89	0.86
最大值	11.33	11.63	11.65	12.02	12.20	11.53	12.11	11.31	10.39	9.79	9.43	10.46	10.55	10.92	9.65	8.70
最小值	0.44	0.43	0.43	0.42	0.42	0.43	0.43	0.44	0.39	0.40	0.40	0.39	0.38	0.39	0.42	0.51
差值	10.89	11.20	11.22	11.60	11.79	11.10	11.68	10.87	10.00	9.39	9.03	10.07	10.17	10.53	9.24	8.20

的区位熵也呈现出阶段性和非均衡发展的特征，与空间基尼系数的动态变动趋势基本一致。（1）根据区位熵也可以将中国科技服务业的集聚发展过程划分为三个阶段，与前面空间基尼系数的阶段划分基本吻合。以区位熵测算值最高的北京市为例，2005～2009 年北京市科技服务业的区位熵稳步提升，2010～2014 年北京市科技服务业的区位熵先升后降，在波动中回调，2015～2018 年北京市科技服务业的区位熵呈现出较快的持续增长趋势，2019～2020年稍微回落。（2）中国科技服务业集聚水平地区间呈现非均衡发展状态。2005～2020 年的区位熵最大值和最小值的差值均在 8～11，表明各省份间科技服务业空间集聚水平一直存在着非均衡发展状态。在 2020 年，北京、天津、吉林、上海、广东、陕西、青海 7 个省份的区位熵大于 1，大部分省份属于东部地区，该结论与前面的科技服务业空间分布基本吻合。西部、中部和东北区域中大部分省份的科技服务业区位熵整体水平不高。这与相关文献的研究结论基本一致（梁咏琪，2019）。

4.3.3 中国科技服务业的集中度指数

集中度指数最初运用在产业组织学中，用于衡量行业集中度或市场集中度，也有学者使用变形后的公式来衡量科技服务业集聚程度（苏庭栋，2019），本部分使集中度指数来度量全国范围内科技服务业集聚程度，其计算公式为：

$$CR_n = \sum S_i \qquad (4-3)$$

其中，S_i 为区域 i 科技服务业城镇单位从业人员在全国科技服务业城镇单位从业人员总数中所占的比例，n 为科技服务业城镇单位从业人员的排名。使用 2006～2021 年《中国统计年鉴》中的数据，对中国 2005～2020 年间科技服务业集中度指数进行测算，见表 4-4。从表 4-4 中可知，CR4、CR8、CR10 的值在 2005～2020 年均在 0.30、0.48、0.56 以上，且三项指标在 2005～2019 年间的波动幅度一致，均逐年上升，表明中国科技服务业存在显著的集聚现象且集聚程度在逐步加强，由于疫情影响，2020 年略有下降。该研究结论与相关文献的研究结论高度一致（苏庭栋，2019）。

表4-4　　中国科技服务业城镇单位从业人员集中度指数（2005~2020年）

年份	CR4	CR8	CR10
2005	0.306	0.487	0.567
2006	0.312	0.492	0.572
2007	0.319	0.498	0.574
2008	0.334	0.508	0.585
2009	0.342	0.511	0.589
2010	0.346	0.518	0.595
2011	0.333	0.510	0.591
2012	0.330	0.501	0.578
2013	0.334	0.514	0.594
2014	0.333	0.514	0.594
2015	0.337	0.518	0.597
2016	0.349	0.529	0.611
2017	0.361	0.546	0.623
2018	0.384	0.558	0.635
2019	0.414	0.577	0.650
2020	0.382	0.565	0.641

同时，根据2006~2021年《中国统计年鉴》中的数据整理得出中国 2005~2020年科技服务业从业人员数排名，见表4-5，由表4-5可以发现，中国科技服务业从业人员数排名呈现出以下特征：（1）2005年以来，北京市一直位居第一，位居前两位到前四位的省市呈现出阶段性的波动。2005~2007年是北京、上海、广东、陕西。2008~2009年是北京、上海、广东、四川。2010年是北京、上海、广东和浙江。2011~2012年是北京、广东、浙江和四川。2013年是北京、广东、上海、四川。2014~2020年分别稳定为北京、广东、上海和江苏。（2）从2005~2007年，科技服务业城镇单位从业人员数占全国比例位居全国前十的省份一直是北京、上海、陕西、广东、四川、河南、湖北、黑龙江、江苏、辽宁。2008年之后位居全国前十的省份开始出现波动，但只在13个省份中变动，分别是北京、上海、广东、陕西、四川、河南、黑龙江、辽宁、湖北、江苏、浙江、山东、河北。辽宁、黑龙江逐渐退出前十，湖北、河北和山东陆续进入前十。该研究结论与相关文献的研究结论基本一致（苏庭栋，2019）。

表 4-5　　中国科技服务业城镇单位从业人员数排名（2005~2020 年）

年份	1	2	3	4	5	6	7	8	9	10
2005	北京	上海	陕西	广东	四川	河南	湖北	黑龙江	江苏	辽宁
2006	北京	上海	广东	陕西	四川	河南	湖北	黑龙江	辽宁	江苏
2007	北京	上海	广东	陕西	四川	河南	黑龙江	辽宁	湖北	江苏
2008	北京	上海	广东	四川	河南	陕西	黑龙江	辽宁	湖北	浙江
2009	北京	上海	广东	四川	陕西	黑龙江	河南	辽宁	湖北	浙江
2010	北京	上海	广东	浙江	四川	陕西	黑龙江	辽宁	河南	山东
2011	北京	广东	浙江	四川	陕西	辽宁	上海	河南	黑龙江	江苏
2012	北京	广东	浙江	四川	辽宁	陕西	湖北	河南	江苏	河北
2013	北京	广东	上海	四川	江苏	辽宁	山东	陕西	浙江	湖北
2014	北京	广东	上海	江苏	四川	山东	陕西	辽宁	河南	浙江
2015	北京	广东	上海	江苏	四川	陕西	山东	河南	湖北	浙江
2016	北京	广东	上海	江苏	四川	浙江	陕西	山东	河南	河北
2017	北京	广东	上海	江苏	四川	浙江	陕西	山东	河南	湖北
2018	北京	广东	上海	江苏	四川	山东	陕西	浙江	河北	湖北
2019	北京	广东	上海	江苏	山东	浙江	河南	湖北	河北	四川
2020	北京	广东	上海	江苏	山东	四川	浙江	河南	湖北	河北

4.4　中国四大区域科技服务业集聚化发展水平评价

　　根据 2006~2021 年《中国统计年鉴》，将中国 31 个省份划分为四大区域，对四大区域科技服务业的空间基尼系数、行业集中度、区位熵进行测算，从四大区域对中国科技服务业的集聚水平进行整体分析。

4.4.1　中国四大区域科技服务业的空间基尼系数

　　根据前面空间基尼系数的计算公式（4-1），把 G_{ij} 改为 i 区域科技服务业的空间基尼系数，S_{ij} 改为 i 区域科技服务业城镇单位就业人员数在全国科技服务业城镇单位就业人员总数中所占的比例，Xi 改为区域 i 就业人员占全国总就业人员数的比重，可以得出四大区域的空间基尼系数，见表4-6和图4-10。

表4-6　　　中国四大区域科技服务业的空间基尼系数（2005~2020年）

年份	东部	中部	西部	东北
2005	0.479	0.166	0.242	0.053
2006	0.490	0.165	0.239	0.044
2007	0.490	0.156	0.230	0.055
2008	0.508	0.149	0.196	0.062
2009	0.511	0.145	0.193	0.058
2010	0.503	0.130	0.192	0.045
2011	0.478	0.120	0.198	0.036
2012	0.466	0.126	0.164	0.034
2013	0.435	0.152	0.157	0.051
2014	0.423	0.137	0.146	0.046
2015	0.426	0.148	0.150	0.059
2016	0.441	0.138	0.158	0.037
2017	0.455	0.141	0.166	0.006
2018	0.458	0.161	0.168	0.015
2019	0.461	0.143	0.172	0.044
2020	0.392	0.092	0.134	0.084

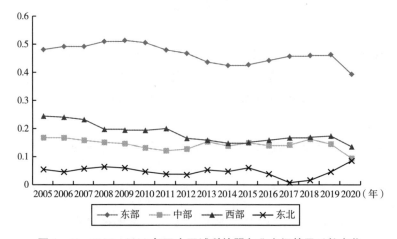

图4-10　2005~2020年四大区域科技服务业空间基尼系数变化

从表 4 - 6 和图 4 - 10 中可以发现，四个区域的空间基尼系数都大于零，表明科技服务业在四大区域中都呈现出空间集聚，在 2005 ~ 2020 年，各区域的空间基尼系数都呈现出波动性和阶段性特征，东部地区的空间基尼系数最高，呈现先上升、回落、上升、再回落的发展趋势；中部和西部次之，呈现先下降再稳步提升的发展态势；东北最低，呈现先上升、回落、上升、回落、再上升的发展特征；符合近年来中国科技服务业由东至西、由南到北的不均衡发展趋势。该研究结论与相关文献的研究结论（梁咏琪，2019）基本一致。中国四大区域科技服务业空间基尼系数可以划分为四个阶段：2005 ~ 2009 年东部和东北区域空间基尼系数不断提升，中部和西部区域空间基尼系数略微下降；2010 ~ 2014 年之后各区域的集聚水平均有所回落；2014 ~ 2019 年除东北区域外，其他三个区域的空间基尼系数值均持续攀升；2020 年除东北区域外，其他三个区域的空间基尼系数值均明显下降。

4.4.2　中国四大区域科技服务业的区位熵

根据前面区位熵的计算，把 K_i 改为 i 区域科技服务业城镇单位就业人员总数，T_i 改为 i 区域就业人员数，可以计算出 i 区域的区位熵 LG_i，如表 4 - 7 和图 4 - 11 所示。

表 4 - 7　　　中国四大区域科技服务业的区位熵（2005 ~ 2020 年）

年份	东部	中部	西部	东北
2005	1.232	0.693	1.010	1.560
2006	1.224	0.678	0.982	1.566
2007	1.221	0.651	0.952	1.549
2008	1.242	0.624	0.929	1.527
2009	1.239	0.597	0.926	1.459
2010	1.259	0.575	0.875	1.437
2011	1.188	0.592	0.894	1.483
2012	1.186	0.572	0.905	1.410
2013	1.225	0.551	0.873	1.195
2014	1.217	0.550	0.879	1.129
2015	1.221	0.550	0.872	1.105

续表

年份	东部	中部	西部	东北
2016	1. 259	0. 541	0. 834	1. 031
2017	1. 275	0. 528	0. 839	0. 975
2018	1. 331	0. 523	0. 830	0. 886
2019	1. 335	0. 571	0. 673	0. 854
2020	1. 368	0. 698	0. 766	0. 820

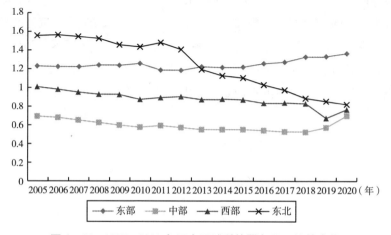

图 4 – 11 2005 ~ 2020 年四大区域科技服务业区位熵变化

由表 4 – 7 和图 4 – 11 可知，东部地区科技服务业区位熵除 2011 年和 2012 年以外，均在稳步提升，东北地区科技服务业区位熵除 2011 年以外，则在逐年下降，中部和西部地区的区位熵略有下降，基本比较稳定，在 2020 年均略有提升，这表明中国科技服务业的主要集聚带动区域仍在东部地区，这与东部地区的科技投入规模和强度、科技从业人员数、科技服务业单位数等均领先于其他地区有密切关系。

4.5　本章小结

对中国科技服务业的发展现状分析表明，中国科技服务业发展迅速，各类发展指标均逐年增长。根据科技服务业企业法人单位数的区域分布，发现中国科技服务业呈现东部地区强、中部地区中等、西部地区弱、东北地区少的特点，在东部地区存在较为明显的头部集聚现象，呈现出空间集聚特征。通过聚类分析，把 31 个省份划分为四类，第一类是北京、江苏、广东，这三个地区四项指标均遥遥领先，且均为东部地区，聚类分析结果表明中国科技服务业发展水平地区间的差异大，呈现出两极分化格局，处于同一区域的省份间科技服务业发展水平也参差不齐，呈现出区域分异格局。通过空间基尼系数、区位熵和产业集中度指数等指标对 2005～2020 年中国各省份和四大区域科技服务业的集聚现状定量测度，验证了科技服务业空间集聚的客观存在，并得出中国科技服务业集聚趋势加强、31 个省份间集聚水平差异大、四大区域间集聚水平分异显著的结论。上述研究结论，有助于各级政府和组织认识到科技服务业集聚发展的客观规律，正确评价中国各地科技服务业空间集聚水平及非均衡发展状态。科技服务业集聚水平不高的区域要借鉴北京、江苏、广东等一类区域的经验，采取措施加大科技创新投入、吸引高端科技服务人才、完善科技服务配套措施，促进科技服务法人单位数和营业收入的持续增长，推动中国科技服务业集聚发展水平迈上新台阶。

第5章 科技服务业集群多层次创新网络的案例分析

本章使用真实的科技服务业集群多层次创新网络对前面多层次创新网络的形成机理及演化过程进行案例分析，以进一步验证理论研究的有效性和可信性。对进一步认识科技服务业集群多层次创新网络形成机理及演化规律有较大的帮助。

5.1 华为多层次创新网络的形成及演化过程[①]

华为技术有限公司（以下简称华为）是全球领先的信息与通信技术解决方案供应商，总部位于深圳市龙岗区坂雪岗科技城。坂雪岗科技城作为"广深科技创新走廊"十大核心创新平台之一，在通信设备、智能终端、云计算等领域优势明显，有华为、神舟、康冠等 423 家国家高新技术企业，164 家规模以上企业，有天安云谷、星河 WORLD、云里智能园等 125 个园区已形成电子信息产业集群。在该产业集群中，华为承担着重要的角色，天安云谷中10% ~20% 的公司为华为的供应商或者原华为员工的创业企业。

2019 年华为年报显示，截至 2019 年底，华为应用市场服务于全球 170 多个国家和地区，华为企业业务合作伙伴数量超 28000 家，在全球范围内选择华为作为数字化转型伙伴的已有 700 多个城市、228 家世界 500 强企业（含58 家世界 100 强企业）。华为成功入选"2017 年中国大陆创新企业百强榜单"，2018 年以来，华为连续 3 年蝉联"全国科技创新百强企业"第一。华

---

① 资料来源：根据华为投资控股有限公司 2019 年年度报告及相关资料整理。

为的典型成功案例引起了国内外学者的普遍关注。根据世界知识产权组织
（WIPO）的相关统计数据显示，2008 年，华为首次名列世界知识产权组织
（WIPO）PCT 申请量榜首，2013 年和 2014 年连续两年蝉联全球第一，2017 ~
2019 年华为 PCT 专利数量连续三年蝉联全球第一，分别为 4024、5405 和
4411 件。许多研究指出，全球性的市场网络与研发平台有助于华为获取全球
最先进的技术、人才和知识，有利于提升其创新绩效。

　　创新是华为三十多年来生存和发展的根，华为"以开放式创新、包容式
发展"为思想理念，每年科研投入约 30 亿 ~ 50 亿美元，与全球 300 多所高
校、900 多家研究机构和公司合作，充分利用全球创新资源，走开放式创新
道路。自 1999 年以来，华为根据不同国家或地区的能力及优势，在美国、瑞
典、意大利、印度、俄罗斯、法国、日本、新加坡、加拿大等地建立了 16 个
研究所，28 个创新中心，45 个产品服务中心，在全球 168 个国家和地区设立
分公司或代表处。华为积极与客户、开发者、合作伙伴、产业联盟、标准组
织构建相互依存、共同成长的生态圈，逐渐形成了多层次创新网络。

　　在开放式创新背景下，日趋频繁的企业结网行为引起了学者对创新网
络研究的兴趣，创新网络如何影响创新绩效成为讨论的焦点。鉴于此，本
章选取位居全国科技创新百强企业首位的华为作为研究对象，运用 Ucinet
分析工具，从整体网络层面上刻画华为多层次创新网络结构及演化特征；
并从微观的网络节点层面，度量华为多层次创新网络中节点的点度中心度
的变化趋势。

5.1.1　数据与研究方法

5.1.1.1　数据获取及处理

　　科技服务业具有高技术性的特点，专利作为最大的技术信息源，体现了
组织的高技术性，合作申请专利体现了专利申请人之间的知识连接、知识吸
收和协同创新，国内外学者大多使用合作申请专利数据开展创新网络空间格
局、区域创新绩效等研究（周灿、曹贤忠、曾刚，2019）。因此，借鉴周灿
等（2019）学者的研究，本书以有效合作申请发明专利数据为基础数据，根
据发明申请权利人之间的合作关系构建科技服务业集群多层次创新网络，数

据来源于智慧芽平台，检索日期为 2020 年 11 月。数据筛选及处理主要步骤如下。

（1）华为从 2002 年才第一次有合作申请专利出现，专利从申请到公布有 18 个月的时间间隔，为保证数据的连续性、完整性和可比性，研究提取了 2002～2019 年由包含"华为"在内的两个或两个以上主体合作申请的发明专利信息，得到 3237 组申请，其中有效申请 999 组。排除个人和其他后，最终获得 982 项有效合作发明专利信息。通过数据分析发现 2017～2019 年有效合作发明专利数据非常少，有较多的专利还处于实质审查阶段，尚未获得授权。一项发明专利需要约 3 年时间才能获得专利权，为了提高纵向可比性，研究提取了 2002～2016 年的有效合作发明专利数据作为多层次创新网络分析的数据基础，共涉及 113 个创新主体。

（2）考虑到创新主体的异质性，本书把涉及的主体分为企业（45 个）、高校（45 所）、研究所（10 个）、政府机构（4 个）四个类别。

（3）113 个创新主体归属为中国内地、中国香港以及美国、英国、德国、日本、新加坡、意大利 8 个国家或地区，为了深入分析国内的创新情况，根据创新主体所属的省份进行细分，将主体间创新合作分为集群、区域、全球合作 3 种类型（将广东省内的合作定义为集群合作，东部地区的合作定义为区域合作，其余定义为全球）；由创新主体的空间分布可以看出，华为的创新网络涉及到集群、区域、全球三个层次，属于多层次创新网络。

5.1.1.2　研究方法

基于前面获取的 982 组有效合作申请专利数据，依据合作申请专利涉及的申请人合作关系和合作申请专利数量，构建华为与合作创新主体间的加权合作申请专利关系网络。根据专利申请人的名称、地址等信息，使用"百度""企查查"等网络搜索功能，查找出创新主体所处的地市级空间位置，使用 Ucinet 软件将上述合作申请专利关系网络转换为集群、区域与全球空间层次的创新网络。全球创新主体的地理空间范围较大，故把境外机构都划归为全球空间层次，没有进行转换。根据以上方法，以华为作为参照点，收集所有与华为有联系的点的网络关系，运用社会网络分析法，借助 Ucinet 软件，从微观角度对华为多层次创新自我网的节点关系和网络结构进行定量分析，绘制华为的多层次创新网络结构图。

5.1.2　实证分析

5.1.2.1　华为多层次创新网络的形成过程

依据 2002～2016 年华为有效的联合申请发明专利数量（见图 5-1）、创新主体数量指标（见图 5-2），可以发现华为的多层次创新网络发展经历了两次明显的小高峰。多层次创新网络萌芽和形成阶段（2002～2009 年），虽然各年有效的联合申请发明专利数量均在两位数或以下，涉及的创新主体也较少，但 2002～2007 年华为有效的联合申请发明专利数量和合作创新主体数量均逐年增加，在 2007 年合作创新主体数量出现了第一次小高峰，2008 年联合申请发明专利数量出现了第一次小高峰，也正是在 2008 年华为首次名列世界知识产权组织（WIPO）PCT 申请量榜首，这表明多层次创新网络的形成过程与华为整体的创新发展历程是相一致的。2009 年国际专利申请量在全球经济衰退中锐减，2009 年华为有效的联合申请发明专利数量和合作创新主体数量在大环境的影响下也出现了下降，进入联合申请发明专利的调整期。多层次创新网络成长阶段（2010～2016 年），创新合作数量迅速增加，由 2010 年的 28 项增加到 2013 年的 192 项，同时参与联合申请发明专利的创新主体、有效的联合申请发明专利数量均呈现快速增长趋势；在 2013 年达到第二个高峰后，虽然联合申请发明专利数量开始有所回落，但合作的创新主体数量仍呈现增长趋势。

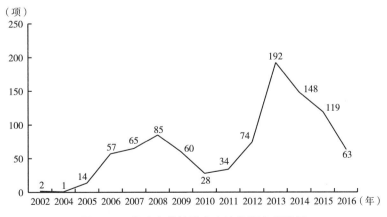

图 5-1　华为有效的联合申请发明专利数量

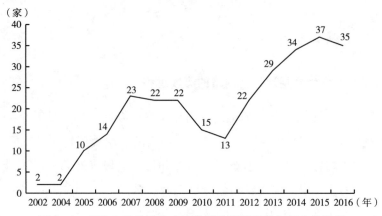

图5-2　华为有效的联合申请发明专利涉及的创新主体数量

5.1.2.2　华为多层次创新网络拓扑结构

（1）华为多层次创新网络萌芽和形成阶段（2002~2009年）的创新主体分类情况和网络拓扑图见表5-1和图5-3。图5-3中，圆为企业、正方形为高校、上三角为研究所，红色为集群层次的创新主体，黑色为区域层次的创新主体，蓝色为全球层次的创新主体。线的粗细代表关系强度，线越粗则关系强度越大。在萌芽和形成阶段，创新主体数量为34个，其中区域层次的创新主体有19家，占总数量的55.88%，其次是全球层次的创新主体有11家，集群层次的创新主体只有4家，可见华为多层次创新网络是外向型的网络，以集群外的创新主体为主，以从集群外部引进、吸收先进知识和技术为主。在创新主体类型中，大学是主要创新主体，有21家，占创新主体总数量的61.76%，多层次创新合作网络中的网络连接强度最大的高校分别是清华大学、电子科技大学、北京邮电大学，高校的作用尤为突出。

表5-1　多层次创新网络萌芽和形成阶段（2002~2009年）的创新主体分类

主体类型	集群层次		区域层次		全球层次		合计（家）
	主体数量（家）	占比（%）	主体数量（家）	占比（%）	主体数量（家）	占比（%）	
企业	2	50.00	6	31.58	2	18.18	10
高校	2	50.00	11	57.89	8	72.73	21
研究所	0	0.00	2	10.53	1	9.09	3
总计	4		19		11		34

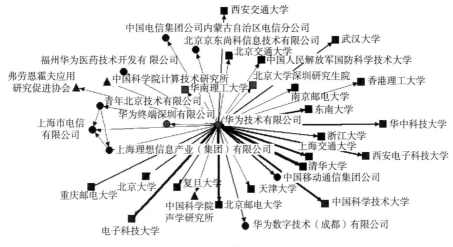

图 5 – 3　多层次创新网络萌芽和形成阶段的网络拓扑图

（2）华为多层次创新网络成长阶段（2010～2016 年）的创新主体分类情况和网络拓扑图见表 5 – 2 和图 5 – 4。图 5 – 4 中，田字格为政府机构，其他符合、颜色和线的粗细与图 5 – 3 的表示含义相同。创新主体数量增加到 99 个，网络规模不断扩大，网络连接日益紧密。全球层次的创新主体最多，占总数量的 40.4%。在创新主体类型中，企业成为主要的创新主体有 46 家，占总数量的 46.46%，但是企业间的合作专利次数较少，没有形成强连接。大学、研究所与华为之间的合作专利次数较多，其中国科学院计算技术研究所凸显为关键节点，成为多层次创新网络主要的创新源，与华为的创新连接强度远远高于其他主体；清华大学、中国科学技术大学、复旦大学等高校也仍发挥重要作用，也是多层次创新网络中重要的创新源，连接优势仍然十分明显。

表 5 – 2　多层次创新网络成长阶段（2010～2016 年）的创新主体分类

主体类型	集群层次		区域层次		全球层次		合计（家）
	主体数量（家）	占比（%）	主体数量（家）	占比（%）	主体数量（家）	占比（%）	
企业	17	89.47	16	41.03	13	32.50	46
高校	2	10.53	14	35.90	24	60.00	40
研究所	0	0.00	5	12.82	4	10.00	9
政府机构	0	0.00	4	10.26	0	0.00	4
总计	19		39		40		99

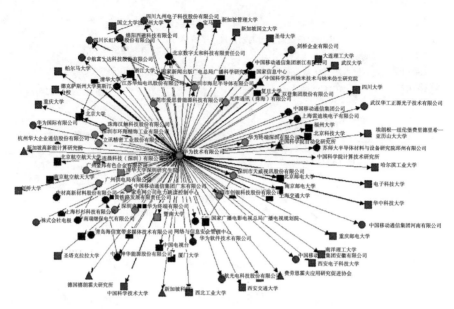

图5－4　多层次创新网络成长阶段（2010～2016年）的网络拓扑图

5.1.2.3　华为多层次创新网络特征

借助 Ucinet 软件，对华为多层次创新网络（2002～2010 年）的点度中心度进行了定量分析，计算结果见表5－3～表5－6，由于篇幅有限，只列出了点度中心度的前10个节点。表5－3和表5－5按照由高到低的顺序给出了各个创新主体的绝对度中心性（Degree）和相对点度中心性（NrmDegree），表5－4和表5－6给出了绝对度中心性和相对度中心性的平均值、标准差、方差、最小值、最大值、网络点度中心势等统计指标。

表5－3　华为多层次创新网络（2002～2010 年）点度中心度计算结果

编号	创新主体	Degree	NrmDegree	Share
1	华为技术有限公司	288.000	21.818	0.495
6	清华大学	40.000	3.030	0.069
3	北京邮电大学	33.000	2.500	0.057
2	电子科技大学	33.000	2.500	0.057
4	上海交通大学	26.000	1.970	0.045
5	中国科学技术大学	22.000	1.667	0.038
10	华中科技大学	16.000	1.212	0.027

表 5 – 4　　华为多层次创新网络（2002 ~ 2010 年）点度中心度统计指标

编号	统计指标	Degree	NrmDegree	Share
1	Mean	17. 118	1. 297	0. 029
2	Std Dev	48. 270	3. 657	0. 083
3	Sum	582. 000	44. 091	1. 000
4	Variance	2329. 986	13. 372	0. 007
5	SSQ	89182. 000	511. 834	0. 263
6	MCSSQ	79219. 531	454. 658	0. 234
7	Euc Norm	298. 634	22. 624	0. 513
8	Minimum	1. 000	0. 076	0. 002
9	Maximum	288. 000	21. 818	0. 495

Network Centralization = 21. 80%

Heterogeneity = 26. 33%. Normalized = 24. 10%

表 5 – 5　　华为多层次创新网络（2011 ~ 2016 年）点度中心度计算结果

编号	创新主体	Degree	NrmDegree	Share
1	华为技术有限公司	670. 000	2. 640	0. 488
21	中国科学院计算技术研究所	259. 000	1. 020	0. 189
6	清华大学	69. 000	0. 272	0. 050
5	中国科学技术大学	36. 000	0. 142	0. 026
14	复旦大学	26. 000	0. 102	0. 019
3	北京邮电大学	21. 000	0. 083	0. 015
16	北京大学	20. 000	0. 079	0. 015
2	电子科技大学	20. 000	0. 079	0. 015
9	华中科技大学	18. 000	0. 071	0. 013
10	浙江大学	15. 000	0. 059	0. 011

表 5 – 6　　华为多层次创新网络（2011 ~ 2016 年）点度中心度统计指标

序号	统计指标	Degree	NrmDegree	Share
1	Mean	13. 859	0. 055	0. 010
2	Std Dev	71. 528	0. 282	0. 052
3	Sum	1372. 000	5. 405	1. 000

续表

序号	统计指标	Degree	NrmDegree	Share
4	Variance	5116.283	0.079	0.003
5	SSQ	525526.000	8.157	0.279
6	MCSSQ	506512.031	7.862	0.269
7	Euc Norm	724.932	2.856	0.528
8	Minimum	1.000	0.004	0.001
9	Maximum	670.000	2.640	0.488

Network Centralization = 2.64%

Heterogeneity = 27.92%. Normalized = 27.18%

由表 5-3 可以看出，除华为外，点度中心度最高的五个创新主体分别是清华大学、北京邮电大学、电子科技大学、上海交通大学和中国科学技术大学，它们的绝对点度中心度分别是 40、33、33、26、22，这说明这些节点在网络中相对于其他节点而言，与华为的关系更为紧密。由表 5-4 可知，整个网络标准化的点度中心势是 24.10%，表明总体网络的中心性不够显著。由表 5-5 可以看出，除华为外，点度中心度最高的五个创新主体分别是中国科学院计算技术研究所、清华大学、中国科学技术大学、复旦大学、北京邮电大学，它们的绝对点度中心度分别是 259、69、36、26、21，中国科学院计算技术研究所成为与华为联系最为密切的创新主体，且点度中心度远远高于其他创新主体，复旦大学取代电子科技大学成为点度中心度的第四位。由表 5-6 可知，整个网络标准化的点度中心势是 27.18%，表明总体网络的中心性与之前相比有所提高，但还是不够显著。

通过对比两个阶段创新网络的网络图和点度中心度，发现：

（1）华为创新网络呈现出明显的层次性，且创新活动越来越活跃。从华为两个阶段的创新网络拓扑结构图不难看出，两个阶段的创新主体均分别来自集群层次、区域层次和全球层次，主体跨越了地理边界和产业边界，包括企业、高校、研究所和政府机构等多种类型，各创新主体所掌握的创新资源和网络权力具有差异性和多元性；网络规模、网络创新主体数、网络关系数明显增加，每个创新主体所拥有的网络关系数量也均呈现增长趋势，华为从外部获取知识的积极性在增强，且越来越重视从全球层次获取创新资源。

（2）华为的创新网络随着时间推移，新的节点加入旧的节点退出，具有复杂自适应性，华为的合作创新主体类型由高校为主向企业为主转变。

（3）华为的多层次创新网络呈现出无标度性、强弱联结并存特征。由表5-3和表5-4不难发现，部分节点具有极高的连接度，如中国科学院计算技术研究所的度中心度为256，而大量节点的连接度则很低（度中心度为1），度分布不均匀。2002～2010年，与华为合作的创新主体以高校为主，网络关系数量多，多为强连接；2011～2016年，与华为合作的创新主体以企业为主，网络关系数量少，多为弱连接。因此，本部分所阐述的多层次创新网络特征在华为的实际网络中得到了验证。

5.2　福州软件园多层次创新网络案例分析

福州软件园是福建省规模最大的软件产业园区，2000～2019年福州软件园入园企业数见表5-7。2019年福州软件园荣膺"2018年中国最具活力软件园"，研究其创新网络的演化具有代表意义。以福州软件园为例，在资料查阅和深度访谈的基础上，对福州软件园创新网络的演化过程和网络结构特征进行描述，以验证前文对科技服务业集群多层次创新网络演化过程和网络结构特征的理论分析。

表5-7　　　　　　　　　　福州软件园入园企业数

项目	2000 年	2001 年	2005 年	2007 年	2010 年	2013 年	2018 年	2019 年
入园企业数（家）	30	42	176	239	315	446	618	770

5.2.1　福州软件园创新网络萌芽期

1999年3月福州软件园动工兴建，是福建省规模最大的软件产业园区。2000年被科技部确定为国家火炬计划软件产业基地之一。2000年6月，园区"创业楼"迎来了30家首批入园的软件企业，其中包括北京实达软件产业公司、福建榕基软件股份有限公司、福建富士通通信软件有限公司、福建顶点软件股份有限公司。2001年12月，软件园产业一期建成，150家注册企业，有42家周边地区的企业入驻，在创业楼里孵化成长了25家软件，园区建设初具规模（林竹，2002）。在福州软件园成立之初就非常重视技术支撑（成立了软件中心、中央计算机系统、卫星高速数据通信系统、信息管理系统和软件质量测试中心）、市场开发（建立计算机和软件的专业市场和展示厅）、融资和人才培养（福州市研究生培训服务工作总站，分别与清华大学、华中科技大学、北京邮电大学、中国科技大学、北京大学等国内知名院校联合培养人才）（林竹，1999、2002）。

在北京实达软件产业公司、福建富士通通信软件有限公司、福建顶点软件股份有限公司等核心企业的网络权力影响下，福建省市及周边地区的优秀软件企业纷纷入驻园区，并在研究—开发—制造—销售—售后服务这个软件产业链条上分工协作（魏雅婧，2007），通过正式的交流活动、不同企业间的人员交往、企业与政府及其他支持机构之间发展知识、信息的联系，开展竞争与合作的关系，产生产业集聚效应，形成了以北京实达软件产业公司等企业为核心、福建省市及周边地区的优秀软件企业为主要成员、专业服务机构（软件中心、专业市场、展示厅、华兴创业投资中心和福州市研究生培训服务工作总站）为技术、市场和人才支撑的网络结构，初步形成产业集聚状态。

5.2.2 福州软件园创新网络形成期

在初步形成产业集聚状态后，2002 年 5 月，由 16 家企业发起组成的福建软件国际合作联盟正式成立，在进一步加强园区内企业联系的基础上，积极对接国际标准，在日本、英国、新加坡、美国等地设立了海外办事处或交流窗口，促使园区内企业不断提升其网络权力，使区内企业形成合力共同开拓国际市场，产品开始行销到更多的国外市场，全球创新网络逐渐形成，带动了福州软件园的快速发展。此时，还吸引了一些跨国知名软件企业，如总部设立于美国的益网科技公司和总部位于中国香港的万城数码科技股份有限公司，该集团还在澳大利亚、韩国等国家和地区设立分公司。

充分利用近台优势，积极吸引台湾旺宏、巨启、仲庆、易极通等 10 多家企业落户软件园，并与台湾新竹科技园、台北电脑同业公会、台湾软件五年计划工作室等部门扩大合作范围。2003 年 6 月，"国家 863 软件专业孵化器福州基地"在福州软件园筹建，大量孵化企业也随之入驻，仅 2006 年孵化器在孵企业达 60 余家，为福州软件园培育了大量高新软件企业，也加强海峡两岸产品合作研究开发与产业对接，使福建省成为国家重要的软件产业基地和信息产业基地。2003 年 12 月，福州软件园产业二期全面竣工，产值超亿元的 6 家企业分别为网讯科技、宏智科技、网讯信息、万众通信、富士通和榕基软件等，产值 1 千万元以上的有 13 家企业，福州软件园跻身全国软件产业强手之列，被授予"全国信息产业系统先进集体"称号。

截至 2005 年 4 月，福州软件园已有入驻企业 176 家，福建省 4 家列入国家规划布局内的重点软件企业全部入驻软件园，园区入驻企业分别专注于软件产业体系中不同的专业化领域，涵盖了通信、金融、证券、电力、信息安全以及电子政务等行业和部门。

福州软件园的技术支撑体系更为完善。福州软件园产业服务有限公司成立，为高新行业提供公共技术支持、软件国际合作、产业政策研究、软件人才服务和产业资源整合服务等专业化的产业服务，形成年服务 400 多家软件企业的能力。2006 年 7 月国内相对领先的 IC 设计公共技术服务平台—福建省集成电路设计中心正式运行（陈峰，2014；刘欣艳，2010）。福州软件公共服务技术平台着重建设"海峡西岸软件新产品体验交易中心"，与 28 家高校及联盟会员企业形成了产学研紧密结合的平台，实训了近 3000 人的软件人才。福州软件园产业服务有限公司、福建省集成电路设计中心和福建软件公共技术服务平台等技术支撑平台的成立进一步推动着福州软件园多层次创新网络的发展。

与此同时，随着众多知名软件企业的入驻，福州软件园采取与高校、教育机构联合建设软件学院（刘欣艳，2010），与微软合作开展"潜力发展计划"培训（2005 年），邀请中国科学院软件所开展"软件金领架构师"培训（2006 年）等方式培养高端人才。与海峡人才市场合作，创办人才服务站，免费在园区网站上发布招聘信息，组建人力资源经济俱乐部，参加各地的校园招聘和宣讲，从全国各地吸引来了北京大学、清华大学等高校毕业生和企业高精尖技术人才，建立了人才引进与交流机制（刘欣艳，2010）。

截至 2007 年，园区共有入驻企业 239 家，多层次创新网络的聚集成员趋向多元化，园区企业拥有 400 余项自主知识产权，产业集聚效应已基本形成，同时集聚了 13000 多名各类技术人才（江晨，2008），汇集了众多发展势头强劲的福建空间信息中心、福建诺基亚、网龙以及顶点软件、亿力科技、新大陆通讯科技、瑞芯微电子、鑫诺通讯、三元达等中小企业，成长了榕基软件和福建富士通软件两大国家规划布局重点软件企业，创新网络关系由割裂的局部链式网络发展为多核心的网络结构。

5.2.3 福州软件园创新网络的发展期

福州软件园的园区配套和服务设施进一步完善，交通、餐饮、住宿等环境日臻完善，并组织园内企业参加各类软博会、软交会、交易会等活动，同时在园区内开展国内外专家参加的各类研讨会、学术会议等，实现信息互通和交流，促使多层次创新网络创新主体、网络规模和网络关系不断扩充（刘欣艳，2010）。在福州软件园创新网络中，不仅形成以软件产业供应链关系为主导的，软件研究—软件开发—软件制造—软件销售—软件售后服务为主体的供需网络；还形成游离于供应链，以本地技术服务平台、投融资组织、高等院校、孵化器、政府及其他技术机构为支撑的本地网络；此外，跨越集群地理范围，通过软件服务外包、518、618、中日新国际合作等活动与跨国公司建立动态联盟，形成了全球网络。

福州软件园继续采取"走出去，请进来"的办法，加强与集聚区外企业与组织的联系，在引进福建亿禧、福建合丰科技、易联科技、图灵软件、海西 RFID 研发中心等龙头企业的同时，园区紧紧抓住数字经济产业发展的有利契机，引进了一些如联迪、瑞芯微、顶点、福昕、华为软件云开发、达华智能、依图等在行业内排名领先的企业，企业品牌吸引、产业集聚效应逐渐加强（陈峰，2019），供需网络更为完善。更多的高等院校、科研机构、技术服务机构受到福州软件园网络权力的吸引，陆续进入福州软件园创新网络中，园区建立了 18 家众创空间、2 家国家级孵化器，并成立了福建软件国际合作联盟、园区博士后科研工作站和福州软件园数字人才工作站等机构，能够为入园企业提供多方位的服务正式运作。各类技术支撑平台更趋完善，进一步完善了福建省集成电路设计中心，建成了动漫公共服务平台、云计算服务中心、福州"国家影视动漫实验园"、移动互联网信息技术联合实验室、福州软件及信息服务产品公共检测评价中心、大数据基础设施技术平台等平台，集聚区内横向联系逐渐加强。园区还着力引进 IBM、SUN、阿拉丁、日本 ATEC 和中国测评中心等 7 家技术培训企业、机构，注重投融资机构的引进，2018 年基金大厦入驻投资类及投资服务类企业 56 家，资管规模约 361 亿元，其先进做法被写入省政府文件推广，实现园区企业服务事项集中受理和办理。到 2009 年，软件园共有入驻企业 315 家，其中超亿元的 20 家，超千万元的 27 家（刘欣艳，2010）。截至 2013 年底，有 446 家企业入驻园区，园区内国家规划布局内重点软件和集成电路设计企业数量、全国软件百强企业数量在全国软件园排名均位居前列（陈峰，2014）。2018 年，福州软件园有 618 家入驻企业，其中，58 家企业产值超亿元，上市企业 36 家（含新三板）（江晨，2008）。

经过 21 年的发展，福州软件园已形成软件和信息技术服务、光电芯片智造、新一代信息技术、产业创新服务四大产业集群的供需网络，已汇聚 1236 家企业（其中主板上市挂牌企业 9 家、上市公司分支机构 15 家、上市后备企业 27 家、产值超亿元企业 112 家、高新技术企业 284 家），拥有省级以上重点实验室、企业技术中心、工程技术研究中心等机构 51 个，孵化出如福昕、施可瑞等上市企业及行业领军企业，已形成以重点企业和科研机构为支撑的典型软件服务业集聚区本地网络，此外，跨越集群地理范围，在日本、新加坡、中国台湾新竹等地设立办事机构，与跨国公司建立动态联盟，开拓国外市场，形成了全球网络。福州软件园创新网络已成长为较典型的现代服务业集聚多层次创新网络。①

5.3　福州软件园多层次创新网络的特征

经过二十年的发展，福州软件园已形成较为成熟的多层次创新网络，具有较为典型的多层次创新网络特征。

5.3.1　福州软件园创新网络的多层次性

在福州软件园创新网络中，由软件产品及行业应用软件、集成电路及智

---

① 资料来源：福州软件园管委会. 福州软件园［EB/OL］.［2022 - 08 - 05］. http：//www. gl. gov. cn/xjwz/zwgkml/zzjg/zfpcjg/fzrjygwh/jgjj_35672/201803/t20180330_2171343. htm.

能制造、互联网及大数据应用、文化创意与科技融合四大产业的上下游企业、顾客、研究机构/大学、政府机构、服务平台等交织形成跨越产业范围和区域范围的多层次创新网络。在福州软件园中，各类服务设施如国家"863"软件专业孵化器、福建软件公共技术服务平台等已日趋完善，有华兴创业投资中心、福州大学软件学院、海峡人才市场等各类中介及人才培训机构，还和多家银行及会计师、律师事务所等机构建立了密切联系，为园区企业提供人才支持和公共技术服务（江晨，2008）。福州软件园多层次创新网络的网络主体跨越了产业边界，不仅有软件产品及行业应用软件、集成电路及智能制造、互联网及大数据应用、文化创意与科技融合四大产业的上下游企业，还包括华华为软件云、基金大厦、"知创福建"、"五凤论见"、智慧园区、海峡人力资源产业园、软件交易福建工作中心七大服务平台；跨越了地理边界，SUN、IBM等异构平台在福州软件园的发展演化中起到了关键性的作用。此外，园区企业通过518、618、软件服务外包、中日新国际合作等活动与跨国公司建立动态联盟，在日本、英国、新加坡、美国等地设立办事处或交流窗口，开拓国外市场，加强了与集聚区外企业和组织的联系。如福建福晶科技股份有限公司三硼酸锂晶体市场占有率居世界首位，被誉为中国牌晶体，90%以上的产品出口，在世界上主要工业国家和地区都设有代理或分支机构。又如福建榕基软件股份有限公司研发基地、客服中心位于福州软件园内，在北京、济南、郑州、马鞍山、上海、杭州、深圳、香港地区建立了10多家分/子公司，并在全国建立了100多个运维服务网点。可见，福州软件园多层次创新网络的主体跨越了地理边界和产业边界，具有多元性，不仅包括提供服务四大产业的上下游企业，还包括与上下游企业进行服务创新互动的所有组织与个人（研究机构/大学、客户、管委会、政府机构、服务平台），具有主体数量多，各网络主体所掌握的知识资源和网络权力差异大，多层次性等特点。

5.3.2 福州软件园创新网络是动态变化的复杂自适应系统

在福州软件园多层次创新网络的形成过程中，随着时间的推移，新的企业加入，原有的一些企业退出，新旧企业更替孕育着创新网络结构和关系的变化，生成新一阶段的多层次创新网络。在福州软件园成立初期，园区的研发楼宇只有寥寥几栋，交通出行不便，就学就医等配套基本为零，产业规模仅 12.7 亿元，入驻企业 127 家，从业人员仅 1320 人。随着园区基础设施的改善，园区综合服务中心、生活配套设施日益完备，并建成了以 IDC 技术服务为基础，融合研发、设计、检测、人才培训、管理提升、市场开拓等公共服务体系。入驻福州软件园的企业可以借助动漫游戏公共技术服务平台、福建省集成电路设计中心、福州市研究生培训工作总站、福建省软件公共技术平台、福建省空间信息中心、福建省创新创意产品体验推广公共服务平台、福州文化创意产业小微企业服务中心、福州动漫基地产业服务平台、福州动漫新城创意产业公共服务及孵化平台等公共平台，开展软件研发、IC 设计、动漫游戏、创业孵化、软件检验检测、人才培训等知识交互活动。同时，福州软件园与汇银资本、北京泽厚资本、华兴创投等多家投资机构长期合作，为园区内中小微企业提供投融资服务。园区在 F 区设立软件新产品推广和动漫精品宣传展厅，每年为园区软件企业提供新品推介和品牌推广服务；每年承办海峡两岸信息产业对接交流会和福州动漫游戏展，为两岸企业搭建创新、交流及合作平台；每年组织园区参加厦门国际动漫节企业对接会、海交会、榕台动漫展会、软博会等产品展览会及人才、技术对接会，推进项目合作和产品外销。上述招商和融资服务为入园企业提供了各种机会，与供需创新网络、本地创新网络、全球创新网络中各类企业和组织建立多层次交互关系，如战略联盟、项目合作、市场交易等。由于软件产业具有知识密集的特性，人才衍生与企业衍生现象非常普遍，人才流动性强且成为企业间联系的纽带。入驻福州软件园企业从 1999 年的 30 家增加到 2019 年的 770 家，园区优势产业从最初的互联网与通信内容服务、重要行业应用软件、嵌入式软件与终端等 3 个领域扩展到如今的行业应用软件、IC 设计和智能控制、文化创意、互联网大数据等 4 大行业领域，形成了较大的产业规模。

5.3.3　福州软件园创新网络具有无标度性、强弱联结并存和小世界特征

在福州软件园空间范围内存在大量的企业和组织，具有较高的节点密集性；而在园区外，网络节点较少，为分公司、子公司、运维服务网点、代理或分支机构，节点的分布具有较高的稀疏性；同时还具有度分布不均匀的特

点，度分布高的节点是技术权力的领导者，为龙头企业（如福建联迪商用设备、福州瑞芯微电子、顶点软件、福建富士通信息软件有限公司、福建福诺移动通信技术、福建福昕软件、福建三元达通讯、锐捷网络司、福建网龙、福建新大陆、福建榕基）、七大技术服务平台。在福州软件园中，处于同一产业和同一地域的企业（如传统软件企业三元达、富春通信、福富、新大陆、顶点等企业）具有高度的嵌入性和高信任度，具有强联结特性，但位于不同产业和跨越集聚区地理空间的住址间却具有较少的接触频率和较低的情感性，通过参加对接会、海交会、榕台动漫展会、软博会等产品展览会及人才、技术对接会，建立弱联结关系。福州软件园多层次创新网络还具有小世界特征，基于福州软件园管委会、七大技术平台，多层次创新网络内的各创新主体可以实现基于情景的动态资源共享、分工合作，能通过较短的路径实现可达，同时聚类系数较高。

5.4　本章小结

本章以华为和福州软件园为例，对其创新网络进行重点分析。通过收集专利数据，运用 Ucinet 软件，对华为多层次创新网络的拓扑结构和网络特征进行定量分析。通过查询相关资料，结合前面创新网络演化机理的理论分析，详细分析了福州软件园创新网络的形成期、成长期和发展期的演化过程。分别对华为多层次创新网络和福州软件园创新网络的特征进行分析，发现华为多层次创新网络和福州软件园创新网络具有主体多样性、复杂自适应性、无标度性、强弱联结并存和小世界特征，与前面的理论分析基本相符。

第6章 中国科技服务业集群识别与多层次创新网络演化

6.1 问题的提出

随着创新驱动发展战略的贯彻落实，科技服务业的活跃程度和发展速度大幅提升，已然成为促进经济服务化、推动经济增长的新动力（王智毓和冯华，2020），是推动产业结构转型升级的新引擎（杨力和刘敦虎，2021）。各级政府高度重视科技服务业的发展，把建设科技服务业集聚区作为集约发展科技服务业的重要空间载体。科技服务业集聚区的快速发展推动了科技服务业集群理论的研究。目前，学者们在科技服务业集聚特征（王宏起、李莹莹、王珊珊，2022）、空间集聚测度（廖晓东、邱丹逸、林映华，2018）、集聚影响因素（张曼和菅利荣，2021）、发展水平与区域布局（张鹏、梁咏琪、杨艳君，2019）、对区域创新效率的影响（吴芹和蒋伏心，2020）等方面进行研究，但对科技服务业集群创新网络方面的研究较少。

在实践领域中已经出现了科技服务业集群创新网络嵌入的现象，如美国硅谷、北京中关村、中国台湾新竹、张江高科技园区（李一曼和孔翔，2020）、深圳南山区创业服务中心、苏州科技城等，已形成了区域和国际化的科技服务业网络（滕丽、蔡砥、林彰平，2020），呈现出空间集聚与全球扩张的双重趋势（连远强，2016）。当前创新网络研究已经取得了丰富的成果，但大多关注于制造业或工业集群和单一层次研究，对服务业集群创新网络的专门研究和多层次创新网络的综合研究较少。穆勒特和加洛伊（Moulaert and Gallouj，1993）指出服务业恐怕不能直接使用制造业集聚的理论与模型。希普（Hipp，2010）指出把不同的理论视角联系起来能更加全面地认识服务业创新网络模式及其空间格局问题。实证研究表明，突破本地的区域网络，克服"本地知识冗余危险"（Balland and Boschma，2020），形成超本地关系（孙国强和王欢，2021），构建跨集群间的创新网络（Boschma and Frenken，2010），嵌入全球创新网络（Grillitsch，Tödtling and Höglinger，2015），构建开放的国际创新网络（Yoon，Sung and Ryu，2020），能推动后发企业的逆向创新（全自强、李鹏翔、杨磊，2020）。实践中科技服务业集群企业的创新活动会同时发生在多空间层次，受到各层次创新网络的协同影响，全球背景下多层次（尺度空间）行动者和机构相互作用的研究值得关注（Bathelt，2014；Cortinovis and Oort，2019）。卡帕尔多和佩特鲁泽利（Capaldo and Petruzzelli，2011）强调网络治理同样发生在企业层级与网络层级，创新网络研究的层次转向愈加显著（邹琳等，2018），呈现从本地网络或全球网络的分割研究向多层次网络的研究转向。

科技服务业集群创新网络已经在实践中存在，迫切需要开展相关的理论研究，为实践活动提供理论指导。因此，本部分基于集群创新网络理论，以科技服务业集群为研究对象，以 2001～2017 年的有效合作发明专利数据为基础构建科技服务业集群创新网络，从多层次互动的网络视角来审视中国科技服务业组织在专利合作伙伴的选择上是否具有集群指向，以及多层次创新网络的网络特征和空间格局等问题。从不同空间层次网络耦合视角对科技服务业创新网络的专门研究将总结出独特的网络演化模式和空间格局，丰富了创新网络的研究内容，以期为科技服务业创新网络在空间视角的后续研究做有益补充，为科技服务集群企业构建最佳空间尺度的创新网络提供参考。

6.2　中国科技服务业集群识别

6.2.1　空间单元选取与数据说明

本部分以地级市作为分析的空间单元，对科技服务业集群的空间范围进行界定。以 2015 年行政区划为标准，根据 2016 年《中国城市统计年鉴》，因三亚市数据缺失，研究范围界定为 291 个地级及以上城市。为确保数据的稳定性和可信性并全面地识别潜在的科技服务业集群，借鉴周灿等（2019）学者的研究，使用2015～2017年城镇科技服务业从业人员的均值测算各城市科技服务业的区位熵。

6.2.2　中国科技服务业集群识别方法与步骤

基于科技服务业集群的空间集聚、高创新性、智力密集性等核心特征，在综合考虑数据的可获得性的基础上，使用区位熵对科技服务业的空间集聚程度进行测度，再结合社会网络分析法识别中国潜在的科技服务业集群（周灿、曹贤忠、曾刚，2019）。

6.2.2.1　基于区位熵的科技服务业空间集群测度

区位熵可对各地区科技服务业的集聚程度进行测度，是专业化的重要衡量指标之一，其计算公式为：$LG_i = (K_i/K)/(T_i/T)$，其中，LG_i 为 i 城市的区位熵，K_i 为 i 城市科技服务业城镇单位就业人员总数，K 为全国科技服务业城镇单位就业人员总数，T_i 为 i 城市城镇单位就业人员数，T 为全国城镇单位就业人员数。根据上述公式，结合《中国城市统计年鉴》中的统计数据，可计算出中国291个地级以上城市科技服务业的区位熵。$LG_i > 1$ 表示 i 城市科技服务业从业人员的空间集聚水平高于全国平均水平，62个城市的区位熵大于1，为潜在集群。

6.2.2.2　潜在科技服务业集群筛选

选取上述62个 $LG_i > 1$ 的城市，借鉴李佳洺等（2018）、周灿等（2019）的研究，以第80个百分位数的数值作为科技服务业城镇单位从业人员（2015～2017年度城镇单位从业人员平均值）和创新规模（2017年度城市发明申请数、发明授权数或专利数）的阈值下限，排除未达到阈值的城市。通过排序比较，排除不满足从业人员阈值条件的22个区域（日喀则市、昌都市、张掖市、丹东市、拉萨市、天水市、普洱市、张家口市、遵义市、齐齐哈尔市、白城市、丽江市、蚌埠市、崇左市、东营市、榆林市、海东市、七台河市、铁岭市、咸阳市、昭通市、攀枝花市），以及不满足创新规模阈值条件的17个区域（大庆市、呼和浩特市、保定市、兰州市、西宁市、鞍山市、毕节市、襄阳市、南宁市、乌鲁木齐市、威海市、沧州市、渭南市、锦州市、银川市、海口市、岳阳市）。深圳市和珠海市 2017 年科技服务业从业人员的区位熵大于 1，且专利申请量、专利授权量和发明数均排在第 80 个百分位数之前，因此补充这两个区域，筛选补充后共有 25 个中国科技服务业集群区域。

根据检索的专利信息，整理出上述 25 个中国科技服务业集群区域的关系矩阵，由于区域间的联系数量最大值为 9906，最小值为 2，差异较大，偏度系数和峰度系数分别为 4.923 和 25.620，呈现高度偏态分布。为了提高网络图的可读性，借鉴已有研究（周灿、曹贤忠、曾刚，2019）的做法，采用封顶方式处理数据，将 2015 年、2016 年、2017 年最高联系数量设置为 2000条、3000 条、5000 条，低于最高阈值的均为联结关系的原始值。使用 Ucinet绘制 2015 年潜在集群专利联系的城市区域联系网络（见图 6-1），可以直观地观察集群多层次网络之间的联结关系和联结强度。

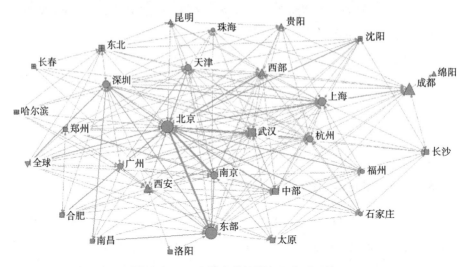

图 6-1　25 个潜在科技服务业集群网络

注：圆形代表东部区域，正方形代表中部区域，上三角代表西部区域，箱子代表东北区域，下三角代表全球；线越粗合作关系越多；度中心度越高，节点越大。

由图 6-1 可以发现，25 个集聚区域在区域、全球尺度上的网络关系、连接强度、度中心度等存在着较大的差异，关系连接最多的是北京、南京、深圳、上海、杭州、广州、南昌、武汉等集群，成为科技服务业多层次创新网络的核心。在区域创新网络层面，北京、深圳、南昌、南京、广州、杭州、上海、武汉等集群的关系联结较为密集，上述集群基于地理邻近因素和区位优势增加了面对面接触的频率和关系强度，社会资本又促进了合作关系和信任关系的建立，分散了知识创新的风险，可提升知识转移的效果，促进创新绩效的提高，成为区域创新网络的核心节点。在全球创新网络层面，深圳、北京、上海、南京、广州等集群通过组织邻近促进了彼此间的沟通和理解、交流和学习，关系连接最多，成为全球创新网络的核心节点。由于绵阳、洛阳集群内创新合作少，且只和区域内创新主体建立了极少的联结，尚未形成集聚效应，故排除绵阳、洛阳，剩余 23 个潜在科技服务业集群。

经过筛选，最终识别出 23 个科技服务业产业集群，见表 6－1。由表 6－1 可知，中国 23 个科技服务业产业集群主要分布在东部，集中在环渤海、长三角、珠三角等区域。科技部于 2015 年、2016 年公布了首批、第二批科技服务业区域试点单位名单，上述集群区域有 17 个在试点名单中。在上述 23 个科技服务业集群区域中，有 60 家企业出现在 2019 年全国科技创新企业百强名单中，有 20 家高校属于全国科技创新高校 30 强，有 23 家科研院所为全国科技创新科研院所 30 强。由此可见，本方法识别出的 23 个科技服务业产业集群与中国科技服务业集聚发展的实际相一致。

表 6－1　　　　　　　　　**中国 23 个科技服务业集群区域分布表**

区域	城市	城市数量（个）
东部	北京、天津、杭州、广州、上海、南京、福州、珠海、深圳、石家庄	10
中部	太原、长沙、武汉、郑州、合肥、南昌	6
西部	西安、成都、昆明、贵阳	4
东北	哈尔滨、沈阳、长春	3

6.3　科技服务业创新网络的数据来源与研究方法

6.3.1　数据获取及处理

科技服务业具有高技术性的特点，专利作为最大的技术信息源，体现了组织的高技术性，合作申请专利体现了专利申请人之间的知识连接、知识吸收和协同创新，国内外学者大多使用合作申请专利数据开展创新网络空间格局、区域创新绩效等研究（周灿、曹贤忠、曾刚，2019）。因此，借鉴周灿等学者的研究，本部分以合作申请发明专利数据为基础数据，根据发明申请权利人之间的合作关系构建科技服务业集群多层次创新网络，数据来源于智慧芽平台，检索日期为 2020 年 11 月。一项发明专利需要约 3 年时间才能获得专利权，检索发现，2018～2020 年有较多的专利还处于实质审查阶段，尚未获得授权，为了提高纵向可比性和网络关系的延续性，本部分以 2001～2017 年的有效合作发明专利数据作为多层次创新网络分析的数据基础，共45494 组申请。考虑到创新主体的异质性，把创新主体分为企业、高校、研究所、其他四个类别，根据创新主体所属的省份进行细分，据此将主体间创新合作分为集群（按地级市分类，市内的合作为集群层次的合作）、区域（东部、中部、西部、东北四个区域内的合作定义为区域层次的合作）、全球（美国、英国、德国、日本、新加坡、意大利、韩国、瑞士、芬兰、法国、瑞典、荷兰、爱尔兰、加拿大、俄罗斯、丹麦、荷兰、以色列、土耳其、比利时、列支敦士登、西班牙、印度、澳大利亚、朝鲜、南非、斯洛伐克、泰国、奥地利、挪威、沙特阿拉伯、萨摩亚、巴西、马来西亚、卢森堡）3 个层次，由创新主体的空间分布可以看出，创新网络涉及集群、区域、全球 3个层次，属于多层次创新网络。

6.3.2　研究方法

基于前面的 45494 组有效合作申请专利数据，依据合作申请专利涉及的申请人合作关系和合作申请专利数量，构建中国科技服务业创新主体间的加权合作申请专利关系网络。根据专利申请人的名称、地址等信息，使用"百度""企查查"等网络搜索功能，查找出科技服务业创新主体所处的地市级空间位置，使用 Ucinet 软件将上述合作申请专利关系网络转换为集群、区域与全球空间层次的创新网络。全球创新主体的地理空间范围较大，故把境外机构都划归为全球空间层次，没有进行转换。根据以上方法，整理出 2001～2017 年所有合作专利的申请人间的网络关系，在中国科技服务业集群识别的基础上，运用社会网络分析法，借助 Ucinet 软件，绘制出科技服务业集群多层次创新网络的拓扑图并直观地观察网络联结关系和联结强度及其空间布局的演化。

6.4 中国科技服务业集群创新网络的空间演化

6.4.1 中国科技服务业集群创新网络的演化过程

根据收集到的 2001~2017 年的合作发明专利申请和授权数量，结合 2001~2017 年合作发明专利申请人的区位分布，把科技服务业集群创新网络的演化过程分为萌芽期、起步期、成长期三个时期（见表 6-2）。

表 6-2　　　　　　2001~2017 年合作发明专利申请人的区位分布表

年份	国内组织		境外组织		国内集群		国外经济体	
	数量（个）	占比（%）	数量（个）	占比（%）	数量（个）	占比（%）	数量（个）	占比（%）
2001	16	28.07	41	71.93	5	29.41	12	70.59
2002	30	42.25	41	57.75	4	30.77	9	69.23
2003	41	42.71	55	57.29	7	41.18	10	58.82
2004	69	46.62	79	53.38	8	36.36	14	63.64
2005	90	47.12	101	52.88	11	52.38	10	47.62
2006	129	53.53	112	46.47	14	53.85	12	46.15
2007	166	60.14	110	39.86	20	55.56	16	44.44
2008	227	69.21	101	30.79	19	57.58	14	42.42
2009	417	74.20	145	25.80	20	51.28	19	48.72
2010	519	75.00	173	25.00	20	52.63	18	47.37
2011	667	81.54	151	18.46	22	56.41	17	43.59
2012	763	82.31	164	17.69	23	57.50	17	42.50
2013	1337	86.54	208	13.46	23	51.11	22	48.89
2014	1567	88.93	195	11.07	23	54.76	19	45.24
2015	1870	87.79	260	12.21	23	51.11	22	48.89
2016	2413	90.27	260	9.73	23	54.76	19	45.24
2017	3634	92.40	299	7.60	23	51.11	22	48.89

资料来源：根据智慧芽平台数据整理。

（1）在萌芽期（2001~2005 年），每年的合作发明专利申请和授权数量少，增长速度慢，在引进、吸收、模仿创新的基础上，中国科技服务业创新主体的创新能力逐步增强，出现了北京、上海、广州、深圳、天津、武汉等集群创新网络雏形，国内合作发明专利申请人的比例在逐年上升，境外机构（如美国、英国、法国、日本、韩国以及中国台湾地区）所占的比例在逐年下降，两者之间的差距在逐渐缩短。（2）在起步期（2006～2011年）随着外资企业的进驻，通过产业合作和地理邻近导致的知识溢出，中国本土科技服务业创新主体的创新能力增长明显，呈现渐进式增长态势，合作发明专利申请人已经由之前的以境外机构为主转为以境内机构为主，境内机构的数量和比例在逐年上升，科技服务业集群创新网络的数量也在逐年增加。（3）在成长期（2012～2017年），中国本土科技服务业组织立足于提升自身创新能力和自主研发，合作发明专利申请人中境内机构的数量和比例占绝对性的优势，且呈现快速增长，境内机构的创新能力、技术实力、国际竞争力不断增强，开始在海外建立研发中心，呈现出集群网络、区域网络和全球网络的多层次融合，年度合作发明专利申请数量呈现快速大幅增长态势，逐渐形成23个科技服务业集群多层次创新网络。

6.4.2　中国科技服务业集群创新网络演化中的区位差异性分析

运用 R 软件，对科技服务组织在合作发明专利申请人的选择上是否存在显著的区位差异进行 Pearson 卡方检验。通过整理专利数据，发现自2012年起，23个潜在服务业集群开始稳定参与创新网络。因此，对23个潜在集群中科技服务业组织在2012～2017年的网络联系按照集群联系和非集群联系进行分类，使用 Pearson 卡方检验方法对科技服务业组织在合作发明专利申请人的选择上的区位差异进行检验，结果如表6-3所示。

表6-3　　　　　　　　中国科技服务业集群创新网络卡方检验

年份	区位	集群		非集群		合作比例（%）	卡方值	样本总数（个）
		合作发明专利数（个）	占比（%）	合作发明专利数（个）	占比（%）			
2012	集群	5280	88.35	696	11.65	81.04	1094.4 ***	7374
	非集群	696	49.79	702	50.21	18.96		
2013	集群	9091	87.62	1285	12.38	80.89	1588 ***	12828
	非集群	1285	52.41	1167	47.59	19.11		

续表

年份	区位	集群		非集群		合作比例（%）	卡方值	样本总数（个）
		合作发明专利数（个）	占比（%）	合作发明专利数（个）	占比（%）			
2014	集群	11320	86.78	1724	13.22	80.53	1669.3 ***	16198
	非集群	1724	54.66	1430	45.34	19.47		
2015	集群	14954	87.12	2210	12.88	81.38	2006.8 ***	21092
	非集群	2210	56.26	1718	43.74	18.62		
2016	集群	18594	87.42	2675	12.58	81.14	7904.7 ***	26214
	非集群	2675	54.10	2270	45.90	18.64		
2017	集群	31942	87.39	4608	12.61	80.98	5127.1 ***	45134
	非集群	4608	53.68	3976	46.32	19.02		

注：*** 表示在 10% 的统计水平上显著。
资料来源：根据智慧芽平台数据整理。

表 6-3 中 Pearson 卡方检验结果表明，集群区域内和集群区域外的科技服务组织在合作发明专利申请人的区位选择上的卡方值均在 1000 以上，具有显著差异：（1）中国科技服务业在集群和非集群各空间尺度下合作发明专利的重要载体均是集群。由于科技服务业集群具有地理的接近性和知识溢出等根植性特点，2012~2017 年在集群本地和其他集群空间尺度上的合作发明专利比率均达到 80% 以上，科技服务业的跨群合作有利于集群间知识的整合。（2）与非集群区域的科技服务业组织相比，科技服务业集群内的创新组织在合作发明专利申请人的区位选择上更偏向于集群区域。2012~2017 年，集群内科技服务业组织的合作发明专利申请人中，有 86% 以上是选择集群组织，远远高于非集群组织，而位于非集群的科技服务业组织的合作发明专利申请人中选择集群组织的仅占 50% 左右，略高于非集群组织。

6.4.3　中国科技服务业多层次创新网络的演化特征

以科技服务组织为网络节点，根据组织间合作申请发明专利的次数，使用 Ucinet 画出科技服务业创新网络图，创新网络涉及集群、区域、全球 3 个层次，属于多层次创新网络，见图 6-2 所示（由于篇幅有限，仅列出 2001 年和 2006 年的创新网络图，由于 2006 年的创新网络参与主体太多，仅显示度中心度高于 0.417 的参与主体名称，其他主体用编号代替）。图 6 - 2 中，圆形代表企业，正方形代表高校，上三角代表研究所，箱子代表其他类型的组织，线、节点和节点的标签含义与图 6 - 1 相同。

（a）2001年

（b）2006年

图 6 - 2 2001 年和 2006 年中国科技服务业多层次创新网络

从图 6 - 2 可以看出，科技服务业组织创新网络节点与合作专利关系成倍增长。2001~2006 年，网络节点从 57 个增加到 241 个，合作发明专利关系由 114 条增加到 884 条，表明中国科技服务业组织越来越重视合作发明专利关系的建立和维系，已逐渐构建了多尺度多空间耦合的合作发明专利关系网络。科技服务业创新网络具有度分布不均匀的特征，2001 年度中心度较高的节点为展讯通信（上海）有限公司（5.357）、信息产业部电信传输研究所（5.357）、浙江大学（5.357）、株式会社 KCE 东京（5.357）、科乐美股份有限公司（5.357）、科乐美运动株式会社（5.357）、科乐美运动和生活株式会社（5.357），度中心度最小值为 1.786。2006 年度中心度较大的组织是华为技术有限公司（5.417）、三星电子株式会社（4.583）和清华大学（4.167），最低的度中心度是 0.417。2012 年度中心度大的组织是国家电网（4.104）、中国电力科学研究院（3.888）、清华大学（2.916），最低的度中心度是 0.108。2016 年度中心度最大的组织是国家电网公司（17.74），最低的度中心度只有 0.037。可见，随着网络规模的扩大，节点度中心度之间的差距也在增加，节点间的关系联结差距在拉大，度分布不均匀性凸显。

6.4.4　中国科技服务业集群多层次创新网络演化的空间格局

把 23 个潜在集群与中国四大区域以及国际组织之间的创新合作联系转化成多值矩阵，使用 Ucinet 画出科技服务业集群多层次创新网络图，多层次创新网络涉及集群、区域、全球三个层次，见图 6 - 3 所示（由于篇幅有限，根据前面我国科技服务业的发展阶段划分，选择了 2001 年、2006 年、2012 年和 2017 年的网络图）。

由图 6 - 3 可见，2001 年，中国科技服务业多层次创新网络节点少（7个），网络关系少，连接强度低，呈现出由北京和上海双核主导的网络特征。2006 年，中国科技服务业多层次创新网络与 2001 年相比虽然节点增多（18个，其中 14 个为潜在集群），网络关系和连接强度增强，但仍然呈现出双核主导（双核为北京和深圳）的网络特征。2012 年开始，中国 23 个潜在科技服务业集群全部形成，网络关系和连接强度明显增强，呈现出由东部区域的北京、深圳、广州、上海、珠海、南京等多核主导的网络模式。与 2012 年相比，2017 年中国科技服务业集群多层次创新网络中的网络关系最为密集，连

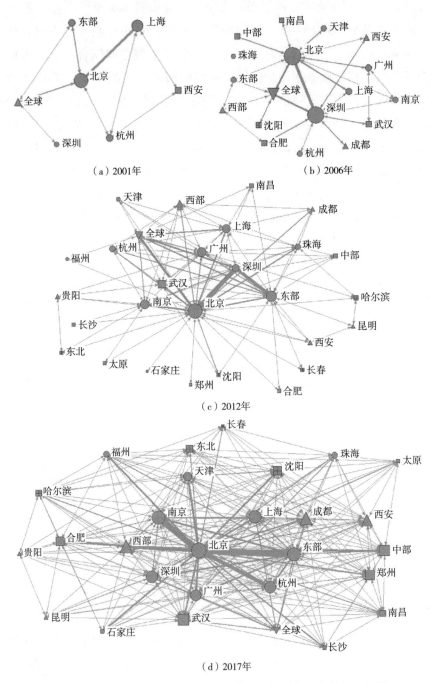

（a）2001年　　　　　　　　　　（b）2006年

（c）2012年

（d）2017年

图 6 – 3　中国 23 个潜在集群的科技服务业集群多层次创新网络图

接强度也明显增强，且头部效应更为明显，北京、南京、深圳、上海、广州、杭州等东部区域的集群和成都、西安等西部区域的集群成为创新网络的多核中心。可见，2001～2017 年，随着科技服务业多层次创新网络的不断演化，科技服务企业在集群、四大区域和全球等多个空间尺度网络的协同创新行为逐渐增多，网络关系越来越多，网络联系强度也越来越高，空间分布上呈现出显著的非均衡性。集群为多层次创新网络的核心节点且集群的创新能级影响科技服务业集群多层次创新网络的空间范围和联系强度；区域层次网络的核心是东部区域，东部区域的高创新能级集群如北京、南京、深圳、上海、广州、杭州等城市是多层次创新网络的中心节点；全球层次网络的核心节点是东部区域和国外，多层次创新网络的网络联结关系呈现由东部区域少核主导向东部西部多核互连演化，且创新主体间的网络关系越来越密集。

（1）从集群网络层次来看，2012～2017 年 23 个潜在集群的合作创新联系的空间分布极为不均衡，呈现出由核心集群向弱势集群急剧递减趋势、集群内创新合作的集聚性高于非集群，北京、南京、深圳、上海、广州、杭州等集群成为中国科技服务业集群多层次创新网络中集群网络层次中的核心节点，见表 6 - 4。

表 6 - 4　　　　　2012～2017 年中国科技服务业多层次创新网络中集群
网络创新合作

年份	集群内创新合作前 5 名	占比（%）	非集群创新合作前 5 名	占比（%）
2012	北京、深圳、上海、南京、广州	96.08	北京、深圳、南京、上海、广州	84.82
2013	北京、南京、上海、杭州、深圳	91.70	北京、深圳、南京、上海、杭州	76.96
2014	北京、南京、广州、深圳、上海	89.05	北京、南京、深圳、上海、广州	75.03
2015	北京、南京、深圳、上海、广州	90.37	北京、南京、深圳、上海、南昌	71.74
2016	北京、南京、广州、深圳、上海	90.95	北京、南京、深圳、上海、杭州	70.92
2017	北京、南京、深圳、广州、上海	87.16	北京、南京、杭州、深圳、上海	70.30

资料来源：根据智慧平台数据整理。

由表 6 - 4 可见，在集群内创新合作中，北京、南京、深圳、上海、广州、杭州等集群的群内专利合作次数最多，在集群内联系总数中所占比例超过了 87%，是本地创新合作最为密切的区域；在非集群创新合作中，北京、深圳、南京、上海、广州、杭州、南昌等集群的非集群内发明专利合作次数最多，在非集群创新合作总数中所占比例均超过了70%，是集群间创新合作最为密切的区域。

（2）从区域网络层次看，2012～2017年，区域内部和区域之间的创新合作关系数递增，联系逐渐密切，表明科技服务业组织在区域层面的网络联系越来越多，网络关系越来越密切，且呈现出典型的"核心—边缘"结构特征，见表6－5。横向看，在2012～2017年，每年的区域网络创新合作联系均呈现出东部最强、中部和西部相当、东北弱，自东向西创新合作联系显著减少的特征，东部区域内部的创新合作联系最多且高于东部区域与其他区域之间的合作联系，这表明东部区域是中国科技服务业多层次创新网络中的核心区域。中部、西部、东北区域内部的创新合作联系要低于东部与这些区域之间的创新合作，这表明这些区域在选择创新合作伙伴时，优先选择东部区域而不是本区域内部，东部区域的超强创新能力带来的好处超越了本地距离邻近优势。中部、西部、东北3个区域间的创新合作联系较少，表明这些区域在中国科技服务业的多层次创新网络中处于边缘区域，主要接受东部地区的创新溢出。

表6－5　　　　　2012～2017年中国科技服务业多层次创新网络中区域
网络创新合作

单位：次

年份	区域内部创新合作联系				区域之间创新合作联系					
	东部－东部	中部－中部	西部－西部	东北－东北	东部－中部	东部－西部	东部－东北	中部－西部	中部－东北	西部－东北
2012	5590	82	74	2	71	92	32	2	1	2
2013	9268	158	185	92	369	337	132	12	2	9
2014	11094	390	398	42	701	472	136	19	9	8
2015	14680	640	314	98	1011	649	212	31	8	6
2016	18590	702	552	90	1150	867	260	48	12	23
2017	31430	1262	942	268	1873	1564	633	118	28	36

资料来源：根据智慧芽平台数据整理。

（3）从全球网络层次看，2012～2017年，中国东部区域与全球范围的创新合作联系最多，其次是中部和西部，东北与全球范围的创新合作联系最少，见表6－6。

表 6-6　　　**2012～2017 年中国科技服务业多层次创新网络中全球**

网络创新合作　　　　　　　　　　　　　单位：次

年份	东部-全球	中部-全球	西部-全球	东北-全球	全球-全球
2012	381	2	8	0	444
2013	414	3	12	0	544
2014	476	21	10	1	568
2015	373	10	10	1	758
2016	400	12	12	0	712
2017	545	75	76	1	1334

资料来源：根据智慧芽平台数据整理。

纵向看，中国各区域与全球范围间的创新合作联系呈现出阶段性波动特点，2012～2014 年，逐年上升，2015 年回落，2016～2017 年又进入新一轮上升态势，全球范围内部的创新合作联系则呈现出逐年上升态势，且创新合作联系远高于与国内各区域之间的联系。这表明，中国科技服务业企业虽然认识到国际合作的重要性，但是由于创新能力之间的差距，与全球范围的合作还有待进一步加深。

6.5　本章小结

基于创新网络理论，运用区位熵和社会网络分析法识别出中国 23 个科技服务业集群，收集中国科技服务业有效发明专利合作数据并构建关系矩阵，发现中国科技服务业多层次创新网络的演化过程可分为萌芽期、起步期、成长期三个时期，在萌芽期创新主体以境外机构为主，起步期以境内机构为主，且呈现出集群网络、区域网络和全球网络的多层次融合，年度合作发明专利申请数量呈现快速大幅增长态势。通过 Ucinet 软件绘制了 2001～2017 年科技服务业组织创新网络图和 23 个科技服务业集群多层次创新网络图，对科技服务业多层次创新网络的区位选择差异性、网络特征和空间格局进行分析，揭示了科技服务业集群多层次创新网络的演化规律，得出如下结论。

（1）中国科技服务业多层次创新网络呈现出明显的集群空间特征。Pearson卡方检验方法结果表明，集群区域内与集群区域外的科技服务组织在合作发明专利申请人的区位选择上，呈现出显著差异性，中国科技服务业集群和非集群空间尺度上合作发明专利申请人选择的重要载体是集群，集群与非集群区域的科技服务业组织相比，在发明专利合作伙伴的区位选择上更偏向于集群区域。

（2）科技服务业创新网络具有度分布不均匀性、空间分布的非均衡性。由图6-3不难发现，科技服务业组织已逐渐构建了多尺度多空间耦合的合作发明专利关系网络，随着网络规模的扩大，节点度中心度之间的差距也在增加，节点间的关系联结差距在拉大，度分布不均匀性凸显。创新网络在空间分布上呈现出由核心集群向弱势集群急剧递减趋势、集群内联系的集聚性高于非集群联系，具有显著的非均衡性，东部区域的高创新能级集群如北京、南京、深圳、上海、广州、杭州等城市为多层次创新网络的中心节点。

（3）中国科技服务业多层次创新网络呈现出多集群、跨区域、多尺度的"核心—边缘"空间格局。中国科技服务业多层次创新网络的创新主体涉及集群、区域和全球层次，跨区域创新合作联系逐渐递增，多尺度空间格局已经形成，东部区域是中国科技服务业多层次创新网络中的核心区域，中部、西部、东北三个区域处于边缘区域，主要接受东部地区的创新溢出，呈现出典型的"核心—边缘"结构特征。

上述研究结论，有助于各级政府和组织认识到中国科技服务业集聚发展和创新网络演化的客观规律，为政府政策的制定和科技服务集群企业构建最佳空间尺度的创新网络提供参考。一方面，各集群要结合自身的资源和发展阶段动态地嵌入多层次创新网络，加强集群内各创新主体间的关系联结和联结频次，通过提高科技经费投入和科研人员投入等内生创新努力，提升创新能级，从而提高在创新网络中的网络位置和中心度，减少节点的关系联结差距。另一方面，多层次创新网络的"核心"东部地区在保持核心优势的同时，要注意瞄准国际科技前沿，加强与全球范围内的交叉融合、协同发展，积极嵌入全球创新网络，通过技术引进汇聚全球范围内的优质创新资源，最大限度激发创新效益。最后，多层次创新网络的"边缘"中部、西部、东北等区域，应奋发追赶，更加积极地嵌入多层次创新网络，加强区域间和全球范围内的创新合作与交流，逐步缩小与东部区域科技服务业发展的差距。同时，在国家层面，要破除集群间、区域间、全球范围内创新要素流动的障碍，营造有利于加强集群、区域、全球多空间层次协同创新的外部环境，进一步提升中国科技服务业的发展水平。

第7章 科技服务业多层次创新网络的仿真模型及其实验结果分析

7.1 问题的提出

在复杂网络视角下，已有研究发现：服务创新网络是无边界的动态混合网络，不同于制造业创新的企业主导性特征，服务创新更显示出网络性特征（孙耀吾和贺石中，2013），是复杂网络。加洛伊和萨沃纳（Gallouj and Savona，2009）指出服务业的发展轨迹像一个无政府主义状态下自下而上的内企业家过程。谢家平等（2017）对科创平台网络、周青和梁超（2017）对长三角绿色制药协同创新中心、薛娟等（2016）对 Ideastorm 众包社区的研究都发现创新网络具有自组织性、动态性、共生性、小世界、集聚性等复杂网络特征。虽然一些学者尝试使用仿真方法对服务创新网络进行研究，如孙耀吾等（2014）对高技术服务创新网络、藤井诚（Fujii Makoto，2022）对网络结构的差异导致创新传播的研究、董慧梅等（2016）等对中关村产业园的创新扩散复杂网络、张海红和吴文清（2017）对孵化器内创业者知识超网络的仿真研究，但目前从复杂网络视角，完全针对科技服务业创新网络的仿真研究较少。综上所述，已有研究对服务业创新网络是复杂网络已经有一致的认识，但把复杂网络的分析方法引入服务业创新网络与创新绩效关系研究领域的研究较少。如何通过建模、模拟仿真与实验等方法，系统研究服务业创新网络的动态演进过程，深入揭示其对创新绩效的影响轨迹是服务业创新网络研究的核心内容。

鉴于科技服务业集群多层次创新网络的复杂性特征，本章突破传统经济建模及分析的思路，汲取复杂自适应理论的研究成果，使用 Multi-agent 仿真技术，在对科技服务业集群企业的网络权力函数以及企业间自适应的创新交互行为进行抽象和概括的基础上，建立科技服务业集群多层次创新网络的Swarm 仿真模型，对科技服务企业多层次创新网络的萌芽、形成、成长、成熟的动态演化过程进行直观展现，通过定量对比科技服务业集群多层次创新网络中各层次创新网络的整体网络密度、个体网络节点的度中心度、关系强度等网络结构指标，对前面多层次创新网络的结构特征进行验证。

7.2　科技服务业企业的网络权力函数

根据权力依赖理论，权力是他者的依赖性，是一种控制力和影响力（刘军，2014）。根据创新网络的特征，结合已有研究，本书把网络权力界定为：因拥有异质性优势网络资源而获得的他者的依赖性，是一种对创新网络中其他节点的控制力和影响力（梁娟、陈国宏、蔡彬清，2017）。以此为基础，本书从网络资源的独特价值、网络权力损失率和网络资源可获得性 3 个方面度量科技服务业创新主体的网络权力。

7.2.1　网络资源的独特价值

网络资源的独特价值是衡量科技服务业集群企业网络资源有用程度和优势程度的指标，网络资源的独特价值越高，对其他节点的网络影响和控制越强，他者的依赖度越高。科技服务业创新主体拥有的网络资源异质度越高、网络资源存量和新增网络资源越多、新增网络资源的适应度越高、旧网络资源的保有度越高，网络资源的独特价值就会越高（梁娟、陈国宏、蔡彬清，2017）。

综合上述因素，科技服务业创新主体 i 相对于主体 j 的网络资源相对价值记为 $Vs_{i \to j,t}$，则：

$$Vs_{i \to j,t} = \varphi_{i \to j,t} K_{i,t} = \varphi_{i \to j,t} [s_{i,t} KX_{i,t} + \theta_{i,t} KO_{i,t}] \qquad (7-1)$$

其中，$\varphi_{i \to j,t}$ 为主体相对于主体 j 的网络资源异质度，$K_{i,t}$ 为主体 i 在 t 时刻的网络资源存量，$s_{i,t}$ 为主体 i 在 t 时刻新增网络资源的适应度，$KX_{i,t}$ 为主体 i 在 t 时刻新增网络资源，$KO_{i,t}$ 为主体 i 在 t 时刻拥有的旧网络资源，$\theta_{i,t} \in (0,1)$ 为主体 i 在 t 时刻对其所拥有旧网络资源的保有度（梁娟、陈国宏、蔡彬清，2017）。

7.2.2 网络权力损失率的度量

网络权力损失指员工感知到公开自身资源特别是知识资源后，可能会失去自身在组织中的独特价值和权力基础的心理状态（潘伟和张庆普，2016）。应用到组织层面，本书把网络权力损失率界定为：组织感知到公开自身资源（感知的组织资源所有权）后，可能会失去自身在多层次创新网络中的独特价值和权力基础的损失程度。由此可见，科技服务业集群企业的网络权力损失率越高，集群企业在多层次创新网络中知识的独特价值和权力基础就会降低，相应的网络权力就会变小。

在科技服务业多层次创新网络中，对于网络主体来说，异质性优势网络资源可以获得其他主体的依赖性，而放弃或公开异质的优势网络资源就会丧失对其他主体网络上的影响力和控制力（潘伟和张庆普，2016），从而产生较高的网络权力损失感。因此，当科技服务业集群企业感知到的网络权力损失感较高时，就会倾向于保护资源，特别是对异质性优势资源的隐藏和保护，以避免产生网络权力损失。用 $\mu_{i,t} \in (0,1)$ 表示主体 i 在 t 时刻网络权力损失率，该值越高，隐藏和保护自身异质性优势网络资源的力度越高。

7.2.3 网络资源可获得性的度量

网络资源可获得性是指在科技服务业集群多层次创新网络中集群企业异质性优势网络资源的可获取程度，与集群企业的资源共享意愿、资源转化率有关（梁娟、陈国宏、蔡彬清，2017）。用 $\eta_{i \to j,t} \in (0,1)$ 表示资源共享意愿，用 $e_{i,t} \in (0,1)$ 表示节点 i 在 t 时刻的资源转化率，$\eta_{i \to j,t}$ 和 $e_{i,t}$ 的取值越高，集群企业的网络资源可获得性越高。

综合上述因素，科技服务业集群多层次创新网络中集群企业 i 相对于集群企业 j 的网络权力记为 $V_{i \to j,t}$，则：

$$V_{i \to j,t} = e_{i,t}\eta_{i \to j,t}(1 - \mu_{i,t})Vs_{i \to j,t}$$
$$= e_{i,t}\eta_{i \to j,t}(1 - \mu_{i,t})\varphi_{i \to j,t}[s_{i,t}KX_{i,t} + (1 - \theta_{i,t})KO_{i,t}] \quad (7-2)$$

设科技服务业多层次创新网络的集群企业集合为 $R\{1,2,\cdots,m\}$，集群企

业 $i \in R$。设集群企业 i 在 t 时刻的本地网络权力为 $VN_{i,t} = \sum_{j=1}^{m} VN_{i \to j,t}$，全球网络权力为 $VI_{i,t} = \sum_{j=1}^{m} VI_{i \to j,t}$，则综合网络权力为 $V_{i,t} = \sum_{j=1}^{m} V_{i \to j,t}$。在计算 $VN_{i \to j,t}$、$VI_{i \to j,t}$ 时，只需要把 $V_{i \to j,t}$ 公式中的 $K_{i,t}$ 分别替换为本地网络资源 $KN_{i,t}$、全球网络资源 $KI_{i,t}$ 即可（梁娟、陈国宏、蔡彬清，2017）。

7.3 多层次创新网络主体行为描述及仿真过程的设计

7.3.1 科技服务企业主体网络权力提升行为

由于信息不对称、空间距离等原因，在科技服务业多层次创新网络中集群企业之间的资源共享和协同创新会存在一些障碍。为了体现这种障碍，在仿真模型中，让仿真主体的初始位置随机分布在离散的空间，仿真主体的信息是不对称的，并且通过相遇概率、资源共享意愿和协同创新概率等参数的设置给主体间的合作行为设置障碍，使仿真主体需要根据其拥有的资源以及对其他主体的相关信息的判断采取相应的策略，以反映现实网络中企业间合作中的信息不对称和空间距离等实际情形，这是使用 Swarm 来解决信息不对称问题的显著优势（朱晔，2014）。在仿真模型中，每一个科技服务企业都面临提升自身网络权力的需要，相应的会产生三种网络权力提升行为：资源共享、协同创新、自主创新，具体的行为策略是根据环境分析及关联主体的信息判断而动态变动的。

7.3.2 科技服务企业主体仿真过程分析

7.3.2.1 科技服务企业主体初始化

本仿真模型涉及多种类型的参与主体，因此，根据现实中科技服务业集群主体的情况，按照主体的类别分别赋予不同的属性值。在本仿真模型中共有六类主体，分别是集群内科技服务企业、集群内其他创新主体（包括客户、供应商和政府机构）、集群外科技服务企业、集群外其他创新主体（包括客户、供应商和政府机构）、集群内科研机构和集群外科研机构。集群内外组织的属性值除初始位置不同外，其他属性值在相同的范围内随机取值，服务企业、其他创新主体和科研机构的初始属性值各不相同，且随着环境和周围主体的变动而不断自适应改变，从而产生复杂自适应的多层次创新网络。

7.3.2.2　科技服务业多层次创新网络中主体行为状态判断

科技服务业多层次创新网络中节点 i 在 t 时刻的网络权力状态根据本地和全球网络中网络权力要求以及主体自身的网络权力属性的对比结果而不断变化，其状态判断结果有四种情况，用 $S_{i,t}$ 表示，见公式 7-3。其中本地和全球的网络权力要求分别用 $NTQ_t \in [0,1]$ 和 $ITQ_t \in [0,1]$ 表示，网络权力要求越高，NTQ_t 和 ITQ_t 的取值越大且越接近于 1。通过对照，网络主体会形成感知的网络权力所有权状态，当 $S_{i,t}$ 不为零时，网络节点 i 与网络权力要求间存在差距，网络主体会产生网络连接动机，当 $S_{i,t}=1$ 时，网络节点 i 需要与本地网络权力较高的节点联结以提升本地网络权力，当 $S_{i,t}=2$ 时，网络节点 i 需要与全球网络权力较高的节点联结以提升全球网络权力，当 $S_{i,t}=3$ 时，网络节点 i 需要与本地或全球网络权力较高的节点联结以提升本地或全球网络权力。

$$
S_{i,t} = \begin{cases}
0 & \text{当 } VN_{i,t} = NTQ_t \text{ 且 } VI_{i,t} = ITQ_t（\text{不存在差距}）\\
1 & \text{当 } VN_{i,t} < NTQ_t \text{ 且 } VI_{i,t} = ITQ_t（\text{本地差距}）\\
2 & \text{当 } VN_{i,t} < ITQ_t \text{ 且 } VN_{i,t} = NTQ_t（\text{全球差距}）\\
3 & \text{当 } VN_{i,t} < NTQ_t \text{ 且 } VI_{i,t} < ITQ_t（\text{两类差距}）
\end{cases} \tag{7-3}
$$

7.3.2.3　科技服务业仿真主体相遇过程

为了体现现实环境中科技服务业多层次创新网络中主体间的时空障碍，在仿真实验中科技服务业仿真主体随机分布在一个 160×160 的网格空间，让其特定的区域中通过一定的概率随机相遇，来避免传统博弈等数学计算模型下的集中式相遇，并通过自身属性、相遇主体的信息和行为等不完全动态信息的分析来选择策略。当网络主体产生网络连接动机后，基于利益维度和地理维度的考虑，网络主体会首先在已有连接的局域网中进行搜索，判断是否存在网络权力较高的主体 j。在相遇后，根据各网络主体预先设置好的网络权力最低阈值，主体既要对自己本期的预期网络权力状态、经济状态进行分析判断，也要综合考虑到它所遭遇的对方主体的前期的网络权力状态和经济状态，从而最终决定要资源共享、协同创新还是自主创新。若不存在，根据网络主体的网络权力状态和经济状态，在搜寻范围内寻找网络权力较高的主体 j。网络权力较高的主体 j 需满足以下条件：当 $S_{i,t} = 1$ 时，$KN_{j,t} > KN_{i,t}$；当 $S_{i,t} = 2$ 时，$KI_{j,t} > KI_{i,t}$；当 $S_{i,t} = 3$ 时，$KN_{j,t} > KN_{i,t}$ 或 $KI_{j,t} > KI_{i,t}$。所有满足上述条件的网络节点组成的集合记为 $G(i)_t$，为网络主体 i 在 t 时刻有可能进行资源共享连接的节点集合。

7.3.2.4　网络权力提升行为

网络主体 i 首先对自身的网络权力进行感知和判断。如果网络权力不足，网络主体 i 会向环境发出需要提升网络权力的需求，并对与集合 $G(i)_t$ 中网络权力较高的网络主体 j 进行连接的可能性进行逐一判断。判断依据为：$KX_{ij,t} > 0$，$Ws_{i,t} < W_0$、$Ws_{j,t} < W_0$、$C_{ij} \leqslant C_0$ 且 $p_{ij} \geqslant p_0$。其中，网络主体 i 在 t 时刻与 j 连接产生的网络权力增量为 $KX_{ij,t} = s_{i,t}(Ks_{i,t} + Kc_{i,t}) + s_{ij,t}Kc_{ij,t}$，连接成本为 C_{ij}，主体 i 和主体 j 可接受的网络权力损失阈值为 W_0，主体 i 和主体 j 可接受的最高连接成本阈值为 C_0，p_{ij} 为网络主体 j 的连接意愿（梁娟、陈国宏、蔡彬清，2017）。通过网络连接，网络主体 i 根据资源共享能力和吸收能力获得一部分资源，进而提高自身的网络权力，当网络主体 j 没有资源可供共享或者没有资源共享的意愿时，网络权力不足的网络主体 i 只能通过判断创新行为的成本和成功的可能性以及其他主体协同创新的意愿，选择协同创新或自主创新行为。在仿真模型中，为了效仿现实的科技服务企业主体的网络权力提升行为，设置了科技服务业企业主体所处的环境状态，科技服务企业主体根据环境状态和自身网络权力的对比产生提升网络权力的需求，主动在搜索范围内对符合条件的连接主体进行判断和选择，在选择的过程中会综合考虑之前的合作经验及当前的属性状态以及对方的协作意愿，进而产生网络权力提升行为，即资源共享、协同创新或自主创新。为了体现多因素的综合影响，本程序还设置了协同创新或自主创新行为的成功概率，以衡量网络权力提升行为的预期收益的不稳定性和不确定性，同时对网络主体的属性如资源共享量、协同创新量、自主创新量等指标值进行更新。在上面判断选择的基础上，科技服务企业提升了网络权力，分配协同创新的成本和协同创新的资源，进而降低经营成本，根据市场需求和其他企业的网络权力状态、供

应量、调整概率，按照古诺模型调整供应量。根据以上的分析，构建出科技
服务业集群多层次创新网络的仿真过程图（见图 7－1）。

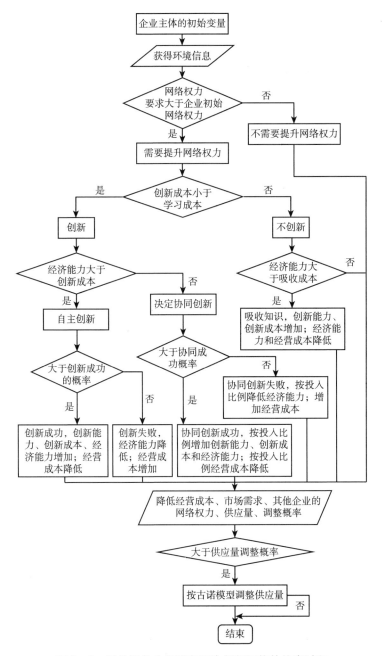

图 7 －1　科技服务业集群多层次创新网络的仿真过程

7.4 科技服务业集群多层次创新网络的仿真实验与结果分析

7.4.1 仿真模型初始参数的设置

本部分运用 Swarm2.2 软件对前文构建的科技服务业集群多层次创新网络的仿真模进行仿真实验。本仿真实验的初始参数设置如下：仿真主体集为 $R\{1,2,\cdots,m\}$，节点 $i \in R$ 在 160×160 的网格空间随机分布，网络密度为 0.009，节点 i 拥有 2 类资源，环境的网络权力要求 NTQ_t 和 ITQ_t 都设为 1，以 120×120 网格为界划定集群范围，初始位置在 120×120 内的节点划归为集群内组织，120×120 以外的节点划归为集群外组织。在保证科技服务业集群多层次创新网络演化过程可观察的前提下，借鉴已有的研究（梁娟和陈国宏，2020），在合理的范围内设置初始资源存量、网络资源异质度、新增网络资源的适应度、旧网络资源的保有度、网络权力损失率、资源共享意愿和资源转化率。

为了考察主体网络权力状态对多层次创新网络演化的影响，分别选取三种网络权力状态进行仿真实验，见表 7 – 1。

表 7 – 1 　　　　　　　　　　网络权力状态

网络权力状态	初始本地网络权力 $KN_{i,t}$	初始全球网络权力 $KI_{i,t}$
1	[0, 0.5]	[0, 0.4]
2	[0, 0.9]	[0, 0.8]
3	[0.3, 0.6]	[0.3, 0.5]

7.4.2 科技服务业集群多层次创新网络的演化过程

通过仿真实验，发现在 100 仿真时钟后，三种网络权力状态下科技服务业集群多层次创新网络均基本达到稳定状态，网络整体的资源量增长缓慢，网络节点间极少发生自适应交互行为。由于三种网络权力状态的网络演化的发展趋势基本相同，为了简便，选取了网络权力状态 1 下 4 个仿真时钟下的网络图来直观地展示科技服务业集群多层次在创新网络的演化过程（见图 7 - 2）。图 7 - 2 中，节点大小代表总资源量，总资源量越多，节点越大；节点的形状代表组织类型，其中●代表科技服务业集群内科技服务企业、■代表科技服务业集群内其他创新主体（包括客户、供应商和政府机构）、▲代表科技服务业集群外科技服务企业、■代表科技服务业集群外其他创新主体（包括客户、供应商和政府机构）、◆代表科技服务业集群内科研机构、●代表科技服务业集群外科研机构；线的粗细代表关系强度，线越粗则关系强度越大。

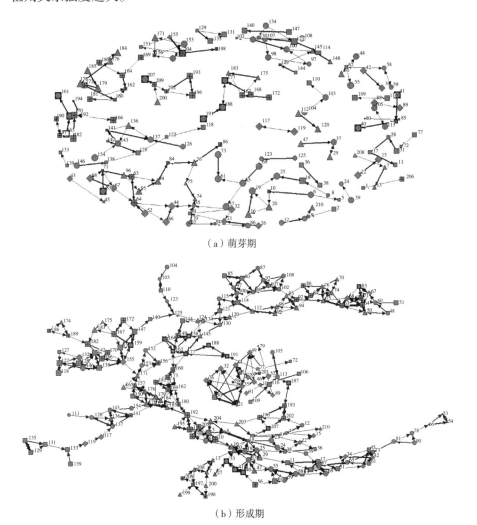

（a）萌芽期

（b）形成期

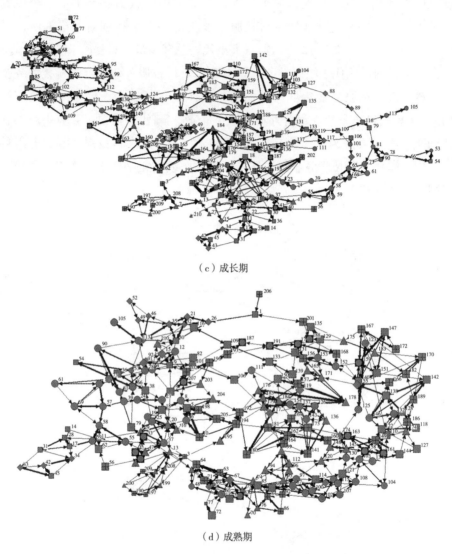

（c）成长期

（d）成熟期

图 7－2　网络权力状态 1 的科技服务业多层次创新网络演化

7.4.2.1　科技服务业集群多层次创新网络演化过程的阶段划分

为了对三种网络权力状态下科技服务业集群多层次创新网络的演化过程有更具体的分析，从孤立点、最大和最小网络权力、网络权力差距、最大连接关系等方面对多层次创新网络图进行整理，并把科技服务业多层次创新网络的演化过程划分为四个阶段：萌芽期、形成期、成长期和成熟期，并见表7-2。

表7-2 　　　　　科技服务业集群多层次创新网络演化过程及其特征

状态	特征	萌芽期	形成期	成长期	成熟期
1	孤立点	19	2	1	0
	最大网络权力	0.880882	1.0374657	1.0409442	1.0409442
	最小网络权力	0.083794	0.115431377	0.115431379	0.763164
	网络权力差距	0.7970878	0.922034323	0.925512821	0.2777802
	最大连接次数	3	17	20	20
2	孤立点	19	4	1	0
	最大网络权力	1.662783	1.956689	1.966711	1.966711
	最小网络权力	0.15841	0.367948	0.367948	1.20614
	网络权力差距	1.504373	1.588741	1.598763	0.760571
	最大连接次数	3	15	15	15
3	孤立点	19	2	1	0
	最大网络权力	1.105577	1.303019	1.303019	1.329691
	最小网络权力	0.413916	0.4576882	0.549133	1.147329
	网络权力差距	0.691661	0.8453308	0.753886	0.182362
	最大连接次数	3	16	16	16

从图7-2和表7-2中可以发现，在萌芽期，三种网络权力状态下节点的网络权力均为最小，节点间的连接稀疏，最大的连接次数均为3次，表明关系强度小，网络中有19个孤立点，多层次创新网络为不连通网络。在形成期，三种网络权力状态下网络节点的网络权力均随着资源共享和创新活动的增多而增加，但节点间网络权力的差距与萌芽期相比却在增大，节点间的连接关系开始显著增加，最大的连接次数分别为17、15、16，网络关系强度增大，孤立节点减少到2、4、2个，网络的连通性增强。在成长期，随着网络节点间知识吸收、协同创新等关系的建立，三种网络权力状态下各网络节点的网络权力逐渐增加，只有1个孤立节点，网络权力状态1、2下节点间网络权力的差距还在进一步增大，网络权力状态3下网络权力的差距在减少，网

络节点间的关系强度分布不均匀，最大的连接次数分别为 20、15、16 次，最小的连接次数为 0 次，与形成期相比网络的连通性进一步增强。在成熟期，节点的网络权力最大，节点间的网络权力差距显著减少，节点间存在多条连接路径且关系强度大的节点在增加，不存在孤立节点，整个网络为连通网络。由表 7-2 也可以看出，在科技服务业多层次创新网络演化过程的各个阶段都存在部分节点具有较高的连接度，而大量节点的连接度则很低，在成熟期任意节点之间都能通过较短的路径实现可达，呈现出与前面关于科技服务业多层次创新网络特征描述相符的无标度性、强弱联结并存和小世界特征。本仿真模型对科技服务业集群多层次创新网络的演化过程和网络特征进行了直观展示。

7.4.2.2 科技服务业集群多层次创新网络演化过程的验证

在实践中，科技服务业集群多层次创新网络的形成及演化是一个动态的过程，而当前对科技服务业集群多层次创新网络演化过程的实证分析较少，本部分以杨照（2012）对南京徐庄软件基地的研究为创新网络演化的实例，对前面的仿真模型进行实例验证。由南京徐庄软件基地初期和 2011 年创新网络图不难发现，其创新网络也经历了萌芽期和成长期（杨照，2012），见图 7-3。

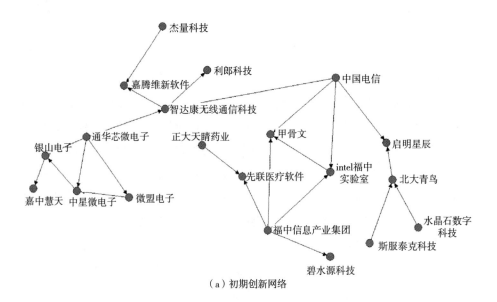

（a）初期创新网络

（b）2011年创新网络

图7-3 南京徐庄软件基地创新网络

由图7-3可知，在南京徐庄软件基地初期，网络节点少，高校与企业研发人员缺乏流动，倾向于保持原有的高校连接，没有充分利用周边高校资源，大多企业规模小，产业链较短，关系联结少，企业间没有形成基于知识转移的正式知识交互机制，尚未完全建立集群创新网络（杨照，2012）。在2011年，南京徐庄软件基地已经慢慢由政府导向向产业链导向转变，建立起了区内分工合作、相互依存的创新网络体系，网络中相连接的创新主体明显增多，加入了知名软件企业，形成了以通华芯和微盟为核心的集成电路产业、以中星微电子和智达康为中心的物联网产业、以苏宁和北大青鸟为核心的中介和以甲骨文—福中集团和江苏集群为核心的软件产业四大知识交互圈（杨照，2012），软件企业间的竞争与合作联系加强，创新网络中不仅有企业间的直接联系，还有苏宁和北大青鸟等中介机构嵌入所带来的企业间的间接联系，网络关系具有差异性和多样化，整个网络实现互相连通（杨照，2012）。

　　杨照（2012）的研究只收集了南京徐庄软件基地初期创新网络和2011年创新网络的阶段性数据，不能直观地展示南京徐庄软件基地创新网络的整个演化过程，但通过已有的数据网络的对比可知，南京徐庄软件基地创新网络初期和2012年的阶段划分及所呈现出的创新网络的阶段特征与本仿真模型所得的结论基本相符，这表明本仿真模型具有一定的可信性，可以有效地模拟创新网络的形成和演化过程。

7.4.3　科技服务业集群多层次创新网络的网络结构分析

7.4.3.1　整体网络规模

　　根据前面选取的三种网络权力状态，经过100个仿真时钟，收集每个仿真时钟下的多层次创新网络节点间的关系连接次数，根据关系连接数绘制科技服务业集群多层次创新网络的网络规模图，见图7-4。由图7-4可知，三种网络权力状态下的整体网络规模增长曲线形状基本一致，在前20个仿真时钟网络规模迅速扩张，之后网络规模的增长速度放缓并最终趋于稳定。但是，由于网络权力状态的不同，多层次创新网络规模的增加值呈现出些微的差异性，见图7-5。

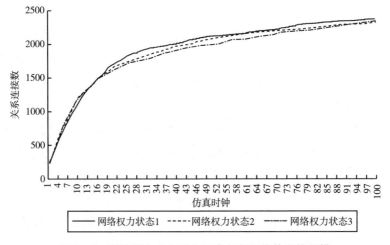

图7-4　科技服务业集群多层次创新网络的网络规模

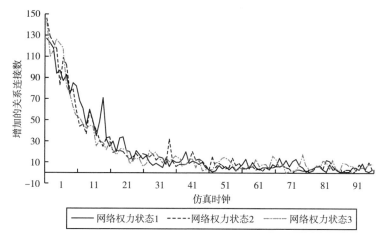

图 7 - 5　科技服务业多层次创新网络的网络规模增加值

由图 7 - 5 可知，在多层次创新网络的演化过程中，网络规模的增加值在逐渐减少，且在网络形成期网络规模的增加值减少幅度较大。仔细分析会发现，影响网络规模增加值差异性变动的关键因素是网络权力差距。网络权力状态 1 时，网络权力与环境要求的差距较大且网络权力分散，网络规模增加值的变化幅度越大且网络规模更大；网络权力状态 2 时，网络权力集中但与环境要求的差距较小，网络规模增加值的变化幅度适中且网络规模中等；网络权力状态 3 时，网络权力与环境要求的差距小但权力分散，网络规模增加值的下降幅度较大且网络规模最小。这表明当网络权力与环境要求的差距越大，节点提升网络权力的需求越强烈，资源共享、协同创新等连接关系越频繁与密切，网络规模就越大。

7.4.3.2　整体网络密度

使用 Ucine 软件，得出三种网络权力状态下科技服务业集群多层次创新网络及各层次创新网络的整体网络密度和标准离差分布图，见图 7 - 6 和图 7 - 7。

从图 7 - 6 可以看出，各种网络权力状态下各创新网络的整体网络密度呈现出差异性，其中多层次创新网络的整体网络密度最大，集群内外协同创新网络的整体密度最小。多层次创新网络和集群内资源共享网络、集群内协同创新网络在网络权力状态 1 时的整体网络密度最大，集群外资源共享网络和集群外协同创新网络在网络权力状态 2 时的整体网络密度最大。从图 7 - 7 可

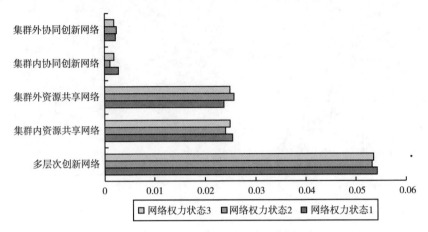

图 7 – 6　各创新网络的整体网络密度

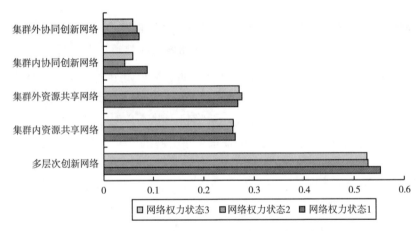

图 7 – 7　各创新网络的整体网络密度标准离差

以看出，各种网络权力状态下各创新网络的整体网络密度标准利差也呈现出差异性，差异程度和影响因素与整体网络密度基本一致，多层次创新网络的整体网络密度的标准离差最大；多层次创新网络和集群内吸收网络、集群内协同创新网络和集群外协同创新网络在网络权力状态 1 时的整体网络密度标准离差最大；集群外吸收网络在网络权力 2 时的整体网络密度标准离差最大。综上可知，网络权力状态是影响科技服务业集群多层次创新网络的整体网络密度和标准离差的重要因素。科技服务企业的网络权力与环境要求的差距越大（网络权力状态 1），多层次创新网络、集群内资源共享网络、集群内协同创新网络的整体网络密度和标准离差越大；节点间的网络权力分散度高（网络权力状态2），集群外吸收网络的整体网络密度和标准离差越大。

7.4.3.3 多层次创新网络的点度中心度

使用 Ucinet 软件，得出三种网络权力状态下科技服务业集群多层次创新网络的点度中心度、标准化点度中心度、贡献程度，见表7-3。

表7-3 三种网络权力状态下多层次创新网络点度中心度数据表

网络权力状态	统计量	点度中心度	标准化点度中心度	贡献程度
1	Mean	18.095	0.433	0.005
2		17.933	0.572	0.005
3		17.943	0.537	0.005
1	Std Dev	9.394	0.225	0.002
2		8.124	0.259	0.002
3		7.611	0.228	0.002
1	Sum	3800	90.909	1.000
2		3766	120.128	1.000
3		3768.000	112.679	1.000
1	Variance	88.248	0.051	0.000
2		65.996	0.067	0.000
3		57.921	0.052	0.000
1	SSQ	87294.000	49.961	0.006
2		81396.000	82.819	0.006
3		79772.000	71.338	0.006
1	MCSSQ	18532.096	10.606	0.001
2		13859.066	14.101	0.001
3		12163.314	10.877	0.001
1	Euc Norm	295.456	7.068	0.078
2		285.300	9.100	0.076
3		282.439	8.446	0.075
1	Minimum	3.000	0.072	0.001
2		2.000	0.064	0.001
3		2.000	0.060	0.001

续表

网络权力状态	统计量	点度中心度	标准化点度中心度	贡献程度
1		56.000	1.340	0.015
2	Maximum	38.000	1.212	0.010
3		47.000	1.406	0.012
1	Network Centralization = 0.92%, Heterogeneity = 0.60%, Normalized = 0.13%			
2	Network Centralization = 0.65%, Heterogeneity = 0.57%, Normalized = 0.10%			
3	Network Centralization = 0.88%, Heterogeneity = 0.56%., Normalized = 0.09%			

由表7-3可以看出，三种网络权力状态下科技服务业集群多层次创新网络的点度中心度、标准化点度中心度均呈现度分布不均匀状态，点度中心度最小值分别是3、2、2，最大值分别是56、38、47，标准差均大于7，度分布之间的差异性明显，与之前的研究结论一致（梁娟、陈国宏、蔡彬清，2017）。深入分析会发现，当网络权力与环境要求的差距较大时，网络的中心性最高为0.92%，网络权力的离散程度对节点度中心度的影响不大。

7.4.3.4 科技服务业集群多层次创新网络的个体网络密度

对三种网络权力状态下，科技服务业集群多层次创新网络的个体网络密度进行统计，其分布图见图7-8。由图7-8个体网络密度分布图可以看出，三种网络权力状态下大部分节点集中在10%~50%，个别节点散布在60%~100%，网络密度分布呈现出局部致密性，个体网络密度从0~100%不等，

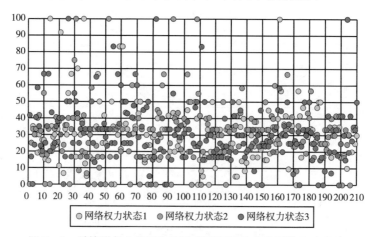

图7-8 科技服务业集群多层次创新网络的个体网络密度分布

个体密度差异大，呈现出强弱联结并存的特征，这与前面对多层次创新网络特征的分析相符。

7.4.3.5 科技服务业集群多层次创新网络的关系强度

使用 Ucinet 软件，绘制出三种网络权力状态下科技服务业集群多层次创新网络在第 100 个仿真时钟时的整体网络图，见图 7 - 9。从图 7 - 9 中可以看出，各网络权力状态下科技服务业集群多层次创新网络的关系强度均呈现较大的差异性，最大关系强度分别为 20、15、16，最小关系强度均为 0，差距较大，存在异质性，呈现强弱联结并存的特征，与前面关于多层次创新网络结构特征的理论分析相吻合。

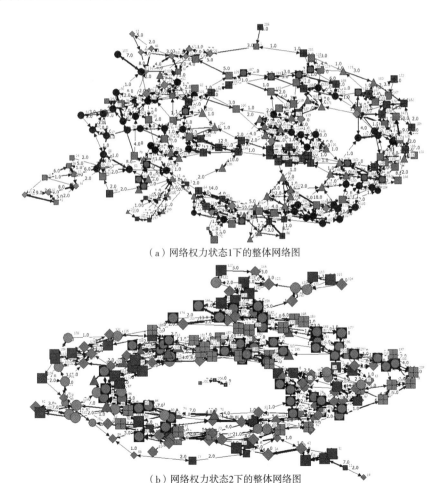

（a）网络权力状态1下的整体网络图

（b）网络权力状态2下的整体网络图

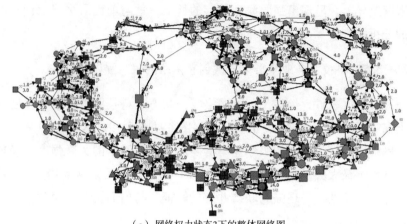

（c）网络权力状态3下的整体网络图

图 7 – 9　三种网络权力状态下的整体网络图

7.5　本章小结

本章根据权力依赖理论，从知识独特价值、网络权力损失率和知识的可获得性度量科技服务业集群企业的网络权力；运用 Swarm 建模思想，描述并设计科技服务业集群多层次创新网络主体行为及仿真过程；最后，运用 Swarm2. 2 软件对科技服务业多层次创新网络的动态演化过程进行仿真实验，通过实验发现：（1）三种网络权力状态下，科技服务业集群多层次创新网络均经历了萌芽期、形成期、成长期和成熟期的演化过程，与本部分的理论分析和已有研究结论相符。（2）仿真模型验证了关于科技服务业集群多层次创新网络具备无标度性、强弱联结并存的特征，三种网络权力状态下科技服务业集群多层次创新网络的结构特征变量虽然具体取值不同，但变化曲线和分布状态基本一致，均表现为整体网络密度小、个体网络密度差异大、无标度性以及密集性和稀疏性相结合的特点，同时发现影响整体网络规模、个体网络密度、关系强度的重要变量是网络权力。

基于以上研究结论，在科技服务集群多层次创新网络的形成及演化中需要重视以下内容：影响整体网络规模、个体网络密度、关系强度的重要变量是网络权力，因此，科技服务业集群企业构建多层次创新网络的关键在于提升网络权力。由网络权力函数可知，网络资源独特价值、网络权力损失率和网络资源的可获得性是度量网络权力函数的重要变量。因此，科技服务业集群企业要提升自身知识的独特价值、资源共享意愿和资源转化能力，提高网络中其他主体对其网络资源的依赖性，同时加强异质性优势资源的保护（如知识产权保护），降低网络权力损失率，在多层次创新网络中拥有更大的影响力和控制力，从而实现网络权力的提升。该章仿真模型的设计及实验结论为第 8 章多层次创新网络对科技服务业集群企业创新绩效的仿真模拟奠定了基础。

第8章 多层次创新网络对科技服务业集群企业创新绩效的影响仿真

8.1 问题的提出

已有研究对服务业创新网络是复杂网络已经有一致的认识，但把复杂网络的分析方法引入服务业创新网络与创新绩效关系研究领域的研究较少。如何通过建模、模拟仿真与实验等方法，系统研究服务业创新网络的动态演进过程，深入揭示其对创新绩效的影响轨迹是服务业创新网络研究的核心内容。前面对科技服务业集群多层次创新网络的仿真实验表明，构建的仿真模型的动态演化过程及网络结构特征与理论分析和已有研究结论相符，可以用于进一步的研究。因此，本章基于前面的科技服务业集群多层次创新网络仿真模型，调整运行参数，分别从微观的网络节点（企业）层面和宏观的网络嵌入视角，直观观察多层次创新网络节点个体特征和网络嵌入对创新绩效的影响轨迹，通过网络绩效的比较分析，揭示科技服务集群企业多层次创新网络对创新绩效的影响，从中发现关键影响因素，探索科技服务业集群企业实现多层次创新网络有机整合和动态嵌入的有效路径，构建创新网络的最佳嵌入尺度。

8.2 仿真模型初始参数的设置及创新绩效的衡量

8.2.1 仿真模型初始参数的设置

根据前章已经建立的科技服务业多层次创新网络的仿真模型，本章运用 Swarm2.2 软件进行多层次网络对创新绩效的影响轨迹仿真实验。为了研究主要参数的变化规律，本章简化了网络节点的参数设置值，初始实验参数设置如下：仿真的网络节点集与前章相同，网络节点随机分布在一个 160×160 的网格空间上，网络密度为 0.009，环境的网络权力要求为 1，初始位置在 120×120 网格内的节点为集群内企业，初始位置在 120×120 网格外的节点为集群外企业。在保证多层次创新网络演化过程可观察的前提下，借鉴已有的研究（梁娟和陈国宏，2020），初始资源存量在 $[0, 0.5]$ 区间上均匀取值、新增网络资源的适应度在 $[0.8, 1]$、旧网络资源的保有度在 $[0.8, 1]$ 区间上均匀取值、资源共享意愿和资源转化率在 $[0.5, 1]$ 区间上均匀取值。

8.2.2　创新绩效的衡量

研究创新对创新绩效的影响，需要对因变量"绩效"进行定义和度量。已有文献从不同维度对"创新绩效"进行度量，尚未取得一致的定义（Muller and Peres，2019）。在衡量创新绩效的指标中，有研究从绝对规模对创新绩效进行度量，如采用创新的网络成员数（Watts and Dodds，2007；Hinz et al.，2011；Yoganarasimhan，2012），专利数（叶琴和曾刚，2020；杨春白雪、曹兴、高远，2020；李梓涵昕和罗萍，2020；张金福和黄雪晴，2020；王海花等，2020；马妍等，2019）；创新收益（Libai，Muller and Peres，2005；Libai，Muller and Peres，2013），创新时间（Choi，Kim and Lee，2010；Mukherjee 2014）；也有从相对规模对创新绩效进行度量，如网络成员的创新采用率（Nold，1980；Keeling，2005；Centola and Macy，2007；Van Eck，Jager and Leeflang，2011；Rand and Rust，2011），市场份额（Uchida and Shirayama，2008）等。

也有学者采用问卷调查的方式，使用不同的测度方法，通过题项设置测度创新绩效，如从新产品开发速度、新产品产值的销售额和新产品成功率 3 个题项进行测量（Hagedoon，2003；刘思萌和吕扬，2019）。从应用型创新和探索型创新角度使用创新效率、提高产品质量、改进客户服务、新产品数、新技术数、新专利数等 15 个题项进行测量（艾之涵和吴宏哲，2016）。从协同合作能力提高程度，知识、技术的互补性水平，新设备、新材料、新技术的数量，专利增长率，新产品产值（Ahuja et al.，2001；侯光文和薛惠锋，2017）等5个测量题项。从与同行相比，创意或创新产生的速度、创意或创新经常达到或超出客户预期、经常率先推出新产品或新服务、经常率先应用新知识或新技术、新产品与服务的市场接受程度较高等5个测量题项（姜照君和吴志斌，2018）。参考了艾瓦龙提斯等（Avlonitis, Papastathopoulou and Gounaris，2001）的量表，李纲等从财务绩效（我们公司提供的新服务是有利可图的、我们公司提供的服务占有大的市场份额、我们公司提供的服务超出盈利目标）和非财务绩效（我们公司提供的服务对公司的感知形象具有积极的影响、我们公司提供的服务的引进增强其他产品的盈利、我们公司提供的服务吸引大量的新顾客的涌入、我们公司提供的服务给公司带来重要的竞争优势）两个方面分别测量，共有8个测量题项（李纲、陈静静、杨雪，2017）。从通过合作我们与伙伴的合作持续时间较长、获得了较满意的结果、现有技术能力得到改进研发速度较快等3个题项测量合作创新绩效（张保仓，2020）。吉敏和胡汉辉（2014）主要采用产品和工艺创新两个指标，使用新产品的改进和创新有良好的市场反应、新产品开发成功率较高、新产品技术含量较高、在新产品开发过程中投入产出率较高、拥有一流的技术工艺、拥有重大产品创新6个题项对创新绩效进行测度。杨晔和朱晨（2019）借鉴盖珀斯等（Cuijpers, Guenter and Hussinger，2011）的做法，用"是否推出了新的产品或服务"和"是否降低生产成本"来界定企业的创新行为（杨晔和朱晨，2019）。何郁冰和张迎春（2017）借鉴许冠南（2008）、蔡坚和杜兰英（2013）等的量表，使用"企业通过产学研合作提高了发现和利用外部知识的能力""企业通过产学研知识协同提高了产品竞争力（如质量提高、成本下降等）"等7个题项同时考察知识协同能力和因知识协同发生变化的创新绩效。周志刚、丁秋楷、阮丽娟（2019）借鉴姚艳红和衡元元（2013）设计的量表，使用"工作中能提供改进技术、流程、服务或生产、销售、管理等方面的新想法""工作中能提出独创且可行的解决问题方案"等，共6个题项测量创新绩效。

借鉴已有研究，结合本研究的研究重点和科技服务业集群企业的特征，从平均创新绩效、开展创新活动的企业数、自主创新绩效、协同创新绩效等4个指标度量科技服务企业的创新绩效水平，从平均知识水平和知识方差等两个指标度量多层次创新网络中集群企业整体的创新绩效。

8.3　网络节点（企业）个体特征对创新绩效的差异性影响实验

基于前面的科技服务业集群多层次创新网络仿真模型，从微观的网络节点（企业）层面，运用 Swarm 软件自带的绘图工具，绘制出不同吸收能力、整合能力、创新能力下科技服务业集群多层次创新网络中平均创新绩效、开展创新活动的企业数量、自主创新绩效、协同创新绩效等 4 个指标的变化趋势图，检验网络节点（企业）个体特征对创新绩效的差异性影响，直观观察多层次创新网络节点个体特征对创新绩效的影响轨迹，归纳出关键影响因素。

8.3.1　吸收能力对创新绩效的差异性影响实验及结果分析

基于前面的仿真模型，通过设置不同的吸收能力参数值，直观观察网络节点（企业）在不同吸收能力下创新绩效各度量指标的演化轨迹，见图 8 - 1。由图 8 - 1（a）可知，经过 100 仿真时钟，各种吸收能力状态下，平均创新绩效均呈现不同程度的增长并最终趋于稳定，且吸收能力强时的平均创新绩效增长速度和增长水平均明显高于其他两种状态，可见，吸收能力对创新绩效产生影响。由图 8 - 1（b）、（c）和（d）不难发现，与吸收能力弱相比，吸收能力强和中等状态下，开展创新活动的企业数明显更多，且自主创新绩效和协同创新绩效均明显更好。由前面的分析可知，吸收能力是一种对网络中已有异质性资源的引入能力，吸收能力越强越有利于异质性资源的获取，则企业的创新绩效会由于外部异质性资源的引入而提升。

仿真实验结论 1：吸收能力对科技服务业集群企业创新绩效具有差异性影响，平均创新绩效水平，随着吸收能力的提高而增加，且吸收能力高和中等时，自主创新绩效和协同创新绩效水平明显更高，创新企业数也显著增多。

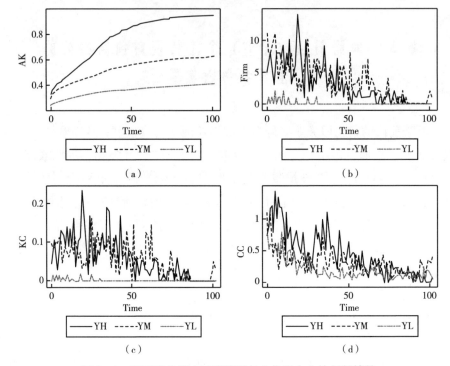

图 8－1　不同吸收能力下科技服务业集群企业的创新绩效

注：YH 表示吸收能力强，YM 表示吸收能力中等，YL 表示吸收能力弱。AK 表示平均创新绩效，Firm 表示开展创新活动的企业数，KC 表示自主创新绩效，CC 表示协同创新绩效，Time 表示仿真时钟。

8.3.2　整合能力对创新绩效的差异性影响实验及结果分析

　　基于前面的仿真模型，通过设置不同的整合能力参数值，直观观察网络节点（企业）在不同整合能力下创新绩效各度量指标的演化轨迹，见图 8－2。由图 8－2（a）可知，经过 100 仿真时钟，各种整合能力状态下，平均创新绩效均呈现较快增长并最终趋于稳定，但增长水平和增长速度呈现较大区别，整合能力强时的平均创新绩效增长速度和增长水平明显高于其他两种状态。可见，整合能力对创新绩效产生影响，且影响速度和水平均高于吸收能力。同时整合能力也会影响创新网络中开展创新活动的企业数量、自主创新绩效和协同创新绩效，由图 8－2（b）不难看出，在整个仿真周期内，整合能力强和中等时，开展创新活动的科技服务业企业数量更多，创新活动较为活跃。由图 8－2（c）和图（d）可知，整合能力强和中等时，自主创新绩效和协同创新绩效均明显更高。由于整合能力是一种对引入的异质性资源的整合和开发，其能力越强，自主创新绩效和协同创新绩效就越高，因此，整合能力高的平均创新绩效水平明显高于其他两种状态。

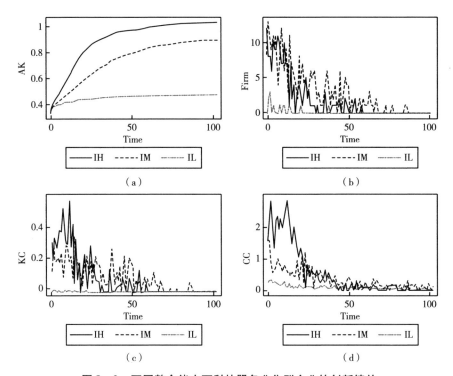

图 8 - 2　不同整合能力下科技服务业集群企业的创新绩效

注：IH 表示整合能力强，IM 表示 Z 整合能力中等，IL 表示整合能力弱。AK 表示平均创新绩效，Firm 表示开展创新活动的企业数，KC 表示自主创新绩效，CC 表示协同创新绩效，Time 表示仿真时钟。

仿真实验结论 2：整合能力对科技服务业集群企业创新绩效的差异性影响更为明显，平均创新绩效水平的增长速度和水平更高，随着整合能力的提高而显著增加，且整合能力高和中等时，创新企业数明显增多，自主创新绩效和协同创新绩效更优。

8.3.3　创新能力对创新绩效的差异性影响实验及结果分析

基于前面的仿真模型，通过设置不同的创新能力参数值，直观观察网络节点（企业）在不同创新能力下创新绩效各度量指标的演化轨迹，见图 8 - 3。

由图 8 - 3（a）可知，经过 100 仿真时钟，各种创新能力状态下，平均创新绩效的增长趋势相同，且存在明显的时滞期。在仿真初期，三种状态的创新绩效水平相差不大，到仿真中后期，三种状态的创新绩效水平逐渐拉大，差距明显。可见，创新能力对创新绩效产生影响，但与前两种能力相比，该影响存在明显的时滞期。同时创新能力对创新网络中开展创新活动的企业数量、自主创新绩效和协同创新绩效也有显著影响，由图 8 - 3（b）不难看出，在整个仿真周期内，创新能力强和中等时，开展创新活动的科技服务业企业数量明显最多，创新能力越强，企业的创新活动越活跃。由图 8 - 3（c）和图（d）可知，创新能力强时，自主创新绩效和协同创新绩效明显更高。创新能力是在整合引入的异质性资源基础上的深度开发和探索，创新能力越强，自主创新绩效和协同创新绩效越高，平均创新绩效的水平提升越明显。

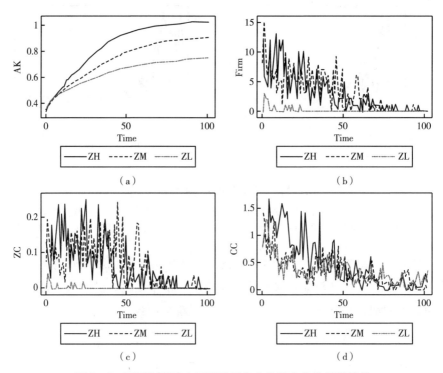

图 8 - 3　不同创新能力下科技服务业集群企业的创新绩效

注：ZH 表示创新能力强，ZM 表示创新能力中等，ZL 表示创新能力弱。AK 表示平均创新绩效，Firm 表示开展创新活动的企业数，ZC 表示自主创新绩效，CC 表示协同创新绩效，Time 表示仿真时钟。

仿真实验结论 3：创新能力对科技服务业集群企业创新绩效也具有差异

性影响，平均创新绩效水平的增长速度和水平随着创新能力的提高而显著提升，但呈现出明显的时滞期，在仿真中后期的差异性影响更为显著。

8.4　网络嵌入对创新绩效的差异性影响实验

从宏观的网络嵌入视角，探讨结构嵌入、关系嵌入、知识嵌入对创新绩效的影响轨迹。逐步改变环境变量，运用 Swarm 软件自带的绘图工具，绘制出三种嵌入状态下科技服务业集群多层次创新网络中平均创新绩效、开展创新活动或协同创新活动的企业数量、自主创新绩效、协同创新绩效等 4 个指标变化曲线图。通过直观观察不同嵌入状态对创新绩效的影响轨迹，探索科技服务业集群企业实现多层次创新网络有机整合和动态嵌入的有效路径，构建创新网络的最佳嵌入尺度。

8.4.1　结构嵌入对创新绩效的差异性影响实验及结果分析

基于前面的仿真模型，通过设置不同的结构嵌入参数值（网络密度和网络规模），直观观察网络节点（企业）在不同结构嵌入下平均创新绩效、自主创新绩效和协同创新绩效等指标的演化轨迹，见图 8 - 4。由图 8 - 4 可知，经过 100 仿真时钟，各种结构嵌入状态下，平均创新绩效水平均随着结构嵌入程度的提升而不断增长，结构嵌入程度越高，自主创新绩效和协同创新绩效越高，平均创新绩效水平也越高。这是由于随着结构嵌入程度的提升，网络规模和网络密度随之增加，网络主体的资源共享和协同创新对象增多，提高了网络主体间异质性资源共享和协同创新的概率，因此各结构嵌入状态下，协同创新绩效水平均明显高于自主创新水平，进而提高了科技服务业集群企业平均创新绩效的增长速度和水平。然而，从图 8 - 4 不难发现，各结构嵌入下，平均创新绩效的增长趋势相同，在仿真初期显著提升，到后期逐渐趋于稳定，均出现创新同质化及锁定现象。这表明，单纯提升结构嵌入程度只能在短期内提升科技服务业集群企业平均创新绩效的增长水平及速度，长期仍会趋于稳定状态，出现不同程度的创新同质化及锁定现象。

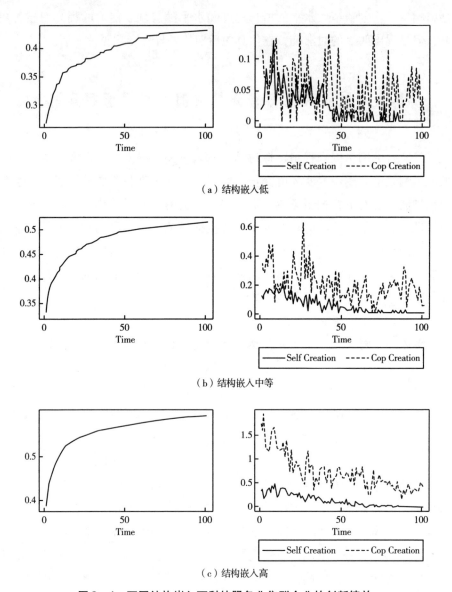

（a）结构嵌入低

（b）结构嵌入中等

（c）结构嵌入高

图 8-4　不同结构嵌入下科技服务业集群企业的创新绩效

注：横坐标 Time 表示仿真时钟，纵坐标表示创新绩效水平，Self Creation 表示自主创新绩效，Cop Creation 表示协同创新绩效。

仿真实验结论 4：在短期内，结构嵌入有利于提升科技服务业集群企业的平均创新绩效水平，且对协同创新绩效水平的影响更为明显。但长期看，单纯提升结构嵌入程度无法避免创新同质化及锁定现象。

8.4.2 关系嵌入对创新绩效的差异性影响实验及结果分析

基于前面的仿真模型，通过设置不同的关系嵌入参数值（网络密度和网络规模），直观观察网络节点（企业）在不同关系嵌入下创新绩效各度量指标的演化轨迹，见图8-5。由图8-5（a）可知，经过100仿真时钟，各种关系嵌入状态下，平均创新绩效均呈现不同程度的增长，且关系嵌入质量越高，平均创新绩效的增长速度和水平越高，且随着仿真时钟的增长，三种状态的创新绩效水平差距在不断拉大。同时由图8-5（b）和（d）不难看出，关系嵌入质量越高，开展协同创新活动的企业数量越多，且协同创新绩效水平也越高，进而促进平均创新绩效水平的较高增长。由图8-5（c）可知，关系嵌入质量越低，其自主创新绩效水平就越低。然而，从图8-5也发现，

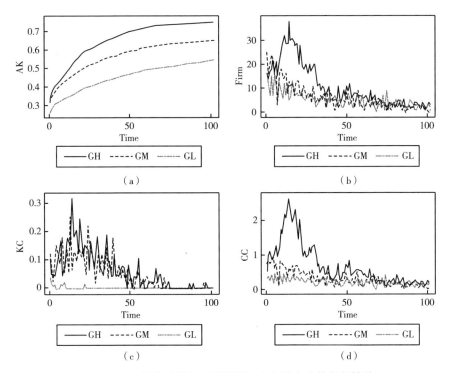

图8-5 不同关系嵌入下科技服务业集群企业的创新绩效

注：GH表示关系嵌入质量高，GM表示关系嵌入质量中等，GL表示关系嵌入质量低。AK表示平均创新绩效，Firm表示开展协同创新活动的企业数，KC表示自主创新绩效，CC表示协同创新绩效，Time表示仿真时钟。

各关系嵌入状态下，在仿真后期平均绩效水平也呈现趋于稳定的趋势，出现了创新同质化及锁定现象。这表明，单纯提升关系嵌入程度也只能在短期内提升科技服务业集群企业的协同创新绩效和平均创新绩效的增长水平及速度，长期仍会趋于稳定状态，也会出现不同程度的创新同质化及锁定现象。

仿真实验结论5：关系嵌入质量对科技服务业集群企业创新绩效具有差异性影响，平均创新绩效水平的增长速度和水平随着关系嵌入质量的提高而显著提升，且协同创新绩效是导致平均创新绩效产生显著差异的主要原因，但长期仍存在创新同质化及锁定现象。

8.4.3 知识嵌入对创新绩效的差异性影响实验及结果分析

基于前面的仿真模型，通过设置不同的知识嵌入参数值（网络资源优势异质度），直观观察网络节点（企业）在不同知识嵌入下创新绩效各度量指标的演化轨迹，见图8-6。由图8-6（a）可知，经过100仿真时钟，各种知识嵌入状态下，平均创新绩效均呈现不同程度的增长，且关系嵌入程度中等时平均创新绩效水平最高，且与前两种状态相比，知识嵌入状态下，平均创新绩效增长速度更快且更早进入稳定状态。同时由图8-6（b）、（c）、（d）和（e）不难看出，知识嵌入程度越高，网络的协同创新绩效最好，但由于差异太大不利于网络资源的共享与吸收，知识吸收量较低，导致最终的平均创新绩效与中等状态相比更低；知识嵌入程度低时，网络的协同创新绩效最差，且由于网络资源优势异质度低，可供共享和吸收的网络资源有限，导致最终的平均创新绩效水平最低。

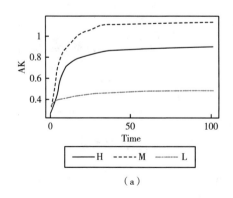

（a）

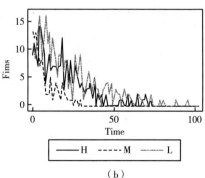

（b）

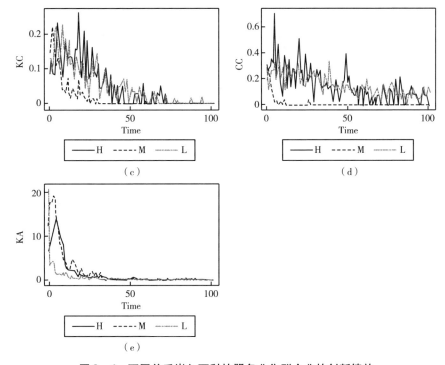

图 8 − 6 不同关系嵌入下科技服务业集群企业的创新绩效

注：H 表示知识嵌入程度强，M 表示知识嵌入程度中等，L 表示知识嵌入程度低。AK 表示平均创新绩效，Firm 表示开展创新活动的企业数，KC 表示自主创新绩效，CC 表示协同创新绩效，KA 表示网络资源共享与吸收量，Time 表示仿真时钟。

仿真实验结论 6：知识嵌入程度对科技服务业集群企业创新绩效具有差异性影响，知识嵌入程度中等时更有利于异质性网络资源的共享与吸收，进而提升平均创新绩效水平。

8.5 网络权力状态对创新绩效的差异性影响实验

运用 Swarm 软件自带的绘图工具，绘制出三种网络权力状态下科技服务业集群多层次创新网络平均创新绩效水平、创新绩效水平标准差图和创新企业数量图，见图 8 − 7、图 8 − 8 和图 8 − 9。

8.5.1 网络权力状态对平均创新绩效水平的差异性影响实验及结果分析

由图 8-7 可知，各网络权力状态下，科技服务业集群多层次创新网络的平均创新绩效水平的变化曲线基本一致，均呈现出初期快速震荡上扬，中期稳步增长，最后趋于平稳的变化趋势。但不同网络权力状态下，平均创新绩效水平的变化状态又有些微差异，通过对比，发现网络权力状态 1 的平均创新绩效水平最低，此时网络权力与环境要求的差距较大且网络权力分散；网络权力状态 2 的平均创新绩效水平最高，平均创新绩效水平曲线最陡峭且提升速度最快，此时科技服务业集群企业的网络权力最大。由此可见，科技服务业集群企业的网络权力、网络权力分散程度是影响多层次创新网络平均创新绩效水平的关键因素。

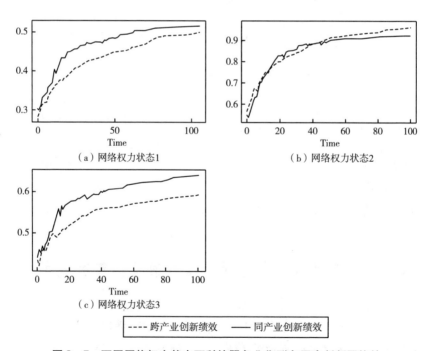

（a）网络权力状态1

（b）网络权力状态2

（c）网络权力状态3

- - - - 跨产业创新绩效 —— 同产业创新绩效

图 8-7　不同网络权力状态下科技服务业集群多层次创新网络的平均创新绩效水平

注：横坐标 Time 表示仿真时钟，纵坐标表示平均创新绩效水平。

8.5.2　网络权力状态对创新绩效标准差的差异性影响实验及结果分析

由图 8 - 8 可知，创新绩效标准差在仿真初期在震荡中迅速达到某个最高值，之后逐步回落，震荡趋于平缓，最后逐渐收敛于某一个值。三种网络权力状态中，网络权力状态 2 的知识水平标准差曲线的震荡最小且更早趋于稳定，这表明网络权力与环境要求差距较大且科技服务业集群企业网络权力更分散时，创新绩效标准差曲线的变化最小，网络权力是影响创新绩效标准差的主要因素。

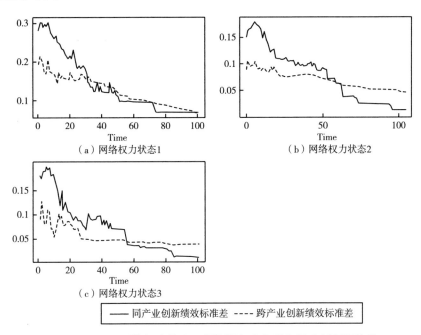

（a）网络权力状态1　　（b）网络权力状态2

（c）网络权力状态3

——同产业创新绩效标准差 ---- 跨产业创新绩效标准差

图 8 - 8　不同网络权力状态下科技服务业集群多层次创新网络的创新绩效标准差

注：横坐标 Time 表示仿真时钟，纵坐标表示网络内创新绩效标准差。

8.5.3　网络权力状态对企业创新活动的差异性影响实验及结果分析

由图 8 - 9 可知，各种网络权力状态下，在仿真初期由于存在着一定的网络权力差距，开展创新活动的企业数量均较多，之后震荡回落，最后趋于稳定，开展创新活动的企业数量均为0。由此可见创新活动在创新网络萌芽期、形成期、成长期开展得较多。随着节点网络权力的增大，以及节点间知识差距的缩小，节点开展创新活动的积极性降低，整个网络的创新活力下降。

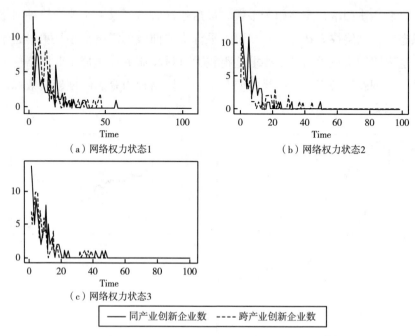

（a）网络权力状态1　　　　　　（b）网络权力状态2

（c）网络权力状态3

—— 同产业创新企业数　　---- 跨产业创新企业数

图 8 – 9　不同网络权力状态下科技服务业集群多层次创新网络的创新企业数

注：横坐标 Time 表示仿真时钟，纵坐标表示网络内创新企业数。

通过实验和创新绩效的比较分析，发现多层次创新网络平均创新绩效水平的增长与创新主体的网络权力呈正相关关系，即创新主体的网络权力越大，多层次创新网络的平均创新绩效水平越高，增长速度也越快。网络权力与环境要求的差距较大且网络权力更分散时，创新绩效水平标准差曲线的震荡越小且很快趋于稳定。不同网络权力状态下，由于网络权力差距，在仿真初期开展创新活动的企业数量较多，之后震荡回落，最后由于网络权力差距的缩小而趋于稳定。研究发现，网络权力差距是影响科技服务业创新企业数量的关键因素。因此，网络权力是把"双刃剑"，在提升网络权力时，通过及时对接环境中更高的网络权力需求，保持多层次创新中存在一定的网络权力差距，以激发集群企业的创新活力。

8.6 个体特征与网络特征对创新绩效的交互性影响实验

综合微观网络节点个体特征和宏观的网络嵌入视角，探讨个体特征与网络特征对创新绩效的交互性影响轨迹。逐步改变环境变量，运用 Swarm 软件自带的绘图工具，绘制出吸收能力与网络权力差距、吸收能力与关系嵌入状态、整合能力与关系嵌入状态的交互性影响下科技服务业集群多层次创新网络中平均创新绩效水平的变化曲线图。通过直观观察交互性影响轨迹，探索科技服务业集群企业实现个体特征与多层次创新网络有机整合和动态嵌入的有效路径，构建创新网络的最佳嵌入尺度。

8.6.1 吸收能力与网络权力差距对创新绩效的交互性影响实验及结果分析

调整网络节点的吸收能力和网络权力状态，获得不同网络权力状态和吸收能力下平均创新绩效水平的演化轨迹图，见图 8 – 10。由 8 – 10 可知，当吸收能力弱时，网络权力差距小的平均创新绩效水平更高。当吸收能力中等时，网络权力差距中等的平均创新绩效水平更高，在仿真中后期，网络权力差距大的平均创新绩效水平实现反超，超过了网络权力差距小时的平均创新绩效水平。当吸收能力强时，网络权力差距中等和网络权力差距小两种状态下的平均创新绩效均显著高于网络权力差距大状态。这表明，吸收能力会影响不同网络权力差距下科技服务业集群企业平均创新绩效水平的增长速度和增长水平。当网络节点的吸收能力较弱时，要选择嵌入网络权力差距较小的多层次创新网络中，当吸收能力强时，可选择嵌入网络权力差距中等和网络权力差距小的多层次创新网络中，可以充分利用吸收能力优势，提升自身的创新绩效水平。当吸收能力中等时，最好嵌入网络权力差距中等的多层次创新网络中，以更好促进创新绩效水平的提升。同时，也可发现，网络权力差距小有利于吸收能力弱的网络节点提升创新绩效水平，网络权力差距中等均有利于吸收能力中等和吸收能力强的网络节点的创新绩效水平的提升。

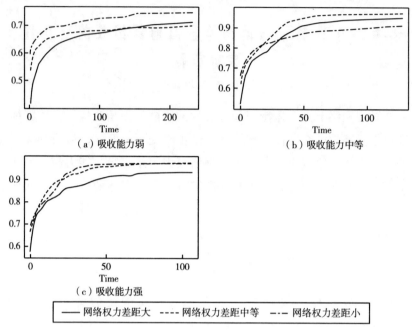

（a）吸收能力弱　　　　　　　　　　（b）吸收能力中等

（c）吸收能力强

── 网络权力差距大　──── 网络权力差距中等　──·── 网络权力差距小

图 8 - 10　不同网络权力状态和吸收能力下平均创新绩效水平的演化轨迹

注：横坐标 Time 表示仿真时钟，纵坐标表示平均创新绩效水平。

仿真实验结论 7：网络权力差距需要保持适度状态，并和网络节点的吸收能力动态匹配，更有利于创新绩效水平的提升。

8.6.2　吸收能力与关系嵌入对创新绩效的交互性影响实验及结果分析

调整网络节点的吸收能力和关系嵌入状态，获得不同关系嵌入状态和吸收能力下平均创新绩效水平的演化轨迹图，见图 8 - 11。由 8 - 11 可知，当吸收能力弱和中等时，关系嵌入程度高状态下的平均创新绩效水平更高，其次是关系嵌入程度中等。当吸收能力强时，在仿真前期关系嵌入程度高状态下的平均创新绩效水平更高，但到仿真中后期，关系嵌入程度中等状态下的平均创新绩效实现反超。同时，也可发现，关系嵌入程度高和中等状态下的平均创新绩效水平的增长速度和增长水平显著优于关系嵌入程度低的状态。

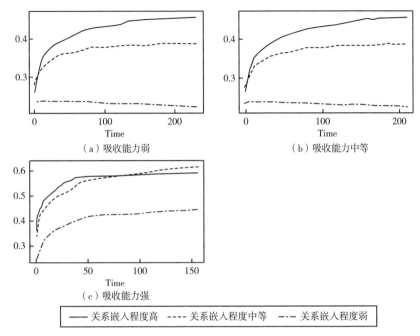

（a）吸收能力弱　　　　　　　　（b）吸收能力中等

（c）吸收能力强

―― 关系嵌入程度高　--- 关系嵌入程度中等　―‐― 关系嵌入程度弱

图8-11　不同关系嵌入状态和吸收能力下平均创新绩效水平的演化轨迹

注：横坐标Time表示仿真时钟，纵坐标表示平均创新绩效水平。

仿真实验结论8：关系嵌入程度越高，网络节点吸收能力越强，企业的平均创新绩效水平越高，在关系嵌入程度低时，吸收能力强更有利于提升平均的创新绩效水平。

8.6.3　整合能力与关系嵌入对创新绩效的交互性影响实验及结果分析

调整网络节点的整合能力和关系嵌入状态，获得不同关系嵌入状态和整合能力下平均创新绩效水平的演化轨迹图，见图8-12。由8-12可知，关系嵌入和整合能力的交互影响具有明显的时滞期，不同状态下，前50个仿真时钟的变化水平和增长速度基本一致，在之后才出现显著的差异。当关系嵌入程度高时，整合能力越强的集群企业的平均创新绩效水平更高，其次是整合能力中等。当关系嵌入中等和低时，整合能力中等的集群企业的平均创新绩效水平更高。同时，也可发现，关系嵌入程度高和中等状态下的平均创新绩效水平的增长速度和增长水平显著优于关系嵌入程度低的状态。

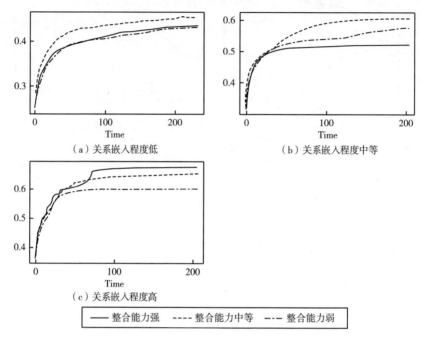

图 8 - 12　不同关系嵌入状态和整合能力下平均创新绩效水平的演化轨迹

注：横坐标 Time 表示仿真时钟，纵坐标表示平均创新绩效水平。

仿真实验结论 9：关系嵌入程度和网络节点整合能力均高时，企业的平均创新绩效水平越高，在关系嵌入程度中等和低时，整合能力中等的集群企业的平均创新绩效水平更高。

8.7　本章小结

本章借鉴已有研究，结合本书的研究重点和科技服务业集群企业的特征，从平均创新绩效、开展创新活动的企业数、自主创新绩效、协同创新绩效 4 个指标度量科技服务企业的创新绩效水平，从平均知识水平和知识方差等两个指标度量多层次创新网络中集群企业整体的创新绩效。基于前面的科技服务业集群多层次创新网络仿真模型，调整运行参数，分别从微观的网络节点（企业）层面和宏观的网络嵌入视角，直观观察多层次创新网络节点个体特征和网络嵌入对创新绩效的影响轨迹。通过网络绩效的比较分析得出以下结论：

第一，网络节点（企业）个体特征对创新绩效的差异性影响实验结论：（1）吸收能力对科技服务业集群企业创新绩效具有差异性影响，平均创新绩效水平，随着吸收能力的提高而增加，且吸收能力高和中等时，自主创新绩效和协同创新绩效水平明显更高，创新企业数也显著增多。（2）整合能力对科技服务业集群企业创新绩效的差异性影响更为明显，平均创新绩效水平的增长速度和水平更高，随着整合能力的提高而显著增加，且整合能力高和中等时，创新企业数明显增多，自主创新绩效和协同创新绩效更优。（3）创新能力对科技服务业集群企业创新绩效也具有差异性影响，平均创新绩效水平的增长速度和水平随着创新能力的提高而显著提升，但呈现出明显的时滞期，在仿真中后期的差异性影响更为显著。

第二，网络嵌入对创新绩效的差异性影响实验结论：（1）在短期内，结构嵌入有利于提升科技服务业集群企业的平均创新绩效水平，且对协同创新绩效水平的影响更为明显。但长期看，单纯提升结构嵌入程度无法避免创新同质化及锁定现象。（2）关系嵌入质量对科技服务业集群企业创新绩效具有差异性影响，平均创新绩效水平的增长速度和水平随着关系嵌入质量的提高而显著提升，且协同创新绩效是导致平均创新绩效产生显著差异的主要原因，但长期仍存在创新同质化及锁定现象。（3）知识嵌入程度对科技服务业集群企业创新绩效具有差异性影响，知识嵌入程度中等时更有利于异质性网络资源的共享与吸收，进而提升平均创新绩效水平。

第三，网络权力状态对创新绩效的差异性影响实验结论：（1）科技服务业集群企业的网络权力、网络权力分散程度是影响多层次创新网络平均创新绩效水平的关键因素。（2）网络权力与环境要求差距较大且科技服务业集群企业网络权力更分散时，创新绩效标准差曲线的变化最小，网络权力是影响创新绩效标准差的主要因素。（3）随着节点网络权力的增大，以及节点间知识差距的缩小，节点开展创新活动的积极性降低，整个网络的创新活力下降。因此，网络权力是把"双刃剑"，在提升网络权力时，通过及时对接环境中更高的网络权力需求，保持多层次创新中存在一定的网络权力差距，以激发集群企业的创新活力。

第四，个体特征与网络特征对创新绩效的交互性影响实验结论：（1）网络权力差距需要保持适度状态，并和网络节点的吸收能力动态匹配，更有利于创新绩效水平的提升。（2）关系嵌入程度越高，网络节点吸收能力越强，企业的平均创新绩效水平越高，在关系嵌入程度低时，吸收能力强更有利于提升平均的创新绩效水平。（3）关系嵌入程度和网络节点整合能力均高时，企业的平均创新绩效水平越高，在关系嵌入程度中等和低时，整合能力中等的集群企业的平均创新绩效水平更高。

第9章 多层次网络嵌入与科技创新绩效的模糊集定性比较分析

9.1 引 言

科技服务业是科技创新的主要推动力，具有极强的辐射性和巨大的引领能力，在产值和对三次产业的引领带动上具有"双重贡献"（王智毓和冯华，2020；刘然等，2020），已成为世界各国抢占新兴经济的制高点。一些研究开始关注科技服务业的创新能力（梁佩云，2020）、创新绩效影响因素（方齐，2015）及其评价（刘然等，2020），但从创新网络和内生创新努力视角研究科技服务业创新绩效的文献较少。随着科技创新全球化进程的加快，科技服务业集群企业突破传统区域创新网络的空间特征和地理格局，与全球范围内的创新主体进行多方动态的合作创新，逐渐呈现出空间集聚与全球扩张的双重趋势（连远强，2016）。实践中，科技服务业集群企业的创新活动会同时发生在集群、区域、全球等多空间尺度层次，其创新绩效会受到各层次创新网络的共同影响，且嵌入相同网络的企业因内生创新努力的不同会产生差异化的创新绩效（梁娟和陈国宏，2019）。关于创新绩效研究的文献大多集中在制造业或传统服务业，已有研究表明，服务企业在依靠内生创新努力的同时，更加依赖于企业获得外部知识的能力，倾向于聚集于大都市，以获取全球网络机会，创新网络的构建对于其形成和发展极为重要（Yoon，Sung and Ryu，2020）。借鉴创新网络和内生增长理论等研究成果，基于中国情境，以科技服务业集群城市为研究对象，研究网络嵌入、内生创新努力对城市科技创新绩效的影响，可以拓展创新网络和内生增长理论的研究领域，具有一定的价值和意义。

科技服务业集群城市中的各类组织在不同的地理空间层次进行合作，内生创新努力水平又有一定差异，多层次网络如何在差异中发挥作用，网络嵌入和内生创新努力又如何交互影响城市科技创新绩效等问题还需进一步分析。目前，大多研究多将空间层次问题视为孤立的层级式形态，关注单一尺度创新网络对创新绩效的净效应研究，而较少关注多空间层次创新网络中多重因素对创新绩效的协同效应。

因此，本部分从不同空间层次耦合的角度，基于创新网络理论、内生增长理论和组态视角，探讨多层次网络嵌入、内生创新努力影响科技服务业集群城市科技创新绩效的复杂因果机制，试图分析以下三个问题：（1）多层次网络嵌入、内生创新努力影响科技服务业集群城市科技创新绩效的必要条件是否存在？（2）提升科技服务业集群科技创新绩效的等效路径有哪些？（3）哪些路径会抑制科技服务业集群城市的科技创新绩效？通过分析，有助于识别网络嵌入、内生创新努力对科技服务业集群城市科技创新绩效的差异性影响，进而探索实现多层次网络嵌入、内生创新努力等多重因素有机整合和动态嵌入的有效路径。

9.2   理论基础与模型构建

9.2.1   多层次创新网络

创新网络构建的最基本动因就是对创新绩效提升的追求。科技服务业具有高交互性、高创新性、高集聚性等特点（白鸥和魏江，2016），该特点决定了其创新网络具有组织边界高度渗透、非线性的多边合作、知识边界高度模糊、知识资产高度分散的特点，是高隐性知识转移、高行为主体导向的松散耦合系统，强调自组织主体之间基于资源依赖性和互惠性关系的动态合作（黄晓琼和徐飞，2021）。在实践领域中已经出现了科技服务业集群城市多层次创新网络嵌入的现象，如美国硅谷、中国台湾新竹、北京中关村、张江高科技园区、深圳南山区创业服务中心、苏州科技城、广州市天河区（滕丽、蔡砥、林彰平，2020）等。在经济地理视角下，有研究指出，创新网络的研究已从以单一层次为主转向全球背景下多层次（尺度空间）行动者和机构相互作用的研究（Bathelt and Henn，2014；Sunley，2008）。然而，不同层次并非相互孤立而是相互影响的，创新往往在多层次同时发生。创新网络研究的层次转向愈加显著，跨空间尺度的多层次（本地—全球）网络研究已成为近年来创新网络研究的主流方向（邹琳、曾刚、司月芳等，2018）。全球科技服务业最发达的美国硅谷经验也表明，多层次创新网络可以联结不同领域的合作伙伴，对接项目、企业、金融以及整个科技服务业之间的链条，嵌入其中的合作伙伴的外部网络融入硅谷的本地网络，产生了本地网络与外部网络的多层次交互联系，实现从技术到市场的完整沟通路径。多层次交互联系带来了全球范围内多元创新主体的价值共创，也引发了创新主体间信息的不对称和创新资源的不均衡，进而形成不同的网络结构和不对等的网络关系（谢家平、孔誴炜、张为四，2017），从而影响创新绩效。

　　因此，基于创新网络的最新研究进展，结合科技服务业集群的发展实践，本书对不同空间层次（集群、区域、全球）的创新网络进行了整合，把科技服务业集群多层次创新网络界定为：基于服务主导逻辑，以价值共创为导向，科技服务业集群企业基于对异质性资源（特别是知识）的内在需求，与集群创新网络、区域创新网络、全球创新网络中各类企业和组织建立多层次交互关系（信任互惠、技术合作、市场交易、互联网互动等），通过正式（规则正式化、合同、集体协商制度）或非正式（社会规范和信任关系）交互机制，所形成的旨在实现基于情境的动态资源共享、分工合作、协同创新的松散耦合的动态开放创新系统。试图突破传统创新网络的空间特征和地理格局，将多空间层次整合，从多层次创新网络视角来审视科技服务业集群城市的科技创新绩效。

　　由于服务创新的特殊性，创新网络如何对创新绩效产生影响以及产生什么样的影响是服务业合作创新研究的重要课题（Chen，Tsou and Ching，2011）。已有学者基于服务业的特质，从网络嵌入视角研究了服务业创新网络与创新绩效之间的关系，为本书的研究提供了有益的借鉴。在网络嵌入理论视角下，关系嵌入和结构嵌入对创新绩效有显著影响，但存在着"嵌入悖论"。面对"嵌入性悖论"，一些学者尝试引入网络能力（Jian，Osman and Li，2017）、合法性（李靖华和黄继生，2017）、知识搜索和产学研合作行为（何郁冰和张迎春，2017）、治理机制（胡雅蓓和霍焱，2017）等因素研究嵌入悖论，然而却未获得一致结论。实践表明，创新网络这种合作创新组织形式失败率也相当高，创新网络不一定必然带来创新绩效的提升。内生增长理论认为，内生创新努力对高技术产业创新绩效有显著促进作用，依靠自身发展而不依赖外力推动地投入创新资源（包括研发经费和研发人员即创新活动所需要的资本和劳动力）可提升创新能力，从而提升其创新绩效（王晓红、张少鹏、张奔，2021）。可见，创新是一项系统工程，多重因素的不同组合可能会产生多条等效的高创新绩效实现路径，深入分析多层次网络嵌入、内生创新努力多重因素对城市科技创新绩效的协同效应尤为重要。

鉴于此，本部分结合网络嵌入理论和内生增长理论，基于组态视角和集合论思想，运用模糊集定性比较分析方法，从网络嵌入和内生创新努力两个层面，探讨其影响科技服务业集群城市科技创新绩效的多重因素及组合路径。网络嵌入层面的影响因素为结构嵌入和关系嵌入，内生创新努力层面的影响因素为研发经费和研发人员，共4个前因条件。

9.2.2　多层次网络嵌入

在网络嵌入理论视角下，关系嵌入和结构嵌入对创新绩效有显著影响，但存在着"嵌入悖论"：一是关系嵌入悖论。关系嵌入指网络主体在多层次创新网络中与其他主体之间关系的亲疏和强弱程度，体现了网络主体间的信任程度。乌兹（1997）、汉森（1999）等支持强关系嵌入，认为通过强关系可以产生信任与合作，可提升创新绩效（连远强，2016；Mcintyre and Srinivasan，2017）；而克拉克哈特的研究则发现强关系会限制新观念的产生和发展，从而阻碍服务业创新。有研究发现直接关系和间接关系均显著的对创新绩效产生正向影响作用（Ahuja，2000；梁娟和陈国宏，2015）。二是结构嵌入悖论。结构嵌入指网络规模的大小、网络主体在多层次创新网络中位置和占据的"结构洞"的多少，体现了网络主体在网络中的重要程度。以科尔曼（1988）为代表的高密度观点认为越高的网络密度，越有利于形成信任机制并维系协作关系；而以伯特（1992）为代表的"结构洞"观点，认为异质性的信息和发展机会的在分散的、低密度的网络中更容易获取（Zaheer and Bell，2005）。席林和菲尔普斯（Schilling and Phelps，2007）、布朗和罗珀（Brown and Roper，2017）的研究支持科尔曼的观点，发现大规模的网络有利于提高绩效。而魏龙和党兴华（2017）的研究与伯特的观点相似，发现小规模网络、结构洞有利于产生创新性的观点和创意。也有研究发现不同的网络连接特性对企业的创新投入和产出有不同的影响（Chuluun，Prevost and Upadhyay，2017）。为此，部分学者认为网络嵌入是动态变动的，创新主体需要根据环境条件和自身资源的不同动态地调整联结对象、联结强度和网络位置（连远强，2016）。因此，本书认为，高关系嵌入和高结构嵌入对科技服务业集群城市科技创新绩效可能兼具促进和抑制两方面的影响，要结合根据因素的有机配合，动态地调整关系嵌入和结构嵌入状态。

9.2.3　内生创新努力

内生增长理论认为，新技术与新知识来源于研发动的投入和利用。学者们把这种主要依靠自身创新资源（研发经费与研发人员）投入促进技术创新能力提升的行为定义为内生创新努力。已有学者分别从区域、产业和企业层面对内生创新努力与创新绩效之间的关系进行研究，但主要的关注点在区域（邱士雷、王子龙、杨琬琨等，2018）。大量的实证研究表明，科技创新具有空间聚集性，如有研究发现美国大多数产业的创新都聚集于东北部（Buzard and Carlino，2009）；法国最发达的 6 个地区集中了 3/4 的研发人员（Carrincazeaux，Lung and Rallet，2001）；在中国北京、广东、江苏、上海、浙江 5 个省份的研发投入最多，科创产业也最为突出，呈现出"东高西低"（张爱琴、薛碧薇、张海超，2021）。在区域层面，国内外学者一致认为大规模的研发投入是技术创新的重要推动力，有利于提升创新绩效。国外学者对欧盟国家的研发支出的面板数据进行分析，发现研发支出与创新活动之间存在正相关关系（Huňady and Pisár，2021）；艾琳娜·亚历山德拉（ElenaAlexandra，2021）发现研发和高学历人才投入的精力和投资越多，创新就越可预测；巴萨洛布雷洛伦特等对经合组织国家的分析也发现研发投入与创新正相关（BalsalobreLorente et al.，2021）。国内学者也得出类似结论，如魏守华、姜宁、吴贵生（2009）对长江三角洲高技术产业的研究发现，内生创新努力与创新绩效有较强的因果关系；魏洁云和江可申（2014）也得出相似结论，且发现研发人员对创新成果始终存在稳定的促进作用，但其影响存在滞后期；陈昭和胡晓丹（2016）通过东中西部的面板数据发现内生创新努力是推动技术进步的首要因素；邱士雷等（2018）运用省域层面的数据发现研发资本存量和研发人员是促进高技术产业创新能力的决定因素，王晓红、张少鹏、张奔（2021）对省域面板数据的研究发现内生创新努力对高技术产业创新绩效具有显著促进作用，政府应从研发经费和研发人员两方面加大创新资源投入。因此，本书认为，高研发经费投入和研发人员都对科技服务业集群创新绩效具有促进作用。

上述网络嵌入和内生增长理论对创新绩效的影响研究为本研究的因素选择提供了依据。科技服务业集群城市在嵌入多层次创新网络时，外部的网络嵌入状态、内部的内生创新努力会对其产生复杂的影响（崔世娟、陈丽敏、黄凯珊，2020），然而，相关研究鲜少将网络嵌入和内生创新努力结合起来，分析两者之间的复杂关系及其对科技服务业集群创新绩效的协同作用。一方面，科技服务业集群企业的内生创新努力和网络嵌入状态之间存在着相互影响、动态匹配的关系，当多层次新网络的关系质量好时，可以调动各参与主体之间的关系互动，推动创新网络创新资源和研发人才的高效聚集和流动，产生"溢出效应"，弥补个体创新资源的局限性，嵌入其中的科技服务企业可以以较低的创新努力获得更高的创新绩效（崔世娟、陈丽敏、黄凯珊，2020）；当嵌入在创新网络中的科技服务企业具有较高的内生创新努力时，可以促进产业创新，减少对外部技术的依赖（魏洁云和江可申，2014）。另一方面，由于创新任务具有特定性和复杂性，受资源和能力的限制单一企业和单层次创新网络很难有效完成创新任务，于是科技服务业集群企业需要根据不同发展阶段的差异性知识需求和拥有的资源及能力的制约，动态嵌入不同层次的创新网络。比如，知识生产型科技服务组织承担着知识生产和技术合作等职能，需要在创新网络中居于中心位置且保持较高的内生创新努力；而提供科技推广及相关服务的科技服务业组织更重要的是维持与合作伙伴的强联系，搭建开放的信息共享平台。多层次网络嵌入状态和创新主体的内生创新努力之间存在的非对称、非等效、动态的因果复杂关系，本部分基于组态视角，关注多层次网络嵌入、内生创新努力等多重要素对科技服务业集群城市科技创新绩效的复杂因果关系和协同影响，从结构嵌入、关系嵌入、研发经费、研发人员 4 个前因条件分析其对城市科技创新绩效的联动影响机理，理论模型如图 9-1 所示。

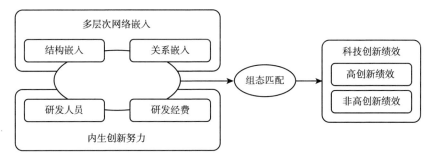

图 9 - 1　多层次网络嵌入、内生创新努力影响城市创新绩效的理论模型

9.3　研　究　方　法

9.3.1　方法选择

本部分采用 QCA 方法探索多层次网络嵌入、内生创新努力对科技服务业集群城市科技创新绩效的影响机制，主要基于以下原因：（1）多层次网络嵌入、内生创新努力两个层面中的 4 个要素对科技服务业集群城市科技创新绩效的影响不是独立产生的，而是相互依赖、相互作用构成组态产生影响，QCA 方法能够探析多种因素构成的组态对结果变量的影响，探讨两者之间的非线性关系；（2）本部分的研究内容之一是"多层次网络嵌入、内生创新努力的哪些因素的组合能产生高创新绩效"，QCA 方法能揭示影响结果变量的多条等效路径；（3）本部分聚焦于挖掘科技服务业集群城市高创新绩效的前因，QCA 方法能够对比高创新绩效与非高创新绩效的非对称前因，深化研究结论；（4）本部分使用了 23 个案例，确定了 4 个变量，属于中等规模样本，符合 QCA 方法的使用要求。由于本部分的变量是连续变量，因此使用 fsQCA 进行分析。

9.3.2　样本和数据

9.3.2.1　样本选择

在选择样本时，本部分以智慧芽平台联合申请发明专利数据为主要来源数据，检索日期为 2020 年 11 月，通过数据筛选及处理，以 45494 组合作专利数据为基础，根据发明申请权利人之间的合作关系、名称、地址等构建科技服务业集群城市多层次创新网络，根据专利申请人的名称、地址等信息，查找出科技服务业创新主体所处的空间位置，使用 Ucinet 软件中的矩阵计算工具，整理出 2001～2017 年所有合作专利的申请人间的网络关系。根据科技服务业集群的空间集聚、创新性等核心特征，并结合数据的可得性与研究的针对性，借鉴已有研究，运用区位熵和构建的科技服务业多层次创新网络之间的联结关系和联结强度，识别出 23 个科技服务业集群，见表 9 - 1。23 个科技服务业产业集群主要分布在东部，集中在环渤海、长三角、珠三角等区域，这些区域正是中国科技服务业发展较快的区域，也是科技部首批科技服务业区域以及科技百千企业的集中分布区域。科学技术部于 2015 年、2016 年公布了首批、第二批科技服务业区域试点单位名单，上述集群区域有 17 个在试点名单中。2019 年全国科技创新企业百强、全国科技创新高校 30 强、全国科技创新科研院所 30 强中分别有 60 个企业、20 个高校、23 家科研院所分布在上述 23 个科技服务业集群区域。由此可见，识别出的 23 个科技服务业产业集群与中国科技服务业集聚发展的实际相一致。本部分的 23 个科技服务业集群案例样本的多层次创新网络嵌入、内生创新努力和创新绩效具有较大异质性，满足了 QCA 案例选择的要求，能够确保案例样本间的充分比较和结论的外部有效性。

表 9 - 1　　　　　中国 23 个科技服务业集群城市的区域分布表

集群	东部（10 个）	中部（6 个）	西部（4 个）	东北（3 个）
城市	北京、天津、杭州、广州、上海、南京、福州、珠海、深圳、石家庄	太原、长沙、武汉、郑州、合肥、南昌	西安、成都、昆明、贵阳	哈尔滨、沈阳、长春

9.3.2.2　数据收集

数据来源于 2016～2020 年《中国城市统计年鉴》、各城市的统计年鉴和智慧芽平台联合申请发明专利数据，借鉴唐开翼等（2021）学者的研究，本部分考虑多层次创新网络对创新绩效的时滞效应，把滞后期确定为两年。同时，为了全面地衡量影响效应并避免单一年份数据随机扰动导致结果的不稳定和不可信，借鉴已有研究，使用各案例三年的平均值测算前因条件和结果。因此本部分选取 2015～2017 年各前因条件的平均值与 2017～2019 年创新绩效的平均值进行分析，见表 9 - 2。

表 9 - 2　　　　　　　　　　变量、数据来源与描述性统计

条件和结果		说明	数据来源	描述性统计			
				均值	标准差	最小值	最大值
科技创新绩效		发明专利授权数（件）	《中国城市统计年鉴》	9079.739	10402.869	1068	48732
多层次创新网络	结构嵌入	等级度	智慧芽平台的专利数据库	0.611	0.109	0.391	0.889
	关系嵌入	中间中心度	智慧芽平台的专利数据库	1.466	1.737	0.100	7.358
内生创新努力	研发经费	研发经费内部支出（亿元）	《中国城市统计年鉴》	244.803	268.913	30.067	1063.556
	研发人员	研发人员（人）	《中国城市统计年鉴》	74127	67101	10396	253264

9.3.3　测量与校准

9.3.3.1　测量

（1）结果变量—创新绩效。发明专利授权数通常被用来衡量创新绩效，本部分借鉴杨博旭、王玉荣、李兴光（2019）的研究，采用各城市三年的发明专利授权数平均数来衡量集群所在城市的创新绩效。

（2）结构嵌入变量。规模、效率、限制度和等级度通常被用来衡量结构洞，等级度越高，说明该网络节点越居于网络的核心。本部分采用三年的等级度平均数来衡量集群城市所嵌入的多层次创新网络的结构特征。

（3）关系嵌入变量。衡量关系嵌入的变量有度数中心度、接近中心度、中间中心度。度数中心度反映网络节点直接的关系联结能力，接近中心度和中间中心度反映网络节点控制交往的能力，它依赖于集群与网络中所有集群之间的关系，而不仅仅是与邻点之间的直接关系。由于，有时候中间中心度

测量的结果比接近中心度精确。本部分采用三年的中间中心度的平均数来衡量集群城市所嵌入的多层次创新网络的关系特征。

（4）研发经费变量。R&D 经费支出通常被用来衡量研发投入（王晓红、张少鹏、张奔，2021）。本部分采用各城市三年的 R&D 经费内部支出的平均数衡量集群城市对研发的投入力度和支出水平。

（5）研发人员变量。借鉴王晓红、张少鹏、张奔（2021）的研究，本部分采用各城市三年的 R&D 人员平均数来衡量研发人员变量。

9.3.3.2　校准

由于没有明确的理论和外部知识作指导，参考已有的研究（Judge，Fainshmidt and Brown，2020；谢智敏等，2020），本书使用直接校准法，将案例的前因条件变量和结果变量数据的上四分位数（75%）、中位数（50%）、下四分位数（25%）分别设定为 3 个锚点（完全隶属、交叉点、完全不隶属），将数据转换为模糊集隶属度（Fiss，2011），见表 9 – 3。

表 9 – 3　　　　　　　　　条件和结果变量的校准锚点

条件和结果		校准锚点		
		完全隶属	中间点	完全不隶属
科技创新绩效（KM）		11299	5498.333	2541
多层次网络嵌入	结构嵌入（DJ）	0.677	0.625	0.568
	关系嵌入（ZJ）	2.095	0.655	0.186
内生创新努力	研发经费（JF）	292.632	141.662	69.776
	研发人员（RY）	96039	56386	28481

注：由于一些案例的数据被校准后刚好为 0.5，借鉴已有研究（谢智敏等，2020），本研究对校准后的数据都加一个常数 0.001。

9.4　实证分析

9.4.1　案例的有限多样性分析

把本部分的案例数据输入到 Tosmana 软件中，按照平均值二分条件变量，使用 mvQCA 方法对上述数据进行分析，可得出布尔组态的真值表，每种组态均对应一个或多个案例，通过维恩图可视化展示，如图 9 - 2 所示。

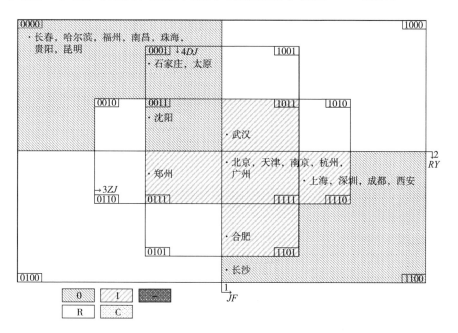

图 9 - 2 4 个前因条件的维恩图

图 9 - 2 中有 16 个基本组态，在本部分的 23 个案例中，可以观察到 3 种类型的组态：（1）具有［1］结果（即高创新绩效）的五种组态，分别涉及北京、天津、南京、杭州、广州、上海、深圳、成都、西安、合肥、郑州和武汉的 12 个案例。（2）具有［0］结果（即非高创新绩效）的 4 种组态，分别涉及长春、哈尔滨、福州、南昌、珠海、贵阳、昆明、石家庄、太原、沈阳、长沙的 11 个案例。（3）未观察到的"逻辑余项"组态，共 7 种。这表明，本研究使用的 23 个案例对应于 16 中组态中的 9 种，剩余的布尔属性空间缺乏案例，说明在数据中存在有限的多样性，4 个前因条件的不同组合会产生不同的结果，导致相同结果产生的路径也不相同，因此适宜进行定性比较分析。

9.4.2 必要条件分析

采用 fsQCA 软件进行必要条件检验，如表 9 - 4 所示，每个前因条件对高创新绩效或非高创新绩效的必要一致性都低于 0.9，不是结果的必要条件，这说明多层次网络嵌入、内生创新努力中的单一因素对创新绩效的解释力较弱。

表 9 – 4 单一因素的必要性检验

变量	高创新绩效	非高创新绩效
高结构嵌入 DJ	0.623	0.422
非高结构嵌入 ~DJ	0.441	0.640
高关系嵌入 ZJ	0.891	0.216
非高关系嵌入 ~ZJ	0.214	0.885
高研发经费 JF	0.871	0.240
非高研发经费 ~JF	0.269	0.896
高研发人员 RY	0.839	0.239
非高研发人员 ~RY	0.302	0.897

9.4.3 组态的充分性分析

9.4.3.1 产生高创新绩效的组态分析

借鉴通用做法，本书在分析组态的充分性时，一致性阈值设置为 0.80（Fiss，2011），PRI 一致性阈值设置为 0.8（Fiss，2011；杜运周和贾良定，2017），案例频数阈值设定为 1（杜运周和贾良定，2017）。fsQCA 软件分析结果如表 9 – 5 所示，由一致性指标可知，有 4 个一阶等价组态构成了高创新绩效的充分条件，这些组态总体上构成了科技服务业集群城市高创新绩效的充分条件。此外，由覆盖度指标可知，每个组态均对科技服务业集群城市高创新绩效有一定的解释力，4 个组态共同解释了 84.6317% 的变异，具体见以下各组态的分析。

表 9 – 5 产生科技服务业集群城市高创新绩效和非高创新绩效的组态

条件变量	高创新绩效组态				非高创新绩效组态	
	H1a	H1b	H2a	H2b	NH1	NH2
结构嵌入（DJ）	·		●	●		⊗
关系嵌入（ZJ）	●	●		·	⊗	⊗

续表

条件变量	高创新绩效组态				非高创新绩效组态	
	H1a	H1b	H2a	H2b	NH1	NH2
研发经费（JF）		·	●	●	⊗	·
研发人员（RY）	●	●	·		⊗	·
consistency	0.923	0.947	0.890	0.924	0.948	0.923
raw coverage	0.496	0.753	0.510	0.513	0.821	0.034
Unique coverage	0.021	0.278	0.034	0.038	0.731	0.124
解的一致性	0.929				0.946	
解的覆盖度	0.846				0.855	

注：核心条件存在用 ● 表示，边缘条件存在用 · 表示，核心条件缺失用⊗表示，边缘条件缺失用⊗表示，条件可有可无用空白表示（Judge, Fainshmidt and Brown, 2020）。

通过对比高创新绩效的 4 个组态，发现 H1a 和 H1b 的核心条件相同，均为良好的关系嵌入和充沛的研发人员，但边缘条件和无关紧要条件不同，H1a 的边缘条件为高结构嵌入，研发经费为无关紧要的条件，而 H1b 的边缘条件为高研发经费，结构嵌入条件可有可无。发现 H2a 和 H2b 的核心条件相同，均为高结构嵌入和高研发经费投入，两者的边缘条件和无关紧要条件也不同，H2a 的边缘条件为充沛的研发人员，关系嵌入为无关紧要的条件，而 H2b 的边缘条件为良好的关系嵌入，研发人员条件可有可无。根据已有的理论基础和 4 个组态的核心条件、边缘条件的存在与否，本书归纳出 2 条科技服务业集群城市高创新绩效的驱动路径：关系—人员驱动型和结构—经费驱动型。

第一，关系—人员驱动型。该路径由 H1a 和 H1b 组态组成，是指导致科技服务业集群城市高创新绩效产生的核心条件是良好的关系嵌入和充沛的研发人员。由于良好的关系嵌入表明网络主体间具有高信任感、能够通过有效的信息共享获取更多异质性资源和信息，弱化信息不对称性的抑制作用（Li, Poppo and Zhou, 2010），激励网络内科技服务业组织共同协商解决问题，实现对所需资源或信息的重新整合；再加充沛的研发人员的参与，不但能够直接促进创新，还能形成人才储备区，可增强当地创新能力，进一步促进创新产出（邱士雷、王子龙、杨琬琨等，2018）。此驱动机制下的典型案例是上海和郑州，两个城市均拥有丰富的高等学校和科研院所资源，注重对研发人员的投入和培养，并采取措施吸引外部人才，汇聚了充沛的研发人才，成为研发人才聚集高地；上海为服务业扩大开放试点城市，注重发展与世界互联互通的外向型经济，在多层次创新网络中拥有高的关系嵌入状态；郑州建设沿黄科创带，形成中部区域领先的科技服务业产业基地，注重与中部区域城市保持良好的关系网络，在多层次创新网络中等级度处于中等偏上的水平。在良好的关系嵌入和充沛的研发人员的双重影响下，上海高研发经费投入弥补了结构嵌入的不足，郑州高结构嵌入弥补了研发投入的缺失，两个城市近三年的发明专利授权数均保持在全国平均水平之上，均呈现出高创新绩效。

第二，结构—经费驱动型。该路径由组态 H2a 和 H2b 组成，是指科技服务业集群城市高创新绩效的核心驱动条件是高结构嵌入和充足的研发经费投入，关系嵌入或研发人员仅为辅助驱动条件。高结构嵌入表明集群城市在多层次创新网络中占据核心位置，具有"桥联结"优势，可以利用"结构洞"，获得更多异质性、高质量的资源、知识和信息，为提高创新绩效奠定了资源基础（张辉和苏昕，2021）；再加上充足的研发经费投入，有助于吸引高科技企业入驻，从而增强当地的创新能力（邱士雷、王子龙、杨琬琨等，2018）。此驱动机制下的典型案例是武汉和合肥，武汉是中部地区最大都市，地理位置优越，连接南北，承东启西，拥有国家自主创新示范区"武汉·中国光谷"，还是全国科研重地，名校林立，科研、创新实力非常强，在网络位置和研发经费投入上均具有优势，且良好的关系嵌入弥补了研发人员上的不足，发明专利授权数逐年攀升，创新绩效不断提高；在东部转移、中部崛起的大背景下，合肥拥有"米字型"高铁，交通优势明显，加上安徽对省会城市合肥的强力支持，研发经费投入上具有明显的倾斜，通过大力吸引人才弥补了关系嵌入的缺失，呈现出高创新绩效。

9.4.3.2 产生非高创新绩效的组态分析

鉴于因果非对称性，为了全面深入分析科技服务业集群城市科技创新绩效的驱动机理，本部分使用 fsQCA 方法对导致城市非高创新绩效的组态进行分析。参考程建青等（2021）、杜运周和贾良定（2017）的做法，取高创新绩效的非集作为非高创新绩效的校准规则。非高创新绩效的充分性分析结果详见表 9-5（组态 NH1 和 NH2），由覆盖度指标可知，每个组态均对科技服务业集群城市非高创新绩效有一定的解释力，2 个组态共同解释了 85.4675%

的变异，根据组态的核心条件的不同，呈现出2类非高创新绩效的驱动路径：关系—经费抑制型、关系—结构抑制型。

第一，关系—经费抑制型。路径由 NH1 发现，表明较差的关系嵌入和较少的研发经费投入是抑制科技服务业集群城市高创新绩效的核心条件，研发人员的不足是辅助条件。较差的关系嵌入不利于科技服务业组织接触和吸收外部异质性的知识和资源，而较少的研发经费投入和研发人员不足以支撑科技服务业组织的自主创新，在3个因素的协同作用下，抑制了科技服务业集群城市创新绩效的提升。该路径下的典型案例是南昌、贵阳、昆明、太原、石家庄、长春、珠海、福州、哈尔滨，这些城市的研发经费投入、中间中心度和研发人员数在23个案例中排名相对靠后，在创新网络中对交往的控制力较弱且内生创新努力不够，抑制了高创新绩效的产生。

第二，关系—结构抑制型。路径由 NH2 发现，表明较差的关系嵌入和较低的结构嵌入是抑制科技服务业集群城市高创新绩效的核心条件，内生创新努力的存在为辅助条件，但无法弥补网络嵌入的不足。较差的网络嵌入和较低的结构嵌入不利于从创新网络中获得"知识溢出"的效应，无法通过"干中学"与技术引进和购买来实现模仿创新。该路径下的典型案例为长沙，长沙的研发经费投入和研发人员虽然高于平均水平，但关系嵌入和结构嵌入指标在23个案例中排名靠后，内生创新努力无法弥补网络嵌入的不足，由于创新活动的复杂性，受资源和能力的限制，很难有效完成创新任务，导致创新绩效偏低。

9.4.4 稳健性检验

改变数据校准的锚点，将案例的前因条件变量和结果变量数据的95%分位数、中位数（50%）、5%分位数分别设定为3个锚点（完全隶属、交叉点、完全不隶属），同时采用各城市三年的地方财政科学技术支出的平均数衡量集群城市的研发经费投入水平。对产生城市高创新绩效的组态进行稳健性检验，发现除一致性、覆盖度的数值大小略微变动外，单因素的必要性检验结果、新模型的3个组态与原模型的组态完全一致，见表9-6，说明研究结论具有稳健性。

表 9 – 6　　　　产生科技服务业集群城市高创新绩效的组态（0.95）

条件变量	单因素必要性检验	H1a	H1b	H2a	H2b
结构嵌入（DJ）	0.834	·		●	
关系嵌入（ZJ）	0.895	●	●		·
研发经费（JF）	0.819			●	●
研发人员（RY）	0.898	●	●	·	
consistency		0.963	0.985	0.986	0.990
raw coverage		0.688	0.710	0.669	0.646
unique coverage		0.077	0.099	0.058	0.035
解的一致性		0.959			
解的覆盖度		0.880			

　　注：核心条件存在用●表示，边缘条件存在用·表示，条件可有可无用空白表示（Judge, Fainshmidt and Brown, 2020）。

9.5　结论与展望

9.5.1　研究结论

　　本章基于网络嵌入和内生增长理论，以中国23个科技服务业集群所在城市为研究样本，运用 fsQCA 方法，探讨了结构嵌入、关系嵌入、研发经费、研发人员4个因素对科技服务业集群城市科技创新绩效的复杂因果影响机制。主要结论如下：（1）结构嵌入、关系嵌入、研发经费和研发人员4个因素的单一作用的必要性检验都没有通过验证，这表明单个条件对科技服务业集群城市科技创新绩效的解释力较弱，单一因素不是科技服务业集群城市高创新绩效和非高创新绩效的必要条件。（2）驱动科技服务业集群城市高创新绩效的路径有2条：以良好的关系嵌入和充沛的研发人员为核心条件的关系—人员驱动型、以高结构嵌入和高研发经费投入为核心条件的结构—经费驱动型。其中，4个因素在驱动科技服务业集群城市高创新绩效的核心作用是非对称的，即在4个路径中，促进高创新绩效产生的核心条件、辅助条件、无关紧要条件是不同的，解释了"嵌入悖论"。（3）科技服务业集群非高创新绩效的驱动路径也有 2 条：低关系嵌入和较少的研发经费投为核心驱动因素的关系—经费抑制型、低关系嵌入和较低的结构嵌入为核心驱动因素的关系—结构抑制型。值得注意的是，关系嵌入因素在高创新绩效的 H1a、H1b 组态中均为核心条件，在 H2b 中为辅助条件，而且较差的关系嵌入对非高创新绩效的抑制作用在 NH1 和 NH2 中均出现。因此，在网络创新模式下，单个企业受资源和能力的限制很难有效完成创新任务，创新网络已成为影响城市科技创新绩效的重要因素之一。

9.5.2 理论贡献

（1）本章以网络嵌入理论和内生增长理论为基础，基于中国情境，借助组态视角，从网络嵌入和内生创新努力两个层面将结构嵌入、关系嵌入、研发经费和研发人员多重条件纳入同一分析框架，实证探讨了多层面因素影响科技服务业集群城市科技创新绩效的系统效应，克服了已有单层面因果关系研究的缺陷，在一定程度上解释了网络嵌入理论中的"嵌入悖论"，有助于揭示多层次网络嵌入、内生创新努力多重因素动态组合驱动城市科技创新的因果关系机制，把多重因素的关系组合研究方法应用到网络嵌入理论和内生增长理论。

（2）本章率先将 QCA 方法引入科技服务业集群城市科技创新绩效研究，加深了对多层次网络嵌入、内生创新努力两个层面 4 个因素影响科技服务业集群城市科技创新绩效的复杂因果机制的认识。科技服务业具有高交互性、高创新性和高聚集性等特点，适合使用 QCA 方法从整体视角探析各因素的复杂影响机制，从"因果非对称性"角度，不仅发现了影响科技服务业集群城市创新绩效的等效驱动路径，而且探讨了高创新绩效的抑制路径，拓宽了 QCA 方法的应用领域。

9.5.3 政策启示

（1）科技服务业集群城市科技创新绩效受多方面因素的协同影响，通过"殊途同归"的方式，各因素的不同组合均可以促使科技服务业集群城市产生高创新绩效。因此，科技服务业集群城市在外部环境和自身资源能力的限制下，需要有所侧重，应选择适应本城市资源和能力禀赋的高创新绩效驱动路径，集中优势因素促进不同组态下核心条件的发展，如研发经费充足的集群应多注重提升自身在网络中的地位，研究人员充沛的集群可集中人员优势推动创新主体间发展正式或非正式的关系网络，在高关系质量中有效地获得异质性知识和创新资源，通过"殊途同归"的方式实现高创新绩效。

（2）关系嵌入对科技服务业集群城市科技创新绩效的影响应当引起重视。在科技创新全球化的过程中，创新活动已成为动态多方合作创新的过程。关系质量的高低直接影响主体间的信任程度、信息共享度和合作创新效率。因此，嵌入在相同创新网络中的科技服务业集群城市，由于与其他主体之间关系的亲疏和强弱程度的不同，表现出差异性的科技创新绩效。在本章发现的科技服务业集群城市高创新绩效组态中关系嵌入出现了 3 次，而且在非高创新绩效的 2 种路径中均出现，进一步印证了关系嵌入对城市科技创新绩效的重要作用。因此，科技服务业集群在嵌入多层次创新网络时，应注意动态调整与其他主体之间的关系质量，通过频繁的互动建立信任关系，构建信息共享和共同解决问题的平台，提升合作创新效率。

9.6　本章小结

在科技创新全球化的过程中，伴随"地方空间"向"全球空间"的转变，不同空间层次的创新网络如何影响科技创新绩效已成为创新网络研究的重要内容。本章基于创新网络理论、内生创新努力和组态视角，运用模糊集定性比较分析（fsQCA）方法，以中国 23 个代表性科技服务业集群城市为样本，试图分析多层次网络嵌入、内生创新努力中多重因素影响城市科技创新绩效的复杂因果机制，结论表明：（1）结构嵌入、关系嵌入、研发经费、研发人员，均不是产生城市高创新绩效的必要条件；（2）存在 2 条激发城市高创新绩效的路径：关系—经费驱动型、结构—人员驱动型；（3）存在 2 条导致城市非高创新绩效的路径：关系—经费抑制型和关系—结构抑制型。

第10章　多层次网络嵌入影响众创空间创新绩效的实证分析

10.1　问题的提出

众创空间作为"大众创业，万众创新"的有效载体，带动了全国上下创新创业的积极性，各类众创空间呈井喷式发展趋势，相关的研究也日趋活跃。在"大众创新、万众创业"浪潮下，2019年，全国众创空间服务团队及企业累计获得投资总额4896.722亿元，同比增长28.77%，已成为"双创"的重要载体。研究表明，众创空间虽然数量呈井喷式增长（吴刚和薛浩，2020），但存在一哄而上、同质化严重、入驻率低（沈嫣、顾秋阳、吴宝，2021）、创新创业资源配置不合理（蒋国平、徐健、白振宇，2021）等问题。许多众创空间的建设成果不理想，引发了实践界和学术界对众创空间建设质量的思考，如政府政策（张慧、周小虎、吴周玥，2021）、融资获取（沈嫣、顾秋阳、吴宝，2021）、创业环境（王海花、熊丽君、李玉，2020）等因素对众创空间绩效的影响。《中国科技统计年鉴》数据显示，2019年众创空间常驻团队及企业拥有的有效知识产权数量较2018年同比下降8.55%。刘筱寒等（2020）对2017年我国30个省份众创空间的创新效率的测算结果表明，我国众创空间的整体创新效率和综合创新效率均低且区域创新能力差异大，研究揭示如何提升众创空间创新绩效成为各方亟待解决的热点问题之一。

在市场不确定性增强和技术更迭加速的环境下，双元创新行为（探索式创新行为和利用式创新）成为中小企业应对转型升级的战略选择，对企业生存与发展的价值不言而喻（陶秋燕和孟猛猛，2018），但众创空间的新创企业新且小，无法仅依靠内部资源实现创新，基于集群、区域和全球的多层次外部主体合作的创新网络成为企业顺利开展创新活动的重要外部环境支持（施萧萧和张庆普，2021）。已有研究表明，众创空间绩效的不同维度的影响因素不尽相同，如王海花、熊丽君、李玉（2020）的研究发现众创空间的平台合作环境、创业培训环境和金融支持环境对新创企业资金绩效、人才绩效和创新绩效均有显著正向影响，而技术供给环境只显著正向影响新创企业的资金绩效。周必或和邢喻（2020）的研究发现众创空间的资源赋能对创新绩效影响较为显著，服务赋能对创新绩效影响不显著。上述研究结论的不一致表明，需要对众创空间创新绩效进行专门研究，以揭示影响众创空间创新绩效的"黑箱"。系统梳理相关研究成果，在以下方面值得进一步深入探讨：第一，当前研究多集中于创业环境（王海花、熊丽君、李玉，2020）、财税支持（高涓和乔桂明，2019）、社会网络（冯海红和曲婉，2019）等外部因素与众创空间创新绩效之间的关系，对众创空间的创新行为、创业拼凑（韩莹，2020）等内部因素关注较少，把内外部因素综合起来探讨众创空间创新绩效提升机理的实证研究更少。第二，现有研究已经证明网络嵌入、创新行为能够单独影响创新绩效，但综合内外部因素探讨网络嵌入、创新行为对创新绩效的影响以及利用创新行为、探索创新行为的链式中介作用的整合性研究较少。第三，当前研究在网络嵌入、创新行为对创新绩效的影响方向及作用大小上存在一定的差异性，存在网络嵌入的"能力陷阱"（Yan, Zhang and Guan，2020）、利用创新行为的"成功陷阱"（March，2006）和探索创新行为的"失败陷阱"（林筠、高霞、张敏，2016）。关于网络嵌入，形成了以格拉诺维特（Granovetter，1973）、伯特（Burt，1992）为代表的弱嵌入学派、以克拉克哈特（Krackhardt，1999）和乌泽（Uzzi，1997）为代表的强嵌入学派、以贾里洛（Jarillo，1988）为代表的强弱嵌入两极学派，这表明网络嵌入对创新绩效的影响机制这一"黑箱"并未完全打开，有待进一步分析。潘松挺和郑亚莉（2011）指出网络关系与技术创新的简单双变量模型分析易陷入"嵌入性悖论"，应加入中介变量或调节变量以获得对二者之间关系的全面和准确认识。第四，已有研究表明企业进行探索式和利用式技术创新对提升创新绩效具有重要意义（陶秋燕和孟猛猛，2018）。内生增长理论也认为，内生创新努力对创新绩效有显著促进作用（王晓红、张少鹏、张奔，2021）。企业自身能动性的发挥是关键，外因要通过内因才能发挥作用。以往研究多从外部资源约束效应角度对众创空间创新绩效的影响因素进行探讨，忽略了企业自身所发挥的能动作用。上述研究分别探讨了外部的网络嵌入和企业内部的创新活动，尚未综合内外部的因素探讨在内外因的共同作用下众创空间创新绩效的影响机理。

鉴于此，在现有研究的基础上，本章结合社会网络理论和知识创新理论，借鉴产业经济学中的结构行为绩效模型，提出网络—行为—绩效分析框架，从知识嵌入、关系嵌入、结构嵌入等多维度度量多层次创新网络，从多层次网络嵌入—企业创新行为匹配角度构建了"多层次网络嵌入—双元创新行为—众创空间创新绩效"的链式中介模型，通过问卷调查进行实证检验，揭示众创空间企业通过多层次创新网络嵌入影响众创空间创新绩效的内在机理，并考察网络嵌入的不同维度的组合效应，以期为众创空间企业创新行为的选择和创新绩效提升路径的设计提供理论依据和实践指导。

10.2　理论分析与研究假设

10.2.1　多层次网络嵌入与众创空间创新绩效

众创空间的企业多为新创企业和中小企业，资源和能力有限，由于创新任务具有特定性和复杂性，单一企业很难有效完成创新任务，更需要嵌入外部网络以获取多样化的创新资源。基于网络嵌入理论，现有文献大多遵循格拉诺维特（Granovetter，1973）提出的"结构—关系"嵌入学说，研究其对创新绩效的影响，但存在"嵌入性悖论"，尚未获得一致性结论。向永胜和魏江（2013）的研究发现对于中小企业而言，网络嵌入对创新的影响与大企业的研究结论存在明显差异。众创空间的企业小而新，本章主要借鉴以中小企业为样本的实证研究结论，以提高研究的针对性。如路畅等（2019）、王黎萤等（2021）对中小企业的实证研究发现，不论是正式/非正式合作网络，还是专利合作网络均显著正向影响企业创新绩效。这表明对中小企业而言，网络嵌入显著正向影响创新绩效，但上述研究没有进一步探析网络嵌入的不同维度对创新绩效的差异性影响。已有一些研究将宏观网络和微观企业联系起来，在"结构—关系"分析框架中，增加知识嵌入视角，并引入企业微观特征如动态能力、知识整合等作为中间变量，分析网络嵌入对知识创造绩效的影响（梁娟和陈国宏，2019），发现网络嵌入的多重性和异质性会影响知识资源分布的差异性，引起结构嵌入、关系嵌入和知识嵌入状态的连续统一体的动态变化，进而通过企业的微观活动对企业知识创造活动产生不同影响。冯海红和曲婉（2019）关于创业咖啡馆的案例研究表明行动导向下的多元网络协同治理决定了众创空间的创业模式。因此，在进一步的研究中，需要关注外部网络的多维度嵌入性和异质性对创新活动的协同影响。基于上述研究，借鉴格拉诺维特（Granovetter，1973）等研究，本章从关系嵌入、结构嵌入、知识嵌入等维度度量多层次创新网络（梁娟和陈国宏，2019），探讨不同网络嵌入状态对创新绩效的差异性影响。根据企业不同成长阶段的知识需求和拥有的资源及能力，众创空间的企业嵌入众创空间创新网络、区域创新网络、全球创新网络等多层次创新网络获取外部创新资源，并内化为自身的创新行为。多层次创新网络包含了众创空间内外的各类企业和组织，整合了众创空间内外各层次网络的功能和优势，具有网络主体的异质性、网络关系的多元性、网络结构的多重性和网络知识的丰富性等特征（梁娟和陈国宏，2019），有利于突破网络嵌入的阈值效应，提升创新绩效。

针对关系嵌入，处于同一众创空间的企业具有高度的嵌入性和高信任度，具有强联结特征，有助于企业间进行密切的技术交流与合作（Bird and Zellweger，2018），实现对隐性知识的深度挖掘和利用（Rost，2011）；但跨越众创空间地理界限的企业间则具有较低的接触频率和情感性，具有弱联结特征，有利于获取异质性创新资源，避免形成固化的合作路径，防止企业掉入"能力陷阱"（杨震宁、李东红、范黎波，2013）。针对结构嵌入，众创空间内基于地理邻近聚集了数量众多的企业，具有密集性；而跨越地理界限，区域和全球创新网络中企业分布零散，具有稀疏性，拥有丰富的桥连接。多层次创新网络密集性和稀疏性兼具的特征，既可推动互动频繁的交流，又可充当资源交换的"桥梁"（Burt，1992），有利于产生创新性的观点和创意，能够避免"路径锁定效应"。针对知识嵌入，多层次创新网络汇聚了众创空间、区域和全球的创新资源，相较于单一创新网络，其知识资源更为丰富和多元（梁娟和陈国宏，2019）。综上，众创空间的企业根据不同成长阶段的资源、能力禀赋和差异性知识需求，嵌入众创空间、区域、全球等多层次创新网络，多层次创新网络强弱联结并存、密集和稀疏性兼具、知识资源异质性与丰富性等优势，使众创空间企业可以在结构洞和弱关系联结中获得丰富的互补性资源，因互动频繁的交流和强关系联结获得嵌入网络中的隐性知识，实现网络资源的有效流动和知识共享，并内化为自身创新活动以实现创新产出。

为此，提出以下假设：

H1：多层次网络嵌入能够提升众创空间创新绩效。

H1.1：网络关系嵌入能够提升众创空间创新绩效。

H1.2：网络结构嵌入能够提升众创空间创新绩效。

H1.3：网络知识嵌入能够提升众创空间创新绩效。

10.2.2　利用创新行为、探索性创新行为的中介作用

双元性的概念最早是由马奇（March，1991）在其关于组织学习的研究中提出的。1988 年，科尔曼（Coleman，1988）研究发现强网络关系能够有力促进利用式技术创新，但没有对利用创新进行明确的概念界定。之后，本纳和塔什曼（Benner and Tushman，2002）提出了探索性创新与利用性创新的概念。自丹尼尔斯（Danneels，2011）在技术创新领域提出了探索式创新与利用式创新的概念以来，学者们大多倾向于把创新活动分为利用式和探索式两种类型（宁靓和孙晓云，2022）。学者们大多倾向于把创新活动分为利用式和探索式两种类型。综合上述学者的研究，本章把利用创新行为界定为使用、提炼已有知识和技术提升现有技术、产品/服务、过程、结构，以巩固现有市场的创新行为；把探索创新行为界定为拓展或突破原有技术、知识，形成新技术和新知识，以满足新市场的创新行为。向永胜和魏江（2013）的实证研究发现，企业规模是重要的情境变量，网络集群内外的商业网络和技术网络关系强度对中小企业的利用性创新均有显著影响，对探索性创新作用不显著；而集群外的强网络关系对大企业的探索创新影响显著。这表明以大企业为调研对象的实证研究结果不能直接应用于众创空间的中小企业，但相关研究可以为众创空间情境下的研究提供借鉴和参考。蔡宁和潘松挺（2009）认为强关系的高信任特征有利于复杂知识的传递，显著促进利用式创新，弱关系的低信息冗余特征有利于获取异质性信息，显著促进探索式创新；而达斯卡拉基斯和考夫尔德·蒙兹（Daskalakis and Kauffeld-Monz，2007）的研究则认为强关系对利用式创新和探索式创新均有显著促进作用。王玉荣、杨博

旭、李兴光（2018）的研究则表明，创新网络嵌入对利用式创新具有显著负向影响，知识网络嵌入对利用式创新具有倒 U 型影响。姚艳虹和龚榆（2022）发现知识网络结构洞正向影响利用式创新绩效，负向影响探索式创新绩效，协同网络结构洞均负向影响利用式创新和探索式创新。韩军辉和闫艺（2020）的研究证实结构洞数量增加所形成的稀疏网络，不利于形成信任关系和知识共享与转移，负向影响利用式创新，但结构洞能提供异质性信息知识资源，有利于探索式创新。上述研究的结论不一致，出现了"嵌入性悖论"。潘松挺和郑亚莉（2011）指出只考察网络嵌入对创新的直接效应容易陷入矛盾，有必要加入中介或调节变量以全面考察两者的关系。潘松挺和郑亚莉（2011）发现，网络关系强度通过利用式学习影响了渐进性创新。吴晓云和王建平（2017）指出网络强弱关系并不能直接转化为技术创新绩效，而是需要通过探索式技术创新与利用式技术创新的中介效应形成传递机制进而产生影响；利用式创新模式在网络关系与技术创新绩效之间发挥中介效应，且强关系更有利于利用式创新。因此，本章认为，众创空间的企业根据因素的有机配合，动态地调整关系嵌入、结构嵌入和知识嵌入的状态，通过利用创新行为和探索创新行为有效利用和整合外部多元化的知识、技术和信息，从而提升创新绩效。为此，提出以下假设：

H2：利用创新行为在多层次网络嵌入与众创空间创新绩效间发挥中介作用。

H2.1：利用创新行为在关系嵌入与众创空间创新绩效间发挥中介作用。

H2.2：利用创新行为在结构嵌入与众创空间创新绩效间发挥中介作用。

H2.3：利用创新行为在知识嵌入与众创空间创新绩效间发挥中介作用。

H3：探索创新行为在多层次网络嵌入与众创空间创新绩效间发挥中介作用。

H3.1：探索创新行为在关系嵌入与众创空间创新绩效间发挥中介作用。

H3.2：探索创新行为在结构嵌入与众创空间创新绩效间发挥中介作用。

H3.3：探索创新行为在知识嵌入与众创空间创新绩效间发挥中介作用。

10.2.3 利用创新行为和探索创新行为的链式中介作用

企业重新配置创新资源和制定创新活动规则的过程被称为创新活动

（宁靓和孙晓云，2021），学者们在利用创新行为和探索创新行为均对创新绩效产生促进作用上已取得共识（徐倪妮和郭俊华，2022）。如吕途、林欢、陈昊（2020）的研究发现，当企业同时采用两种创新活动并加以平衡时，可更大幅度提升组织创新绩效；孙耀吾、黎晶、陈立勇（2021）发现在项目前期和后期利用式创新合作均促进了项目创新绩效，而探索式创新合作仅在项目前期正向影响创新绩效。但众创空间的企业新而小，资源稀缺决定了其难以同时开展两种创新行为。众创空间的企业若只开展利用创新行为，在早期常能成功，但不断强化已有技术容易陷入"成功陷阱"（March，2006）；若只开展探索创新行为又可能会因较高的失败率而落入"失败陷阱"（林筠、高霞、张敏，2016），因此，有学者提出可通过交替运行的"间断双元"、自行调整的"情境双元"和独立业务的"结构双元"等方式来实现利用创新行为和探索创新行为的协调与均衡（林筠、高霞、张敏，2016）。林筠、高霞、张敏（2016）研究发现利用创新行为和探索创新行为的交互显著影响创新绩效。持有知识演化观点的学者认为，已有知识是探索创新的起点（Zollo and Winter，2002；刘岩、蔡虹、向希尧，2014），对已有知识的充分利用，能更有效地创造新产品及新技术（Pisano，1996）。因此，利用创新行为是探索创新行为的前序阶段，两者相互依赖，会相互促进与协同发展（Raisch，et al.，2009）。高云锋（2014）提出探索创新与利用创新两者之间是既对立又统一的关系，两者之间可以实现协调发展。刘凤朝、张淑慧、马荣康（2020）以 175 家上市公司为样本的实证研究表明利用创新与探索创新呈现"对立"还是"协同"关系，取决于企业利用创新的方式，重复式利用会抑制探索创新而渐进式利用会促进探索创新。曹等（Cao et al.，2009）研究发现，探索创新与利用创新共存和协同发展的可能性在规模大及资源充足的企业更高。当前，对资源有限的企业要平衡两种创新行为才能取得更好的创新绩效方面的理论研究较多，已有研究表明，对于小企业，及早地补足"弱项"，尽量地步入两者相平衡状态，即便只是低能位置上的平衡，也能对组织绩效的提升具有显著的影响（王凤彬、陈建勋、杨阳，2012）。利用式创新活动关注于改善和挖掘已有知识和技术，具有低成本高效率的特点，可在短期获得回报，有利于快速提升企业现有技术，可避免企业落入"失败陷阱"，实现创新绩效的改善和提升；而探索式创新活动关注于变化的市场和快速更迭的技术，具有高投入、高风险的特点，但有利于抓住未来发展机会，可避免企业落入"成功陷阱"，实现创新绩效的突破和提升。创新活动作为应对技术变化的动态活动，有助于企业充分开发网络嵌入的作用和价值，动态地选择、发展和组合内外部资源，形成有价值的、稀少的且难以模仿的核心知识和技术（Zhang et al. , 2016），从而提升创新绩效。综上所述，本研究认为多层次网络嵌入不仅会影响利用创新行为，而且通过利用创新行为间接影响探索创新行为，最终提升创新绩效。

当前对利用式和探索式创新行为之间关系的认识，存在"对立"和"协同"观点。持"对立"观点的学者认为，利用式和探索式是两种截然不同的创新行为，对组织结构、文化、能力及惯例有不同的要求（刘凤朝、张淑慧、马荣康，2020），会争夺企业的有限资源，并且由于探索式创新活动的高成本和高风险，企业更倾向于采取利用式创新行为。持"协同"观点的学者认为，利用式创新是探索式创新的前序阶段，以已有知识为起点，通过对已有知识的充分利用，从而有利于探索出新产品、新技术，两者可以相互促进与协同发展（Raisch et al. , 2009）。高云锋（2014）通过梳理文献，发现探索式与利用式创新行为两者之间是既对立又统一的关系，两者之间可以实现协调发展。众创空间的企业小而新，资源稀缺决定了其难以同时开展两种创新行为。众创空间的企业若只开展利用式创新行为，在早期常能成功，但不断强化已有技术容易陷入"成功陷阱"（March, 2006）；若只开展探索式创新行为，又会因较高的失败率而落入"失败陷阱"（林筠、高霞、张敏，2016）。因此，借鉴"协同"观点，本章认为众创空间的企业在资源的限制下，可先开展利用式创新行为，充分挖掘和利用已有知识，在获得一定创新绩效后，为避免落入"成功陷阱"，以利用式创新成果为基础开展探索式创新行为，突破已有知识并积极开发新产品或新技术。利用创新行为和探索创新行为在多层次网络嵌入与众创空间创新绩效关系间发挥了链式中介效应。

为此，提出以下假设：

H4：利用创新行为和探索创新行为在多层次网络嵌入与众创空间创新绩效之间存在链式中介作用。

H4.1：利用创新行为和探索创新行为在关系嵌入与众创空间创新绩效之间存在链式中介效应。

H4.2：利用创新行为和探索创新行为在结构嵌入与众创空间创新绩效之间存在链式中介效应。

H4.3：利用创新行为和探索创新行为在知识嵌入与众创空间创新绩效之间存在链式中介效应。

10.3　研　究　设　计

10.3.1　理论模型

在理论研究和假设分析的基础上，根据提出的 4 个基本假设，构建多层次网络嵌入、创新行为与众创空间创新绩效之间的理论关系模型。模型的路径系数如图 10－1 所示。

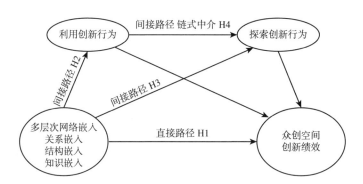

图 10－1　理论模型

10.3.2　变量测量

本章使用李克特 5 点量表法正向评分，为了保证信度和效度，借鉴和参考国内外学者或以往实证研究使用过的经过验证的测量题项。结合众创空间的特性，参考并修改林等（2009）和阿卜杜拉等（Abdallah et al.，2019）、梁娟和陈国宏（2015，2019）等学者的量表，使用目标一致性、相容性、信任程度、交流强度、交流愿望、交流机会、获得市场开发技能、企业管理技能和新技术知识 9 个题项测度自变量多层次创新网络的关系嵌入、结构嵌入和知识嵌入。借鉴王凤彬等（2012）、本纳和塔什曼（Benner and Tushman，2002、宁靓和孙晓云（2022）学者的研究，从解决目前产品/市场问题、完善产品/市场发展战略、改善相关技术、开发新项目、进入新领域、创造新想法、产品或服务 6 个题项对中介变量利用创新行为和探索创新行为进行测量。参考梁娟和陈国宏（2019）、波格贝等（Pomegbe et al.，2020）、阿卜杜拉等（Abdallah et al.，2019）的研究，对因变量众创空间创新绩效进行测量。具体题项见表 10 - 1。

10.3.3 样本选取及数据来源

本章研究对象为科技服务业中的众创空间，以福建省众创空间中的入驻企业或创业团队为调查对象。被调查对象中，有 55% 以上的众创空间与外地大学/科研机构有联系，62% 左右与外地产业/企业有联系，67% 以上与外地众创空间及其协会、联盟有联系，说明被调查对象嵌入在多层次创新网络中，符合本章的研究目的。在正式调查之前，先对本领域内的专家学者和众创空间的负责人（如旗山智谷、福州市职工创新创业创造中心等）进行深度访谈，获取他们对问卷设计的意见和建议，调整初始问卷，以确保问卷能够真实、准确地反映调查对象和研究内容。在正式调查之前，通过福建省众创空间行业协会选取 10 家众创空间中各 10 个样本企业对问卷进行测试，回收 65 份问卷，测试结果表明问卷设计是合理的。为保证问卷回收质量，依托福建省科学技术厅创新办公室进行在线问卷的点对点发放，共回收306 份问卷。

10.3.4 数据的信度和效度分析

为了验证样本数据的可靠性和可信性，使用 SPSS17.0 和 LISREL8.7 软件进行分析，具体数值见表 10 - 1。表 10 - 1 显示，18 个观测变量的标准化因子载荷均大于 0.70，网络关系嵌入、结构嵌入、知识嵌入、利用创新行为、探索创新行为、创新绩效的 α 值和组合信度值（CR）均大于 0.7，表明样本数据的组合信度较好。因子分析的结果表明，18 个观测变量的整体 KMO 检验值为 0.948，大于 0.5，Bartlett 球形度检验近似卡方 4517.337，球体相伴概率为 0，6 个潜变量的平均方差提取值（AVE）均大于 0.5，KMO 检验值均大于 0.6，且 Bartlett 球体相伴概率为 0，表明样本数据具有较好的收敛效度。

表 10 - 1　　　　　　　　　　　　**变量的信度和效度分析**

潜变量	题项	标准化因子载荷	α	CR	AVE	KMO 值	Bartlett 值
关系嵌入	GXQR1 知识交流或技术合作中目标的一致性程度	0.77	0.780	0.784	0.548	0.674	0
	GXQR2 经营理念与组织文化的相容性	0.71					
	GXQR3 彼此的信任程度	0.74					
结构嵌入	JGQR1 知识、技术交流的愿望非常强烈	0.74	0.791	0.801	0.573	0.674	0
	JGQR2 知识信息交流强度	0.79					
	JGQR3 非正式交流与学习机会很多	0.74					
知识嵌入	ZSQR1 能够获得市场开发技能	0.87	0.906	0.909	0.769	0.753	0
	ZSQR2 能够获得企业管理技能	0.91					
	ZSQR3 能够获得新技术知识	0.85					
利用创新行为	LYCX1 不断寻求有用信息解决目前产品/市场问题	0.84	0.865	0.869	0.689	0.730	0
	LYCX2 寻求信息来完善产品/市场发展战略	0.83					
	LYCX3 通过交流来改善相关技术	0.82					
探索创新行为	TSCX1 不断寻求潜在市场需求信息以开发新项目	0.88	0.901	0.903	0.757	0.750	0
	TSCX2 寻求进入新领域的产品/市场信息	0.87					
	TSCX3 能够交流创造出新的想法、产品或服务	0.86					

续表

潜变量	题项	标准化因子载荷	α	CR	AVE	KMO 值	Bartlett 值
创新绩效	GXJX1 创新产品的成功率高	0.82	0.893	0.890	0.729	0.744	0
	CXJX2 经常比同行更早推出新产品和服务	0.86					
	CXJX3 通过技术创新与技术学习降低了产品生产成本	0.88					

10.3.5 验证性因子分析

运用 LISREL8.7 软件对观测变量进行验证性因子分析。验证性因子分析的拟合结果如表 10-2 所示，各项拟合度指标均达到可接受水平，部分指标超过良好水平，说明设定模型的结构合理，整体适配度较理想，能够进行进一步分析。

表 10-2　　　　　　　验证性因子分析的拟合结果

拟合指数	拟合值	判断准则
AGFI	0.80	>0.8 可接受，>0.9 良好
GFI	0.86	>0.8 可接受，>0.9 良好
NFI	0.97	>0.9
CFI	0.98	>0.9
NNFI	0.98	>0.9
IFI	0.99	>0.9
RFI	0.97	>0.9
χ^2/df	3.65	<3，样本较大时，5 左右也可接受（刘新艳和赵顺龙，2014）
RMSEA	0.093	<0.1 可接受，<0.08 良好
RMR	0.046	<0.05

10.4　实　证　分　析

在信度与效度分析的基础上，使用 SPSS24.0 对网络嵌入（关系嵌入

H1.1、结构嵌入 H1.2 和知识嵌入 H1.3）与众创空间中企业创新绩效的关系进行检验，即对 H1 进行验证；若 H1 成立，再使用 LISREL8.7 软件构建结构方程模型，同时检验假设 H1、H2、H3、H4 和 H5；最后对创新行为的中介效应进行检验。

10.4.1　网络嵌入与企业创新绩效的关系检验

使用 SPSS24.0 软件，以企业创新绩效为因变量，以网络嵌入的关系嵌入、结构嵌入、知识嵌入 3 个维度为自变量，采用强制进入法进行回归分析，可得出如表 10-3 所示的检验结果。表 10-3 显示，网络嵌入的 3 个嵌入维度与众创空间中企业创新绩效之间的回归系数均显著（$P < 0.001$），分别是 0.693、0.645、0.746，表明网络嵌入的 3 个嵌入维度显著正向影响众创空间中企业创新绩效，H1.1、H1.2、H1.3 获得支持。当同时以 3 个网络嵌入维度为自变量时，结构嵌入的回归系数不显著（$P = 0.664 > 0.05$），这表明在结构嵌入影响众创空间中企业创新绩效的过程中会受到其他因素的影响，需要使用结构方程模型进行验证。

表 10-3　　　　网络嵌入与众创空间中企业创新绩效的回归分析

因变量	众创空间中企业创新绩效			
	模型 1	模型 2	模型 3	模型 4
常数项 标准误 T 值	0.559[a]*** 0.181 3.089	0.839[a]*** 0.187 4.485	1.178[a]*** 0.125 9.407	0.411[a]* 0.161 2.548
关系嵌入 （标准化系数） 标准误 T 值	0.802[a] 0.693*** 0.048 16.778			0.384[a] 0.332*** 0.069 5.534
结构嵌入 （标准化系数） 标准误 T 值		0.727[a] 0.645*** 0.049 14.714		0.031[a] 0.027 0.070 0.435
知识嵌入 （标准化系数） 标准误 T 值			0.669[a] 0.746*** 0.034 19.550	0.450[a] 0.503*** 0.047 0.503

续表

因变量	众创空间中企业创新绩效			
	模型 1	模型 2	模型 3	模型 4
R^2	0.481	0.416	0.557	0.623
调整 R^2	0.479	0.414	0.556	0.619
F	281.500	216.514	382.194	166.134

注: * 表示 P < 0.05, ** 表示 P < 0.01, *** 表示 P < 0.001; a 非标准化系数。

10.4.2 结构方程模型的初步拟合与评价

根据图 10 - 1 构建初始结构方程模型 (M1),使用 LISREL8.7 软件,对样本数据进行拟合,初始模型 (M1) 不收敛,且部分拟合指标 (PNFI = 0.76, AGFI = 0.79, RMSEA = 0.097) 不够理想,使用学者们常用的方法对初始模型进行修正 (见表 10 - 4)。

表 10 - 4 初始结构方程模型的修正

模型	初始路径		
M1	关系嵌入、结构嵌入、知识嵌入、利用式创新行为、探索式创新行为→企业创新绩效 关系嵌入、结构嵌入、知识嵌入→利用式创新行为 关系嵌入、结构嵌入、知识嵌入→探索式创新行为 利用创新行为→探索创新行为		
	删除路径	删除原因	拟合指数的变化
M2	关系嵌入→探索式创新行为 结构嵌入→企业创新绩效	模型不收敛	RMR 值由 0.050 降低到 0.048 PNFI 值由 0.76 提高到 0.77
M3	利用式创新行为→探索式创新行为	T = 0.47	RMSEA 值由 0.097 降低到 0.096 PNFI 值由 0,77 提高到 0.78
M4	结构嵌入→利用式创新行为	T = 0.53	RMR 值由 0.048 降低到 0.047 PNFI 值由 0.78 提高到 0.79
M5	关系嵌入→企业创新绩效	T = 0.82	RMSEA 值由 0.096 降低到 0.095

(1) M1 中关系嵌入与探索式创新行为,结构嵌入与企业创新绩效之间关系不显著。已有研究对关系嵌入与探索式创新行为之间呈现的影响作用方向及大小上尚存有争议,如施萧萧和张庆普 (2021) 的研究发现关系嵌入与

突破性创新能力呈倒 U 型关系；王琳和魏江（2017）的实证研究则表明关系
强度、关系质量、关系数量与关系多样性与制造企业服务创新间呈显著的正
相关关系；而潘松挺和郑亚莉（2011）的研究发现创新网络关系强度的提高
不利于突破性创新；向永胜和魏江（2013）把企业规模作为重要的情境变
量，发现对于中小企业而言，网络的关系嵌入对探索式创新作用不显著，与
大企业的研究结论存在明显差异。上述研究表明，关系嵌入与创新绩效间的
关系因调查对象所处行业、规模、变量选取等的不同而有所差异。本章的调
查对象为众创空间企业，具有小而新的特点，应区别于大企业，本章的研究
结论支持向永胜和魏江（2013）、潘松挺和郑亚莉（2011）的观点。有学者
指出要解释"结构嵌入性悖论"，需要在结构嵌入与创新绩效之间关系的研
究中考虑动态能力、知识整合等中介因素或企业规模、行业特征等情境变量
的影响，且结构嵌入的不同维度对创新绩效的影响也不同，如曾婧婧和刘定
杰（2017）的实证研究发现节点度、中介中心度正向影响创新绩效，而结构
洞数量与创新绩效无关；陈艳艳和王文迪（2013）、梁娟和陈国宏（2019）
的研究均发现结构嵌入不直接影响创新绩效，与本章的研究结论相似。综上
所述，删除上述路径，得到 M2，M2 模型收敛，与 M1 相比，RMR 值由
0.050 降低到 0.048，PNFI 值由 0.76 提高到 0.77。

　　（2）在 M2 的基础上，发现利用式创新行为与探索式创新行为的直接影
响不显著（T = 0.47）。当前对利用式创新行为和探索式创新行为之间关系认
知上存在着"对立"和"协同"两种观点。对立观点认为，利用式与探索式
是两种截然不同的创新活动，会相互竞争组织内部有限的资源；协同观点则
认为利用式创新是探索式创新的前序阶段，两者会相互促进与协同发展。但
关于两者之间关系的实证研究较为少见（王凤彬、陈建勋、杨阳，2012），
刘凤朝、张淑慧、马荣康（2020）的实证研究发现企业利用式创新的方式会
决定利用式创新与探索式创新之间"对立"或"协同"关系的呈现，渐进式
利用在技术景观复杂性的调节下会增强对探索式创新的促进作用。这表明利
用式创新行为和探索式创新行为之间的协同关系可能会由于对组织资源的争
夺或没有考虑调节变量的影响而不显著。在上述理论分析的基础上，删除该
路径，得到 M3，与 M2 相比，RMSEA 值由 0.097 降低到 0.096，PNFI 值由
0.77 提高到 0.78。

　　（3）在 M3 的基础上，发现结构嵌入与利用式创新行为之间的关系不显

著（T＝0.53）。已有的研究结论因网络类型、网络结构度量维度的不同而不一致，如韩军辉和闫艺（2020）的研究发现结构洞数量增加与利用式创新之间呈负向关系，姚艳虹和龚榆（2022）发现企业知识网络结构洞正向影响利用式创新绩效，但协同网络结构洞却负向影响利用式创新。本章的多层次网络包含了众创空间内外的各类组织和机构，网络规模较大且兼具稀疏性和密集性的特点，有可能各类网络及网络结构的不同维度对利用式创新行为的正负影响相互抵消，导致两者之间关系不显著。删除该路径，得到 M4，与 M3相比，RMR 值由 0.048 降低到 0.047，PNFI 值由 0.78 提高到 0.79。

（4）在 M4 的基础上，发现关系嵌入与企业创新绩效之间的关系不显著（T＝0.82）。在学术界存在着"关系嵌入性悖论"，关系嵌入与企业创新绩效的直接作用路径会受到中介变量、调节变量或控制变量的影响而不显著（俞兆渊、鞠晓伟、余海晴，2020），因此，删除该路径，得到 M5，与 M4 相比RMSEA 值由 0.096 降低到 0.095，各项拟和指标都达到了可接受的标准。M5中的各条路径的 T 值都大于 1.96，具有显著性，为最终模型（见图 10 - 2 和表 10 - 5）。

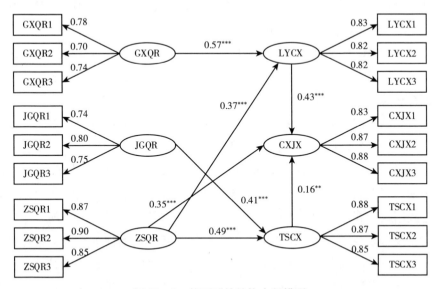

图 10 - 2　修正后的结构方程模型

由图 10 - 2 的路径系数可知，众创空间中利用式创新行为对企业创新绩效的直接效应为 0.43，探索式创新行为对企业创新绩效的直接效应为 0.16。

关系嵌入通过利用式创新行为对企业创新绩效产生影响，总体效应为 0.25 *** （0.57 × 0.43，T = 4.92）；结构嵌入通过探索式创新活动对企业创新绩效产生影响，总体效应为 0.07 * （0.41 × 0.16，T = 2.05）；知识嵌入对众创空间企业创新绩效的直接效应为 0.35 **** （T = 3.48），同时还通过利用式创新行为（0.37 × 0.43 = 0.16，T = 7.65）和探索式创新行为（0.49 × 0.16 = 0.07，T = 3.88）共同对企业创新绩效产生间接影响。

表 10 - 5　　　　　　　　　　修正后的结构方程模型拟合结果

假设	路径	标准化路径系数	T 检验值	显著性	假设是否得到支持
H1.1	关系嵌入→企业创新绩效	—	—	不显著	不支持
H1.2	结构嵌入→企业创新绩效	—	—	不显著	不支持
H1.3	知识嵌入→企业创新绩效	0.35	3.48	***	支持
H2.1	关系嵌入→利用式创新行为	0.57	6.48	***	支持
H2.2	结构嵌入→利用式创新行为	—	—	不显著	不支持
H2.3	知识嵌入→利用式创新行为	0.37	4.25	***	支持
H3.1	关系嵌入→探索式创新行为	—	—	不显著	不支持
H3.2	结构嵌入→探索式创新行为	0.41	4.83	***	支持
H3.3	知识嵌入→探索式创新行为	0.49	5.75	***	支持
H4.1	利用式创新行为→企业创新绩效	0.43	4.92	***	支持
H4.2	探索式创新行为→企业创新绩效	0.16	2.05	**	支持
H5	利用式创新行为→探索式创新行为	—	—	不显著	不支持
拟合指标	$\chi^2/df = 3.77$；RMSEA = 0.095；NFI = 0.97；NNFI = 0.97；PNFI = 0.79；CFI = 0.98；IFI = 0.98；RFI = 0.96；GFI = 0.85；AGFI = 0.80				

注：*** P < 0.001，** P < 0.01。

10.4.3　创新行为的中介作用检验

本章的理论模型中，除网络嵌入与企业创新绩效的直接影响路径外，还存在多条中介路径，其中包括通过利用式创新行为作用于探索式创新行为的多步中介路径。由于 LISREL8.7 软件只给出总体拟合模型，未给出完全中介、部分中介和多步中介路径的检验结果，为了进一步探析利用式创新行为和探索式创新行为在网络嵌入与企业创新绩效的关系中到底发挥单一中介、多步中介还是多重中介作用，使用 Bootstrap 方法对创新行为的中介效应进行检验。因此，在上述分析的基础上，根据赵等（Zhao, Lynch and Chen, 2010）提出的中介作用检验程序，使用 AMOS24 软件构建结构方程模型检验理论模型，并按照海斯（Hayes, 2013）等建议，使用 Bootstrap 方法（样本量选择5000，设置95%的置信区间）对链式中介进行检验（陈瑞、郑毓煌、刘文静，2013）。在每个模型中均包含了 2 个次序中介，有三条中介路径：多层次网络嵌入（关系嵌入、结构嵌入、知识嵌入）→利用创新行为→众创空间创新绩效（路径1）；多层次网络嵌入（关系嵌入、结构嵌入、知识嵌入）→探索创新行为→众创空间创新绩效（路径2）；多层次网络嵌入（关系嵌入、结构嵌入、知识嵌入）→利用创新行为→探索创新行为→众创空间创新绩效（路径3），最关键的是检验中介路径 3 是否显著。

10.4.3.1 关系嵌入与众创空间创新绩效

根据本章理论模型，使用 AMOS24 软件，获得网络关系嵌入与众创空间创新绩效的链式中介模型图和路径表，如图 10 - 3 和表 10 - 6 所示，其中，图 10 - 3 中的路径系数为标准化路径系数，表 10 - 6 中的路径系数为非标准化路径系数。由图 10 - 3 和表 10 - 6 可知，各路径系数均显著，模型 1 的拟合指标均达到或超过良好水平，模型 1 的整体适配度较理想，说明模型 1 的设置是合理的。链式中介路径的 Bootstrap 分析结果见表 10 - 7 中的模型 1，检验结果表明：路径 3 的中介路径显著（0.007，0.339），假设 H4.1 得到支持，即链式中介效应正向影响且显著；而路径 1 的中介路径不显著（-0.025，0.641），不支持假设 H2.1；同时路径 2 的中介路径显著（0.001，0.273），假设 H3.1 得到支持。在控制三条中介路径后，网络关系嵌入对众创空间创新绩效的直接作用仍然显著（c1' = 0.445，p = 0.013），假设 H1.1 得到支持。网络关系嵌入对众创空间创新绩效的总效应显著（0.810，1.129），效应系数为 0.957；间接总效应显著（0.163，0.845），效应系数为 0.511；间接效应在总效应中的比例为 53.5%。通过对三条中介路径效应对比的 Bootstrap 检验，发现三条中介路径没有显著差异。综上所述，利用创新行为和探索创新行为在网络关系嵌入与众创空间创新绩效的关系中均发挥部分中介效应，其中利用创新行为只通过链式中介发挥作用。

chi−square=131.681 DF=48 chi/df=2.743 GFI=0.933 AGFI=0.891 RMSEA=0.076
CFI=0.968 TLI=0.956 RMR=0.034 NFI=0.951 RFI=0.932 IFI=0.968

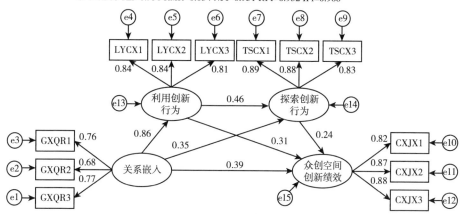

图 10 - 3　关系嵌入与众创空间创新绩效的链式中介路径系数

表 10 - 6　　　　　　关系嵌入与众创空间创新绩效的链式中介路径

路径	Estimate	S. E.	C. R.	P	Label	显著性
关系嵌入→利用创新行为	0.902	0.075	12.025	***	a11	显著
关系嵌入→探索创新行为	0.432	0.171	2.526	0.012	a21	显著
利用创新行为→探索创新行为	0.550	0.159	3.463	***	d11	显著
探索创新行为→众创空间创新绩效	0.219	0.066	3.311	***	b21	显著
关系嵌入→众创空间创新绩效	0.445	0.143	3.122	0.02 **	c1'	显著
利用创新行为→众创空间创新绩效	0.341	0.130	2.632	0.08 **	b11	显著

注：*** P < 0.001，** P < 0.01，* P < 0.05。

表 10 - 7　　　　　　链式中介路径的 **Bootstrap** 分析结果

模型	链式中介路径（系数）	效应量	比例	Lower	Upper	P	显著性	假设
模型 1：关系嵌入与众创空间创新绩效	直接效应 c1'	0.445	0.465	0.096	0.847	0.013	显著	H1.1 支持
	总间接效应	0.511	0.535	0.163	0.845	0.012	显著	
	路径 1：a11 × b11	0.308	0.322	− 0.025	0.641	0.064	不显著	H2.1 不支持
	路径 2：a21 × b21	0.095	0.099	0.001	0.273	0.048	显著	H3.1 支持

续表

模型	链式中介路径（系数）	效应量	比例	Lower	Upper	P	显著性	假设
模型1：关系嵌入与众创空间创新绩效	路径3：a11×d11×b21	0.109	0.114	0.007	0.339	0.031	显著	H4.1 支持
	总效应 c1	0.957		0.810	1.129	0.000	显著	
	路径1和路径2的效应对比	0.213		−0.133	0.590	0.194	不显著	
	路径1和路径3的效应对比	0.199		−0.254	0.565	0.285	不显著	
	路径2和路径3的效应对比	−0.014		−0.295	0.184	0.846	不显著	
模型2：结构嵌入与众创空间创新绩效	直接效应 c2'	−0.201	−0.207	−1.286	0.402	0.531	不显著	H1.2 不支持
	总间接效应	1.174	1.207	0.642	2.375	0.001	显著	
	路径1：a12×b12	0.738	0.758	0.348	1.513	0.001	显著	H2.2 支持
	路径2：a22×b22	0.392	0.403	0.110	1.374	0.005	显著	H3.2 支持
	路径3：a12×d12×b22	0.044	0.046	−0.264	0.244	0.538	不显著	H4.2 不支持
	总效应 c2	0.973		0.802	1.198	0.000	显著	
	路径1和路径2的效应对比	0.346		−0.139	0.931	0.140	不显著	
	路径1和路径3的效应对比	0.693		0.224	1.784	0.006	显著	
	路径2和路径3的效应对比	0.347		0.029	1.910	0.029	显著	
模型3：知识嵌入与众创空间创新绩效	直接效应 c3'	0.321	0.446	0.051	0.535	0.023	显著	H1.3 支持
	总间接效应	0.399	0.554	0.220	0.661	0.000	显著	
	路径1：a13×b13	0.289	0.402	0.123	0.466	0.001	显著	H2.3 支持

续表

模型	链式中介路径 （系数）	效应量	比例	Lower	Upper	P	显著性	假设
模型3：知识嵌入与众创空间创新绩效	路径2：a23 × b23	0.081	0.112	-0.020	0.278	0.119	不显著	H3.3 不支持
	路径3：a13 × d13 × b23	0.029	0.041	-0.005	0.121	0.096	不显著	H4.3 不支持
	总效应 c3	0.719		0.611	0.831	0.000	显著	
	路径1和路径2的效应对比	0.208		-0.026	0.448	0.072	不显著	
	路径1和路径3的效应对比	0.260		0.049	0.453	0.021	显著	
	路径2和路径3的效应对比	0.051		-0.017	0.278	0.178	不显著	

10.4.3.2 结构嵌入与众创空间创新绩效

网络结构嵌入与众创空间创新绩效的链式中介模型图和路径表，如图 10 - 4 和表 10 - 8 所示，其中，图 10 - 4 中的路径系数为标准化路径系数，表 10 - 8 中的路径系数为非标准化路径系数。由图 10 - 4 和表 10 - 8 可知，模型 2 的拟合指标均达到或超过良好水平，模型 2 的整体适配度较理想，说明模型 2 的设置是合理的，除利用创新行为→探索创新行为、结构嵌入→众创空间创新绩效外，其余路径系数均显著。链式中介路径的 Bootstrap 分析结果见表 10 - 7 中的模型 2，检验结果表明：路径 3 的中介路径不显著（ -0.264， 0.244），不支持假设 H4.2，即链式中介效应不显著；路径 1 的中介路径显著（0.348， 1.513），支持假设 H2.2；路径 2 的中介路径显著（0.110， 1.374），假设 H3.2 得到支持。在控制三条中介路径后，网络结构嵌入对众创空间创新绩效的直接作用不显著（ -1.286， 0.402），不支持假设 H1.2。结构嵌入对众创空间创新绩效的总效应显著（0.802， 1.198），效应系数为 0.973；间接总效应显著（0.642， 2.375），效应系数 1.174；间接效应在总效应中的比例为 120.7%。通过对三条中介路径效应对比的 Bootstrap 检验，发现路径 1 和路径 3、路径 2 和路径 3 具有显著差异，表明利用创新行为和探索创新行为在网络结构嵌入与众创空间创新绩效的链式中介效应不显著，但并列中介效应显著。综上，利用创新行为和探索创新行为在结构嵌入与众创空间创新绩效的关系中均发挥完全中介效应，但只发挥并列中介作用，不存在链式中介效应。

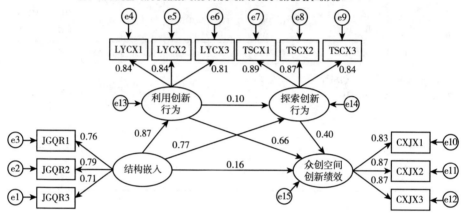

图 10 - 4　结构嵌入与众创空间创新绩效的链式中介路径系数

表 10 - 8　　　　　结构嵌入与众创空间创新绩效的链式中介路径

路径	Estimate	S. E.	C. R.	P	Label	显著性
结构嵌入→利用创新行为	1.019	0.088	11.560	***	a12	显著
结构嵌入→探索创新行为	1.065	0.209	5.088	***	a22	显著
利用创新行为→探索创新行为	0.118	0.164	0.723	0.470	d12	不显著
探索创新行为→众创空间创新绩效	0.368	0.099	3.700	***	b22	显著
结构嵌入→众创空间创新绩效	-0.201	0.223	-0.903	0.367	c2'	不显著
利用创新行为→众创空间创新绩效	0.724	0.141	5.139	***	b12	显著

注：*** $P < 0.001$，** $P < 0.01$，* $P < 0.05$。

10.4.3.3　知识嵌入与众创空间创新绩效

网络知识嵌入与众创空间创新绩效的链式中介模型图和路径表，如图 10 - 5 和表 10 - 9 所示，其中，图 10 - 5 中的路径系数为标准化路径系数，表 10 - 9 中的路径系数为非标准化路径系数。由图 10 - 5 和表 10 - 9 可知，模型 3 的拟合指标均达到或超过良好水平，模型 3 的整体适配度较理想，说明模型 3 的设置是合理的，除探索创新行为→众创空间创新绩效外，其余路径系数均显著。链式中介路径的 Bootstrap 分析结果见表 10 - 7 中的模型 3，检验结果表明：路径 3 的中介路径不显著 (-0.005, 0.121)，不支持假设 H4.3，即链式中介效应不显著；路径 1 的中介路径显著 (0.123, 0.466)，支持假设 H2.3；路径 2 的中介路径不显著 (-0.020, 0.278)，不支持假设 H3.3。在控制三条中介路径后，网络知识嵌入对众创空间创新绩效的直接作用仍然显著 ($c3' = 0.321$, $p = 0.023$)，假设 H1.3 得到支持。网络知识嵌入对众创空间创新绩效的总效应显著 (0.611, 0.831)，效应系数为 0.719；间接总效应显著 (0.220, 0.661)，效应系数为 0.399；间接效应在总效应中的比例为 55.4%。通过对三条中介路径的效应对比的 Bootstrap 检验，发现路径 1 和路径 3 具有显著差异，表明利用创新行为和探索创新行为在知识嵌入与众创空间创新绩效的链式中介效应不显著，利用创新行为的单一中介效应显著。综上所述，利用创新行为在网络知识嵌入与众创空间创新绩效的关系中发挥部分中介效应，但只发挥单一中介作用，不存在链式中介效应；而探索创新行为在知识嵌入与众创空间创新绩效的关系中发挥的中介效应不显著。

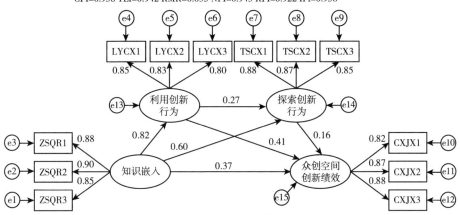

图 10 - 5　知识嵌入与众创空间创新绩效的链式中介路径系数

表 10 - 9　　　　　知识嵌入与众创空间创新绩效的链式中介路径

路径	Estimate	S. E.	C. R.	P	Label	显著性
知识嵌入→利用创新行为	0.664	0.046	14.395	***	a13	显著
知识嵌入→探索创新行为	0.558	0.085	6.598	***	a23	显著

续表

路径	Estimate	S. E.	C. R.	P	Label	显著性
利用创新行为→探索创新行为	0.306	0.103	2.961	0.003	d13	显著
探索创新行为→众创空间创新绩效	0.144	0.075	1.929	0.054	b23	不显著
知识嵌入→众创空间创新绩效	0.321	0.085	3.786	***	c3'	显著
利用创新行为→众创空间创新绩效	0.435	0.094	4.644	***	b13	显著

注：***$P < 0.001$，**$P < 0.01$，*$P < 0.05$。

10.4.4 组合效应分析

众创空间中的企业在嵌入多层次创新网络中往往兼具网络关系嵌入、结构嵌入和知识嵌入的优势，三种网络嵌入的共同作用会产生叠加效应还是抵消效应，还有待进一步研究。为此，本章进一步考察了三种网络嵌入的组合效应。使用 AMOS24 软件，构建了网络关系嵌入和结构嵌入的双因素模型 4、网络关系嵌入和知识嵌入的双因素模型 5、网络结构嵌入和知识嵌入双因素模型 6、网络关系嵌入、结构嵌入和知识嵌入的三因素模型 7，各模型的拟合指标见表 10 - 10。由表 10 - 10 可知，各模型的拟合指标均达到或超过良好水平，表明本研究提出的理论模型与数据拟合效果良好。模型 5 和模型 6 成功运行出结果，表明网络关系嵌入和知识嵌入、网络结构嵌入和知识嵌入在影响众创空间创新绩效方面存在协同效应，见表 10 - 11。由表 10 - 11 可知，模型 5 中网络关系嵌入和知识嵌入与众创空间创新绩效的直接效应均为正向影响且显著，网络关系嵌入和知识嵌入存在叠加效应。模型 6 中网络结构嵌入与众创空间创新绩效的直接效应为负向影响且不显著，知识嵌入与众创空间创新绩效的直接效应为正向影响且显著，网络结构嵌入和知识嵌入存在抵消效应。

表 10 - 10　　　　　　　　　　多模型拟合情况汇总

模型	χ^2	df	χ^2/df	RMR	GFI	AGFI	NFI	IFI	CFI	RMSEA
模型 4	250.295	80	3.129	0.043	0.896	0.844	0.928	0.950	0.949	0.080
模型 5	280.910	80	3.511	0.039	0.893	0.839	0.926	0.946	0.946	0.091
模型 6	282.070	80	3.526	0.037	0.892	0.837	0.927	0.947	0.946	0.091
模型 7	415.397	120	3.462	0.047	0.862	0.803	0.910	0.934	0.934	0.090

表 10 – 11　　　　　　　　　多层次网络嵌入组合效应分析结果

模型	路径	Estimate	S. E.	C. R.	P	显著性
模型 5	知识嵌入→利用创新行为	0.269	0.083	3.219	0.001	显著
	关系嵌入→利用创新行为	0.606	0.119	5.085	***	显著
	知识嵌入→探索创新行为	0.516	0.094	5.511	***	显著
	利用创新行为→探索创新行为	0.260	0.147	1.769	0.077	不显著
	关系嵌入→探索创新行为	0.114	0.168	0.680	0.497	不显著
	探索创新行为→众创空间创新绩效	0.125	0.072	1.740	0.082	不显著
	知识嵌入→众创空间创新绩效	0.226	0.088	2.568	0.010	显著
	利用创新行为→众创空间创新绩效	0.264	0.127	2.083	0.037	显著
	关系嵌入→众创空间创新绩效	0.351	0.147	2.393	0.017	显著
模型 6	结构嵌入→利用创新行为	0.706	0.133	5.311	***	显著
	知识嵌入→利用创新行为	0.262	0.080	3.280	0.001	显著
	结构嵌入→探索创新行为	0.851	0.211	4.024	***	显著
	利用创新行为→探索创新行为	− 0.101	0.153	− 0.662	0.508	不显著
	知识嵌入→探索创新行为	0.354	0.091	3.888	***	显著
	探索创新行为→众创空间创新绩效	0.236	0.104	2.268	0.023	显著
	结构嵌入→众创空间创新绩效	− 0.308	0.224	− 1.376	0.169	不显著
	利用创新行为→众创空间创新绩效	0.574	0.144	3.997	***	显著
	知识嵌入→众创空间创新绩效	0.334	0.088	3.818	***	显著

注：$*** P < 0.001$，$** P < 0.01$，$* P < 0.05$。

10.5　稳健性检验

为了对上述中介作用的稳定性进行分析，使用 process 软件，改变上述变量的度量方法，使用显变量的平均值生成新的变量，对潜变量进行度量，进而对创新行为的多步中介效应进行检验。通过 SPSS 软件描述性统计中的探索分析发现，本部分的抽样分布为非正态分布，各变量间显著正相关，表明变量间存在密切关系，见表 10 – 12。结合回归分析和结构方程模型的检验结论，按照赵等（Zhao et al.，2010）提出的中介分析程序，参照海斯（Hayes，2013）提出的多步中介变量的检验方法，对创新活动的多步中介作用进行Bootstrap中介变量检验，样本量选择5000，设置95%的置信区间，检验结果见表10－13。

表10－12　　　　　　　　　　　　相关系数表

	均值	标准差	相关系数					
			（1）	（2）	（3）	（4）	（5）	（6）
关系嵌入（1）	3.7015	0.79402	0.740					
结构嵌入（2）	3.6983	0.81477	0.791**	0.757				
知识嵌入（3）	3.5142	1.02500	0.677**	0.707**	0.877			
利用式创新行为（4）	3.7331	0.83913	0.709**	0.730**	0.734**	0.830		
探索式创新行为（5）	3.5229	0.97268	0.615**	0.726**	0.751**	0.673**	0.870	
企业创新绩效（6）	3.5283	0.9186	0.693**	0.645**	0.746**	0.733**	0.683**	0.854

注：相关系数为皮尔逊系数。** 表示在0.01级别（双尾），相关性显著。

表10－13　　　　　　　　　　　创新行为的多步中介检验

创新行为在关系嵌入→众创空间企业创新绩效中的多步中介检验					
	Effect	BootSE	BootLLCI	BootULCI	显著性
总效应（t=16.778，p=0.000）	0.802	0.048	0.708	0.896	显著
直接效应（t=5.325，p=0.000）	0.314	0.059	0.198	0.430	显著
间接效应					
总间接效应（TOTAL）	0.488	0.068	0.361	0.624	显著
关系嵌入→利用式创新行为→企业创新绩效（Ind1）	0.290	0.063	0.166	0.415	显著
关系嵌入→探索式创新行为→企业创新绩效（Ind2）	0.090	0.032	0.036	0.160	显著
关系嵌入→利用式创新行为→探索式创新行为→企业创新绩效（Ind3）	0.109	0.035	0.053	0.191	显著

创新行为在结构嵌入→众创空间企业创新绩效中的多步中介检验					
	Effect	BootSE	BootLLCI	BootULCI	显著性
总效应（t = 14.714，p = 0.000）	0.727	0.049	0.630	0.824	显著
直接效应（t = 1.290，p = 0.198）	0.087	0.067	− 0.046	0.219	不显著
间接效应					
总间接效应（TOTAL）	0.640	0.080	0.482	0.803	显著
结构嵌入→利用式创新行为→企业创新绩效（Ind1）	0.383	0.067	0.246	0.509	显著
结构嵌入→探索式创新行为→企业创新绩效（Ind2）	0.178	0.048	0.092	0.280	显著
结构嵌入→利用式创新行为→探索式创新行为→企业创新绩效（Ind3）	0.079	0.032	0.030	0.152	显著

创新行为在知识嵌入→众创空间企业创新绩效中的多步中介检验					
	Effect	BootSE	BootLLCI	BootULCI	显著性
总效应（t = 19.550，p = 0.000）	0.669	0.034	0.602	0.736	显著
直接效应（t = 5.951，p = 0.000）	0.313	0.053	0.210	0.417	显著
间接效应					
总间接效应（TOTAL）	0.356	0.065	0.241	0.490	显著
知识嵌入→利用式创新行为→企业创新绩效（Ind1）	0.232	0.047	0.139	0.325	显著
知识嵌入→探索式创新行为→企业创新绩效（Ind2）	0.091	0.044	0.021	0.191	显著
知识嵌入→利用式创新行为→探索式创新活动→企业创新绩效（Ind3）	0.032	0.016	0.007	0.069	显著

　　首先，检验两个次序中介变量（利用式创新行为、探索式创新行为）的中介路径（Ind3）的显著性和作用大小，数据结果表明创新行为在关系嵌入、结构嵌入、知识嵌入与众创空间创新绩效的中介路径（Ind3）都大于 0 且显著。其二，检验中介路径（Ind1）和（Ind2）的作用大小和显著性，结果表明关系嵌入、结构嵌入、知识嵌入与企业创新绩效的中介路径 Ind1 和 Ind2 的作用均大于 0 且显著。其三，在控制了三条中介路径后，关系嵌入对企业创新绩效的直接作用为 0.314，LCL 区间为（0.198，0.430），影响显著；结构

嵌入对企业创新绩效的直接作用为 0.087，LCL 区间为（－0.046，0.219），影响不显著；知识嵌入对企业创新绩效的直接作用为 0.313，LCL 区间为（0.210，0.417），影响显著。综上所述，利用式创新行为和探索式创新行为在网络嵌入的 3 个维度与众创空间企业的创新绩效之间发挥不同的中介作用。利用式创新行为和探索式创新行为分别在关系嵌入、结构嵌入、知识嵌入与众创空间的企业创新绩效之间发挥多步中介作用，其中利用式创新行为在关系嵌入和知识嵌入对企业创新绩效的关系中发挥部分中介作用，探索式创新行为在结构嵌入对企业创新绩效的关系中发挥完全中介作用。与前面对利用式创新行为和探索式创新行为的中介作用分析结论基本一致，表明本章的结论具有稳健性。

10.6 研究结论与启示

10.6.1 研究结论

基于网络嵌入理论和知识创新理论，在多层次网络嵌入与众创空间创新绩效的影响关系中引入利用创新行为和探索创新行为两个有序的链式中介变量，分别考察网络关系嵌入、结构嵌入、知识嵌入是否引发了利用创新行为以及探索创新行为，进而影响众创空间创新绩效，并检验了三种网络嵌入的组合效应。实证分析结果表明：

（1）网络嵌入是影响众创空间企业创新绩效的关键外部因素。数据分析结果显示，网络关系嵌入、结构嵌入、知识嵌入对众创空间创新绩效的总效应和总间接效应均显著且为正向影响，表明三种网络嵌入均为影响众创空间创新绩效的关键核心因素，解释了"嵌入性"悖论。众创空间的企业多为中小企业，小而新，无法利用有限的资源开展创新活动，需要嵌入多层创新网络。通过关系嵌入的高信任和频繁联系特征可有效获取隐性知识，以深入挖掘和利用已有隐性知识；通过结构嵌入的高网络中心度和结构洞可获得"桥连接"，能及时接触最新的技术和知识；通过知识嵌入的丰富性可获取异质性知识资源，有利于突破网络嵌入的"能力陷阱"，以实现创新绩效的明显改善。路畅等（2019）、王黎萤等（2021）对中小企业的实证研究也得出相似的结论，发现各种类型的网络均显著正向影响企业创新绩效。网络嵌入的多重性和异质性会影响知识资源分布的差异，因此需要注意对多元网络的协同治理，动态调整结构嵌入、关系嵌入和知识嵌入的状态，协同发挥三个嵌入维度的优势和价值，进而通过企业的创新行为，促进创新产出。

（2）创新行为发挥中介作用。实证分析结果表明：利用创新行为与探索创新行为只在网络关系嵌入与众创空间创新绩效间的链式中介效应显著且为正向影响；两者在网络结构嵌入与众创空间创新绩效间发挥并行中介作用，其中利用创新行为发挥部分中介效应，探索创新行为发挥完全中介效应；利用创新行为在知识嵌入与众创空间创新绩效间发挥部分中介效应，探索创新行为的中介效应不显著。

（3）网络关系嵌入和知识嵌入存在叠加效应，结构嵌入和知识嵌入存在抵消效应。本章从网络嵌入理论和创新行为理论视角对众创空间创新绩效影响机理研究进行拓展，可以为众创空间企业实现多层次网络嵌入状态和创新行为的动态调整提供理论支持，为众创空间创新绩效的提升提供选择路径。

（4）不同网络嵌入状态对众创空间创新绩效的影响存在不同路径。路径一：网络关系嵌入不仅对众创空间产生直接的显著正向影响，还通过利用创新行为、探索创新行为的链式中介作用间接影响众创空间创新绩效。路径二：网络结构嵌入对众创空间创新绩效的直接影响不显著，通过利用创新行为和探索创新行为的并行中介作用间接影响众创空间创新绩效，利用创新行为发挥部分中介效应，探索创新行为发挥完全中介效应。路径三：网络知识嵌入对众创空间创新绩效产生直接的显著正向影响，且利用创新行为其间发挥部分中介效应，但探索创新行为的中介效应不显著。该研究结论可以解释为什么实践中嵌入相同网络中的企业其创新行为和创新绩效会存在巨大的差别。

10.6.2　研究启示

首先，众创空间的企业应重视多层次网络嵌入的不同嵌入状态与两种创新行为的动态调整和平衡。因此，企业在选择创新绩效提升路径时，应根据网络嵌入状态选择合适的创新行为，若在网络关系嵌入上具有优势，表明企业在网络具有较高的信任度且关系密切，有利于共享和吸收网络中的隐性知识，此时，企业应积极吸收、挖掘和利用网络中的资源，充分发挥利用式创新活动的中介作用，把获取的隐性知识与已有知识进行有效融合，改善企业已有的产品、服务或流程。实施成功之后，为避免落入"成功陷阱"可进一步采取探索创新行为，开发新技术或新知识。若在网络结构嵌入上具有优势，表明企业在网络中处于核心位置且拥有"结构洞"，可充分发挥核心位置优势和桥连接优势，同时实施利用创新行为和探索创新行为，实现两者的有机平衡，接触最新的知识或信息，突破已有的技术瓶颈，开发新产品或新技术，避免落入"失败陷阱"；若在网络知识嵌入上具有优势，表明企业所处的网络拥有丰富、多元的知识，可采取利用创新行为，通过对外部知识的吸收、利用改造已有产品、服务或流程，提升创新绩效。

其次，众创空间的企业应注意利用式创新行为和探索式创新行为之间的顺序关系，先实施利用式创新行为，深入吸收、挖掘嵌入网络的知识资源，改善已有产品或服务，在获得成功之后，再进一步实施探索式创新活动，开发新技术或新知识。先实施利用式创新行为有利于避免"失败陷阱"，随后及时开展探索式创新行为又可避免陷入"成功陷阱"，实现两者的有机平衡和创新绩效的持续提升。

再次，企业也可根据自身正在开展的创新活动类型选择相应的网络嵌入状态。当企业在实施利用式创新行为时，应特别注意维系信任且密切的关系，同时要选择嵌入在知识资源丰富且异质的网络中，以充分发挥关系嵌入和知识嵌入的作用和优势。当企业在实施探索式创新行为时，更需要企业在网络中占据有利位置和拥有更多的结构洞，以获取最新、最前沿的信息和知识，从而提高创新的成功率。

最后，众创空间的企业应重视三种网络嵌入状态的协同效应。不同的企业在嵌入相同创新网络时，由于在网络中的嵌入状态不同，可获取的网络资源会有较大差异。研究表明，网络关系嵌入和知识嵌入存在叠加效应，网络结构嵌入和知识嵌入存在抵消效应。这意味着，企业的网络关系嵌入和知识嵌入的组合能够更好地发挥网络嵌入优势，通过密切且信任的关系资源获取丰富、异质的网络知识资源，充分实施企业内部的利用创新行为和探索创新行为，可以更有效地把关系资源和网络知识资源转化为创新产出，带来创新绩效的明显提升。结构嵌入和知识嵌入的组合会抵消结构嵌入对创新绩效的直接效应，网络中知识资源越丰富越异质，桥连接和核心位置的重要性就相对降低，对于众创空间的企业而言，嵌入网络的最本质功能在于获取异质性的知识资源，以弥补自身创新资源的不足。因此，在关注网络嵌入状态的协同效应时，企业应特别关注网络知识嵌入状态，通过异质性知识资源的有效获取和充分挖掘利用，以实现创新绩效的明显改善。

10.7　本章小结

多层次网络嵌入能否有效推动众创空间提升创新绩效仍然存在理论争议。本章基于网络嵌入理论和知识创新理论，应用产业经济学的结构行为绩效模型，构建了"多层次网络嵌入—双元创新行为—众创空间创新绩效"的链式中介模型，探讨多层次创新网络嵌入影响众创空间创新绩效的内在机理。基于 306 家众创空间中小企业的问卷调查数据，运用结构方程模型的路径分析和 bootstrap 方法的实证检验，结果表明：（1）关系嵌入、结构嵌入、知识嵌入对众创空间创新绩效均具有显著的正向影响。（2）双元创新行为在多层网络嵌入和众创空间创新绩效中的链式中介作用存在较大的差异。利用创新行为和探索创新行为在关系嵌入与众创空间创新绩效间具有链式中介作用，在结构嵌入与众创空间创新绩效间发挥并行中介作用；利用创新行为在知识嵌入与众创空间创新绩效间发挥部分中介效应，探索创新行为的中介效应不显著。（3）组合效应分析表明，关系嵌入和知识嵌入存在叠加效应，而结构嵌入和知识嵌入存在抵消效应。研究结论揭示了多层次网络嵌入影响众创空间创新绩效的内在机理，为众创空间创新绩效提升路径的制定和实施提供了参考和借鉴。

第11章 基于 PMC 指数模型的科技 服务业政策文本量化评价

11.1 问题的提出

科技服务业是提供智力服务的新型高端服务业，是创新驱动发展战略的重要支撑，是解决经济与科技"两张皮"问题的重要抓手，是推动区域经济高质量发展的重要引擎和建立现代经济体系的重要战略支撑。全球产业发展的经验表明，科技服务业已成为发达国家的主要产业和经济增长点，是推动发达国家科技创新的基础。鉴于科技服务业的高新技术突出、智力密集型、高附加值、辐射带动性强等特征，科技服务业的投入高、风险大，但具有溢出特征，可"搭便车"，会出现市场失灵现象。因此，在科技服务业的发展中，政府的支持和引导发挥了至关重要的作用（李丽，2014）。发达国家对科技服务业发展给予了多方位的全面支持，如美国通过营造环境、立法等方式对关键技术领域给予支持，日本通过加强对科技创新和成果转化的宏观管理进行直接支持，欧盟则重视国家创新体系的构建，通过奖励基金等方式促进产学研的互利合作。国务院于 2014 年印发了《国务院关于加快科技服务业发展的若干意见》，明确了科技服务业对创新驱动发展战略的重要支撑作用，并提出九大重点任务。各地方政府也相应加大了对科技服务业的支持力度，以进一步推动科技服务业的发展。然而，各地方政府加快科技服务业发展的政策类属有哪些，政策制定过程是什么、政策质量如何，是一个值得探讨的问题。

为健全我国科技服务业发展的政策网络体系，更好发挥政府的政策引导效应，本章以科技服务业政策为主要研究对象，在文本挖掘基础上，根据关

键词和语义关系网络归纳出政策类属和政策制定逻辑，构建科技服务业政策
的 PMC 量化评价三级指标体系，对 24 份具省级科技服务业政策进行量化评
价，通过整体情况分析、等级内对比分析和纵向比较，深入剖析我国省级科
技服务业政策的量化等级、结构合理性和政策短板，并提出相应的政策优化
建议，以期为未来科技服务业政策的制定提供明确的优化路径。

11.2　文献综述

科技服务业在国外一般被称为知识密集型产业，对知识密集型产业政策
的研究关注于政策的效应、政策间的关系以及政策制定过程等方面（杜宝贵
和陈磊，2022）。如维尔亚马等（Voljamaa et al.，2010）以芬兰的政策制定
为例，探讨了政策对知识密集型基础设施的影响。李等（LEE et al.，2016）
的实证研究发现政府支持对知识密集型产业中的专业供应商和科学部门的绩
效产生积极影响。法布里齐奥等（Fabrizio et al.，2017）探讨了创新公共政
策对发明数量的影响。莫塔等（Motta et al.，2013）研究发现阿根廷软件部
门创新政策之间存在互补性和可替代性关系。沃纳和施特兰巴赫（Werner
and Strambach，2018）探讨了顾问参与的复杂动态及其对政策制定过程的影
响。在中国知网，以"科技服务业政策"为主题词进行搜索，发现在核心期
刊发表的已有研究成果最早开始于 2008 年，主要聚焦于以下三方面：一是关
于科技服务业政策建议的研究。杜振华（2008）从市场准入角度，提出了科
技服务业发展的政策建议；更多的研究以特定省份为研究对象，提出推动特
定省份科技服务业发展的政策建议，如黄丽萍（2013）、苏朝辉（2013）、钟
小平（2014）、邱荣华等（2014）、邹弈星等（2015）分别对推动福建省、广
东省、四川省的科技服务业发展提出政策建议。二是关于科技服务业政策构
建的研究。以宁凌和郭龙龙（2011）、张玉强和王建国（2011）等学者为代
表，在国内外科技服务业激励政策比较分析的基础上，分别构建了需求主导
型、投入主导型的科技服务业激励政策；张胜和郭英远（2014）基于政策地
图提出了科技服务业政策设计的思路。三是关于科技服务业政策评价的研究。
该类研究是近几年科技服务业政策研究的热点，根据研究对象的不同可分为
两类。一类是基于文本挖掘的政策文本总体的量化研究。如张骁、周霞、王

亚丹（2018）通过文本挖掘，收集了 2006～2016 年 60 篇政策作为素材，提取了 75 个关键词，构建语义网，基于政策工具视角发现科技服务业政策存在研究领域关注度不一致、政策措施组合单调、政策工具应用不均衡等问题。杜宝贵和陈磊（2021）从概念、流变、体系、特征、内容 5 个维度，以 36 项政策文本为样本，基于五维视角对中国科技服务业政策进行研究。该类研究基于政策总体进行分析，未对每项政策文本进行量化等级评分和对比分析，且使用的政策文本数量较少，未能充分涵盖我国各级政府发布的相关科技服务业政策。另一类是基于 PMC 指数模型的政策文本个体的量化分析与比较研究。杜宝贵和陈磊（2022）以 12 份科技服务业政策为样本，计算 PMC 指数，并以辽宁省为核心与相关省市样本进行对比，从中发现辽宁省科技服务业政策存在的问题并提出优化路径。该研究提供了很好的视角，但该研究仅以辽宁省为核心进行分析，我国其他省份的科技服务业政策需要考量和评价，且对不同等级政策、同一省份不同时期的政策进行对比分析，更能发现各地政策的共性问题和差异性问题，有利于提高政策优化的针对性。此外，现有对我国科技服务业政策的文本量化多构建二级评价指标，对比研究年份较早且样本量较少。随着我国科技服务业的不断发展，部分科技服务业政策文本已经失效，或进行了修订，或出台了相关的配套政策及措施。因此，为了更好地把握各级政府对科技服务业的最新关注重点和政策制定逻辑，本研究拟对我国各级政府出台的科技服务业政策进行文本挖掘，构建更为详细的三级评价指标体系，通过量化分析和对比研究，发现各地政策的共性问题和政策短板，为进一步完善科技服务业政策体系提供参考。

文献检索发现政策评价方法已由强调利用社会实验与数理分析方法的实证本位方法论逐渐转变为注重价值判断的规范本位方法论，如比格曼的五类评估法和波兰德"三 E"评估法（翟运开等，2022）。当前，在政策评价中常用的评价方法或模型有层次分析法、模糊综合评价法、人工神经网络评价法、倾向得分匹配 – 双重差分法、动态 CGE（computable general equilibrium）模型、灰色关联模型、PMC 指数模型等（翟运开等，2022）。PMC 指数模型是近年兴起的政策一致性评价模型（Ruiz and Yap，2013），源于 2008 年鲁伊斯等（Ruiz，Yap and Nagaraj，2008）提出的"Omina Mobilis"假说，即任一变量都同等重要，且运动和相互关联。该模型遵循所有变量同等重要的原则，尽可能保证评价指标变量的全面性、针对性和代表性（Ruiz and Park，2018），在政策文本中涉及了该变量则赋值为 1，否则为 0，避免了在政策评价中因关注某些变量而忽视其他变量的现象（宋潇、钟易霖、张龙鹏，2021）。与其他政策评价模型相比，PMC 模型具有以下优势：第一，PMC 模型聚焦于对政策文本本身的评价（胡峰、戚晓妮、汪晓燕，2020），成本较低且更易操作（翟运开等，2022）。第二，PMC 模型的底层变量主要通过文本挖掘设定，将尽可能多的变量纳入评价体系（董纪昌、袁铨、尹利君等，2020），不仅充分体现了政策的特殊性，还减少和避免了人为评价的主观性，提高了研究结论的精准性（史童、杨水利、王春嬉等，2020）。第三，PMC 模型不仅可以直接评价单一政策的全面性等级和内部一致性，以及单一变量的评价值和不同政策间的一致性，同时可以通过 PMC 曲面图直观展示政策各维度的优劣，从而为政策改进提供更为科学、明确的政策指向（胡峰、戚晓妮、汪晓燕，2020）。在政策文本量化评价领域，PMC 模型被学者们广泛使用。如胡峰等结合文本挖掘，得出 8 项机器人产业政策的 PMC 指数并提出政策改进路径（胡峰、戚晓妮、汪晓燕，2020）。史童等（2020）通过构建 PMC 指数模型，计算 6 项科技成果转化政策的 PMC 指数并绘制 PMC 曲面图。宋潇、钟易霖、张龙鹏（2021）运用内容分析法，并基于 PMC 政策指数模型对 17 份省级政策进行了评价。宋大成、焦凤枝、范升（2021）对 6 项科学数据开放共享政策进行 PMC 指数模型量化评价。翟运开等（2022）计算 7 项远程医疗专项政策的 PMC 指数、绘制 PMC 曲面图和戴布拉图对各项政策进行对比，分析各政策的优劣及优化路径。蔡冬松、柴艺琳、田志雄（2021）仅对吉林省数字经济政策文本进行 PMC 量化评价与分析。邝等（Kuang et al.，2020）运用 PMC 指数和 PMC 曲面对 2004 年以来中国 8 个耕地保护政策进行了定量评价。

　　尽管在科技服务业政策评价方面已有一些研究成果，但仍有以下方面有待进一步完善。现有对中国科技服务业政策的文本量化多构建二级评价指标，对比研究年份较早且样本量较少。随着中国科技服务业的不断发展，部分科技服务业政策已经失效，或进行了修订，或出台了相关的配套政策及措施。因此，与同类研究相比，为了更好地把握各级政府对科技服务业的最新关注重点和政策制定逻辑，对中国各级政府出台的科技服务业政策进行文本挖掘，构建更为详细的三级评价指标体系，通过对不同等级政策、同一省份不同时期的政策量化分析和对比研究，发现各地政策的共性问题和差异性问题，有利于提高政策优化的针对性。

11.3 研究方法与数据来源

11.3.1 研究方法

本章的研究方法为基于 ROST CM 软件的文本分析法和近年兴起的 PMC 政策指数模型。在政策文献研究领域，该分析法被广泛使用，通过政策文本分析可有效识别政策目标、政策路径和政策工具的使用情况。借助 ROST CM 软件辅助开展文本分析，对科技服务业政策文本的政策类属进行分析。PMC 政策指数模型聚焦于对政策本身的评价（胡峰、戚晓妮、汪晓燕，2020），遵循全面性、特殊性和事物普遍联系的原则，根据政策具体情况构建评价指标，在评价中充分考虑政策的特殊性，尽可能构建全面的评价指标体系，对政策变量赋予相同的权重，涉及该变量时赋值为 1，未涉及赋值为 0。PMC 政策指数模型通过识别变量、构建投入产出表、测量 PMC 指数、生成 PMC 曲面 4 步实现，可对政策文本进行定性定量相结合的综合评价。

11.3.2 数据来源

本章仅研究科技服务业专项政策，政策文本数据库的构建策略为：首先，以"科技服务业"为标题（张骁、周霞、王亚丹，2018）在中国知网的政府文件类目中搜索出 488 条相关记录。其次，通过中国法律知识资源总库、"北大法宝"、各级政府网站等进行查验、补充（蔡冬松、柴艺琳、田志雄，2021）。最后，对政策内容逐一阅读筛选，公示类、公告类、通知类、复函类等文件不属于专项政策（蔡冬松、柴艺琳、田志雄，2021），删除上述政策文本，最终筛选出 117 项有效政策文本。117 项政策文本从时间分布看，最早的发布于 2008 年，最晚的发布于 2021 年，2015 年和 2016 年的发布数量占总数的一半以上，分别为 38 项（占 32%）和 25 项

（21%）。从政策文本级别看，国家级政策文本 1 项，省级政策文本有 30 项，市级政策文本 79 项，县区级政策文本 7 项。在深入研读政策文本的基础上，运用 ROST CM 软件，将收集的政策文本导入系统进行词频统计，对排序前 300 的关键词进行详细的筛选，关键词筛选策略为：首先对政策文件中的高频动词如"建立""完善""提升""发挥""给予""加大""落实""设立"等词汇进行过滤；其次，结合本研究的研究内容，对副词、量词、语气词、通用词，如"充分""一批""社会""国家""各类""我市""进一步""部门""领域"等词汇进行过滤；最后，对含义重复的词，如"科技服务业企业"和"科技服务企业"进行归并。通过上述筛选策略，构建语义网络图谱，见图 11－1。

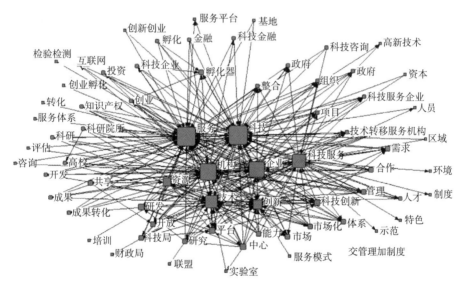

图 11－1　排序前 300 的关键词构成的语义网络图谱

为了能更清晰地观察关键词之间的关系，对排序前 100 的关键词构建语义网络图谱（见图 11－2）。图 11－1 和图 11－2 中方块的大小用度数来表示，度数越大，方块越大。由图 11－1 和图 11－2 可知：①科技服务、科技、机构、企业、服务、技术和创新的方形最大，表明这些词与其他词的连接最多，度数中心性最大，为科技服务业政策文本的核心主题词，能反映科技服务业的主要特征；②较为核心的主题词为科技局、平台、资源、能力、研发、中心、市场、科技创新等，这些主题词体现出当前科技服务业的主管部门是科技局，科技服务业政策的制定尤其注重平台或中心建设、资源和能力、研发和科技创新等方面；③成果转化、知识产权、技术转移等主题词反映出科技服务业政策的重点在于成果转化、知识产权保护和技术转移。政策文本挖掘为后续政策量化评价指标的设计提供了依据。

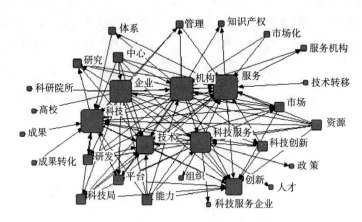

图 11 - 2　排序前 100 的关键词语义网络图谱

省级科技服务业政策对地方科技服务业发展具有统领性，引导着地方科技服务业发展布局。在上述语义网络图谱分析的基础上，筛选出 2012 ~ 2019 年 24 份效力级别为地方性工作文件、地方规范性文件或地方政府规章及文件且现行有效的省级科技服务业政策文件进行量化评估，如表 11 - 1 所示。

表 11 - 1　　　　　　　　24 份省级科技服务业政策文本列表

序号	政策文件	发布年份
1	《广东省人民政府办公厅关于促进科技服务业发展的若干意见》	2012
2	《辽宁省科技服务业发展四年行动计划（2014 年 - 2017 年)》	2014
3	《福建省人民政府关于促进科技服务业发展八条措施的通知》	2015
4	《吉林省人民政府关于加快科技服务业发展的实施意见》	2015
5	《青海省人民政府关于加快科技服务业发展的实施意见》	2015
6	《北京市关于加快首都科技服务业发展的实施意见》	2015
7	《宁夏回族自治区加快科技服务业发展实施方案》	2015
8	《云南省加快科技服务业发展实施方案》	2015

续表

序号	政策文件	发布年份
9	《河北省人民政府关于加快科技服务业发展的实施意见》	2015
10	《山东省人民政府关于贯彻国发〔2014〕49 号文件加快科技服务业发展的实施意见》	2015
11	《湖南省人民政府关于加快科技服务业发展的实施意见》	2015
12	《安徽省加快科技服务业发展实施方案》	2015
13	《湖北省加快科技服务业发展实施方案》	2015
14	《甘肃省加快科技服务业发展实施方案》	2015
15	《广西加快科技服务业发展实施方案（2015－2020 年)》	2015
16	《辽宁省落实国务院加快科技服务业发展若干意见任务分工的实施方案》	2015
17	《山西省人民政府关于推进科技服务业发展的实施意见》	2015
18	《江苏省加快科技服务业发展实施方案》	2015
19	《浙江省人民政府办公厅关于加快科技服务业发展的实施意见》	2015
20	《内蒙古自治区人民政府关于加快科技服务业发展的意见》	2015
21	《河南省人民政府关于加快科技服务业发展的若干意见》	2016
22	《山东省科技服务业转型升级实施方案》	2016
23	《海南省促进科技服务业发展实施方案》	2017
24	《河北省推动科技服务业高质量发展实施方案（2019－2022 年)》	2019

11.4　数 据 分 析 与 研 究 发 现

11.4.1　省级促进科技服务业发展的政策制定逻辑

省级政府促进科技服务业发展的政策路径内隐于政策文本中（文宏和李玉玲，2021）。通过文本挖掘可以明确政策文本中的关键内容，再结合政策文本的具体内容，对关键内容间的关系进行整理和归纳，进而发现政策制定逻辑。

首先，本部分合并 24 份政策文件，使用 ROST CM 软件的词频分析功能，从 24 份政策文件中提取排名前 300 的高频关键词（宋潇、钟易霖、张龙鹏，2021）。借鉴已有研究（宋潇、钟易霖、张龙鹏，2021），合并整理提取的高频关键词，删除与本研究主题重复的高频词（如"科技服务""科技服务业""科技""服务"），合并同一对象或语义相近的关键词（如将"研发"合并到"研究开发"，"联合"合并到"合作"，"技术创新"合并到"科技创新"，"集群"合并到"集聚"，"高等院校"合并到"高校"）。

其次，逐一查看24份政策文本原文，根据政策文本内容对合并整理后的高频关键词进行归类，如政策文本中的发展目标"基本形成……科技服务体系"培育……科技服务业集聚区""服务能力明显增强""科技创新全链条""形成一批科技服务产业集群"等与"体系""集聚""科技创新"等高频词密切相关，这些内容均属于政策目标范畴，故将上述关键词归为政策目的。根据政策文本中的重点工程、重点领域、重点任务，结合高频关键词，确定了知识产权服务、研究开发、技术转移9个科技服务业发展领域。使用上述方式，把51个高频关键词整理归纳为政策目的、政策对象、发展领域、产业发展、开放合作、政策措施、人才支持和基础支撑八大政策类属（见表11－2）。其中政策目标指各省份对全省科技服务体系、集聚发展、科技创新、服务能力等的发展目标；政策对象指政策文本的作用主体，主要为企业、机构、高校和科研院所；发展领域指各省份根据省情、优势和需要制定的重点工程、重点领域和主要任务；产业发展指科技服务业的产业发展方向和发展模式；开放合作指技术、人才等方面的国际、国内、区域间的合作、共享、整合、协同和联盟；政策措施指促进科技服务业发展的鼓励性、支持性和引导性的政策措施、财税政策、项目、基金和服务外包等；人才支持指科技服务业发展所需要的科技人员、人才团队及人才的培养和引进；基础支撑指平台、中心、资源、工程、基地、实验室、仪器、设备等基础资源的保障。

最后，对上述八大政策类属的政策覆盖率进行验证。将上述24份科技服务业政策文本分别导入ROST CM软件，经过与前面相同的数据筛选和整理过程，把上述51个高频关键词与每份政策文件排名前20的高频关键词进行对比，发现前20的高频关键词均包含在51个关键词内（宋潇、钟易霖、张龙鹏，2021）。同时对政策文本原文内容进行一一核对，发现本研究归纳的八大政策类属可以概括所有的政策文本内容，说明本研究对科技服务业政策文本内容的类属划分是合理的。

表 11-2　　　　　　　　　　　**24 份政策文件的高频关键词**

政策类属	具体描述	关键词	频次	政策类属	具体描述	关键词	频次
政策目的	形成科技服务体系、培育骨干企业或机构、建设集聚区、产业规模等发展目标	集聚区	281	开放合作	开展国际合作、区域协作、组建联盟、开拓国际市场等	合作	211
		体系	252			开放	173
		科技创新	225			共享	114
		能力	180			整合	81
政策对象	企业、机构、科研院所和高校等	机构	654			协同	72
		企业	596			联盟	69
		科研院所和高校	293	政策措施	研究基金、资金及财政补贴、税收优惠等	支持	559
		科技服务企业	152			鼓励	298
		服务机构	134			财税	299
		中小微企业	115			引导	185
		科技企业	105			资金	122
发展领域	科技服务业的发展领域、重点工程、主要任务等	研究开发	637			项目	104
		创业孵化	538			基金	93
		科技金融	518			服务外包	81
		技术转移	494	人才支持	科技服务人才、团队、队伍的培养、培训、引进和使用等	人才	311
		知识产权	479			培养	162
		检验检测认证	343			引进	71
		科技咨询服务	314	基础支撑	各类平台、技术中心、工程中心、实验室和基地的建设、资源共享、设施、仪器等	平台	339
		科学技术普及	283			中心	275
		综合科技服务	136			资源	252
产业发展	试点示范、集聚、推广应用、网络化、市场化、专业化	试点示范	185			工程	144
		集聚	141			基地	127
		推广应用	114			实验室	78
		网络化	120			仪器	78
		市场化	105			设施	76
		专业化	105				

　　结合关键词语义网络图谱和八大政策类属在政策文本原文的特征，建立八大政策类属之间的关系图，如图 11-3 所示。由图 11-3 可知，第一，科技服务业政策的八大政策类属分别属于目标要素、对象要素和运作机制要素，

其中政策目标构成了目标要素，政策对象属于对象要素，发展领域、产业发展、开放合作、人才支持、基础支撑和政策供给属于运作机制要素。第二，目标要素回答了科技服务业政策要"做什么"，对象要素明确了科技服务业政策的作用对象及其影响范围，回答了科技服务业政策"作用于什么"，运作机制要素回答了要发展科技服务业应"怎么做"。第三，科技服务业发展的"黑箱"是运作机制要素，其内部结构、运行逻辑和作用机制决定了目标要素的实现程度。其中，人才支持和基础支撑为科技服务业发展提供了人才、各类平台和中心、资源、设施和仪器，是科技服务业发展的前提条件和基础资源；发展领域和产业发展为科技服务业发展提供了发展方向和发展模式，以实现人才、资源、平台等要素的协同效应。开放合作和政策措施通过开放合作、资金、项目、基金、服务外包等鼓励性和引导性政策为科技服务业发展提供政策保障。第四，根据八大政策类属的关系图，归纳出科技服务业政策的制定过程：根据科技服务业发展现状，发现科技服务业发展的差距，确定科技服务业政策的目标，作用于对象要素，通过运作机制要素这一"黑箱"的运行促进科技服务业发展，并根据目标实现情况调整科技服务业政策目标，进入下一个循环。

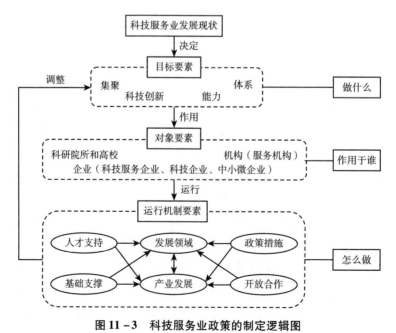

图 11 - 3　科技服务业政策的制定逻辑图

11.4.2　科技服务业政策的评价

对 24 份科技服务业政策文本的整体研究得出科技服务业政策关注的八大政策类属和政策制定过程，但未从个体层面对各省份的政策效果进行评价。为了对各省份政策进行个体层面的评价和对比，下文将使用 PMC 模型，计算各政策文本的得分和排名，通过对比发现差距和短板，为各省份科技服务业政策的优化提供方向和路径（宋潇、钟易霖、张龙鹏，2021）。

11.4.2.1　建立 PMC 指数模型评价指标体系

第一，由前面分析可知，科技服务业政策可归为政策目标、政策对象、发展领域、产业发展、开放合作、政策措施、人才支持和基础设施八个政策类属，因此 PMC 指数模型的一级评价指标为上述八大政策类属。同时，参考已有研究经验（杜宝贵和陈磊，2022；宋潇、钟易霖、张龙鹏，2021），增加设置政策影响、政策执行性 2 个一级指标，以充分体现 24 份政策文本发布主体、操作性和执行基础等差异性情况，最终构建了 10 个一级指标体系，见表 11 - 3。

第二，根据政策文本内容对 10 个一级指标进行分解，对政策文本进行编码，对政策文本进行编码，如根据对象不同，把政策对象分解为企业、机构、科研院所和高校等，最终构建了 35 个二级指标和 86 个三级指标。

表 11 - 3　科技服务业政策的 PMC 指数模型评价指标体系

一级指标	二级指标	三级指标	指标来源
政策影响（X1）	省政府发文（X1.1） 省政办发文（X1.2） 其他省厅发文（X1.3）	X1.1 = 1 X1.2 = 0.67 X1.3 = 0.33	参照成全、董佳、陈雅兰（2021），宋潇、钟易霖、张龙鹏（2021）
政策执行性（X2）	政策操作性（X2.1） 政策执行基础（X2.2）	保障措施（X2.1.1）、目标任务分工（X2.1.2） 组织领导（X2.2.1）、部门协同联动（X2.2.2）	参照杜宝贵、陈磊（2022）

一级指标	二级指标	三级指标	指标来源
政策目标 (X3)	近期目标 (X3.1)	形成服务体系 (X3.1.1)、培养骨干科技服务机构 (X3.1.2)、建设科技服务业集聚区 (X3.1.3)、产业规模 (X3.1.4)	二级指标参照宋潇、钟易霖、张龙鹏 (2021)，三级指标根据政策文本和高频关键词自建
	中期目标 (X3.2)	中期的三级指标与近期的一致 (X3.2.1 - X3.2.4)	
政策对象 (X4)	企业 (X4.1)	科技服务企业 (X4.1.1)、中小微企业 (X4.1.2)、骨干（龙头）企业 (X4.1.3)、其他企业 (X4.1.4)	二级指标参照杜宝贵和陈磊 (2022)，三级指标根据政策文本和高频关键词自建
	机构 (X4.2)	服务机构 (X4.2.1)、骨干机构 (X4.2.2)、其他机构 (X4.2.3)	
	科研院所和高校 (X4.3)	科研院所 (X4.3.1)、高校 (X4.3.2)	
发展领域 (X5)	研究开发 (X5.1)	研究开发 (X5.1.1)、工业设计 (X5.1.2)	二级指标参照杜宝贵和陈磊 (2022)，三级根据政策文本和高频关键词自建
	创业孵化 (X5.2)	孵化器 (X5.2.1)、创新创业 (X5.2.2)	
	科技金融 (X5.3)	质押融资 (X5.3.1)、投融资 (X5.3.2)、保险 (X5.3.3)、天使（创业）投资 (X5.3.4)	
	技术转移 (X5.4)	成果转化 (X5.4.1)、技术转移 (X5.4.2)、技术（交易）市场 (X5.4.3)	
	知识产权 (X5.5)	知识产权基础服务如代理、法律、信息等 (X5.5.1)、知识产权高附加值服务如评估、交易等 (X5.5.2)	
	检验检测认证 (X5.6)	检验检测认证 (X5.6.1)、标准 (X5.6.2)、计量 (X5.6.3)	
	科技咨询服务 (X5.7)	科技信息服务 (X5.7.1)、咨询服务 (X5.7.2)	
	综合科技服务 (X5.8)	综合服务 (X5.8.1)、科技集成服务 (X5.8.2)	
	科学技术普及 (X5.9)	科普活动或设施 (X5.9.1)、科普产品 (X5.9.2)、科技教育 (X5.9.3)	
产业发展 (X6)	产业集聚 (X6.1)	集聚区建设 (X6.1.1)、集群发展 (X6.1.1)	二级指标参照杜宝贵和陈磊 (2022)，三级根据政策文本和高频关键词自建
	试点示范 (X6.2)	示范企业（单位、机构）(X6.2.1)、示范区 (X6.2.2)、科技金融试点 (X6.2.3)、其他试点 (X6.2.4)	
	发展方向 (X6.4)	专业化 (X6.4.1)、网络化 (X6.4.2)、市场化 (X6.4.3)	
人才支持 (X7)	人才扶持 (X7.1)	人才引进 (X7.1.1)、人才培养 (X7.1.2)	二级指标参照宋潇、钟易霖、张龙鹏 (2021)，三级指标根据政策文本和高频关键词自建
	团队建设 (X7.2)	团队引进 (X7.2.1)、团队培养 (X7.2.2)	
	配套政策 (X7.3)	流动政策 (X7.3.1)、认定和评价政策 (X7.3.2)、倾向性待遇 (X7.3.3)	

一级指标	二级指标	三级指标	指标来源
开放合作 （X8）	国际合作（X8.1） 区域合作（X8.2） 其他合作（X8.3）	技术合作（X8.1.1）、人才合作（X8.1.2）、 分支机构或共设机构（X8.1.3）、 与国际合作的一致（X8.2.1－X8.2.3）、 科技服务联盟（X8.3.1）、拓展国际市场 （X8.3.2）	二级指标参照宋潇、钟易霖、张龙鹏（2021），三级指标根据政策文本自建
政策措施 （X9）	政治策略（X9.1） 税收优惠（X9.2） 专项支持（X9.3） 补贴补偿（X9.4）	鼓励性措施（X9.1.1）、引导性措施（X9.1.2） 扣除（X9.2.1）、免征或减免（X9.2.2）、 加速折旧（X9.2.3） 专项资金（X9.3.1）、基金（X9.3.2） 补助或奖励（X9.4.1）、风险补偿（X9.4.2）	根据政策文本和高频关键词自建
基础支撑 （X10）	创新平台（X10.1） 资源共享（X10.2） 设施仪器（X10.3）	技术中心（X10.1.1）、实验室（X10.1.2）、 公共科技服务平台（X10.1.3）、基地建设 （X10.1.4） 资源共享平台（X10.2.1）、信息平台 （X10.2.2）、综合服务平台（X10.2.3） 科研基础设施开放运行（X10.3.1）、仪器 设备开放运行（X10.3.2）	根据政策文本和高频关键词自建

11.4.2.2　构建多投入产出表

多投入产出表是一种从一般角度对同级变量赋予相同权重的数据分析框架。本部分的多投入表由一级变量、二级变量和三级变量组成，采用二进制赋值，如果政策文本涉及三级变量则赋值为 1，否则赋值为 0。

11.4.2.3　PMC 指数的计算

参照已有研究，本部分按照以下步骤计算各省份科技服务业政策文本的 PMC 指数值：第一，根据多投入产出表中三级变量的得分（X_{ijk}）和公式（11-1）计算二级变量的值（X_{ij}）。其中二级变量 j 中所包含的三级变量数记作 k，$k=1,\cdots,n$。第二，一级变量的值根据公式（11-2）计算，其中一级变量 i 中包含的二级变量数记作 j，$j=1,\cdots,m$。第三，根据公式（11-3）计算每个政策文本的 PMC 指数值，其中 i 表示一级变量数，$i=1,\cdots,p$。

$$X_{ij} = \sum_{k=1}^{n} X_{ijk}/n \qquad\qquad (11-1)$$

$$X_i = \sum_{j=1}^{m} X_{ij}/m \qquad\qquad (11-2)$$

$$PMC = \sum_{i=1}^{p} X_i / p \qquad (11-3)$$

根据上述计算步骤，逐个研读24份科技服务业政策文本，根据评价指标体系和多投入产出表的构建方法，计算出各政策文本的 PMC 指数。参照蔡东松、柴艺琳，田志雄（2021）和鲁伊兹（RUIZ，2011）的等级划分标准，对24份科技服务业政策文本进行评级：8~9分为优秀，6.3~7.99 为良好、5.4~6.29 为合格、0~5.39 为较差，结果如表 11-4 所示。

表 11-4　　　　　　　科技服务业政策的 PMC 指数评价结果

序号	X1	X2	X3	X4	X5	X6	X7	X8	X9	X10	PCM	排名	等级
1	0.67	0.50	0.75	1.00	0.97	1.00	0.89	1.00	0.50	0.67	7.57	10	良好
2	0.33	1.00	0.38	0.72	0.36	0.47	0.33	0.00	0.38	0.36	4.33	24	较差
3	1.00	1.00	0.00	0.89	0.81	0.31	0.44	0.00	0.88	0.67	5.99	22	合格
4	1.00	0.50	0.50	0.72	0.68	0.72	0.72	0.50	0.58	0.89	6.82	18	良好
5	1.00	0.75	0.38	0.81	0.88	0.58	1.00	0.83	0.83	0.69	7.75	8	良好
6	1.00	1.00	0.50	1.00	1.00	0.33	0.78	0.75	0.67	8.03	3	优秀
7	0.67	1.00	0.38	1.00	0.67	0.75	0.78	0.72	0.79	1.00	7.75	7	良好
8	1.00	1.00	0.50	0.89	0.79	0.67	0.56	0.61	0.71	0.58	7.31	12	良好
9	1.00	1.00	0.63	0.89	0.86	0.36	0.33	0.58	0.56	6.88	17	良好
10	1.00	0.75	0.63	0.75	0.75	0.47	0.89	0.00	1.00	1.00	7.24	13	良好
11	1.00	1.00	0.50	1.00	0.97	0.81	0.89	0.11	1.00	0.78	8.05	2	优秀
12	1.00	1.00	0.50	0.81	0.91	0.67	0.78	0.78	0.79	0.78	8.00	4	优秀
13	1.00	1.00	0.50	0.89	0.80	0.81	0.50	0.44	0.71	1.00	7.65	9	良好
14	0.67	1.00	0.50	0.69	0.91	1.00	0.61	0.83	0.79	0.89	7.90	5	良好
15	0.67	0.75	0.50	0.81	0.90	0.92	0.00	0.11	0.58	0.89	6.12	21	合格
16	0.67	1.00	0.50	0.81	0.97	0.81	0.61	0.67	0.79	0.69	7.01	15	良好
17	1.00	0.50	0.38	0.92	0.34	0.31	0.61	0.00	0.71	0.61	5.37	23	较差
18	0.67	1.00	0.50	1.00	1.00	1.00	0.44	1.00	0.92	0.81	8.34	1	优秀
19	0.67	0.75	0.38	0.89	0.93	0.89	0.72	0.67	0.83	0.67	7.39	11	良好
20	1.00	0.25	0.50	0.89	0.83	0.67	0.72	0.56	0.71	0.89	7.01	14	良好
21	0.67	0.50	0.50	0.89	0.76	0.92	0.61	0.11	1.00	0.89	6.35	20	良好
22	0.67	0.00	0.25	1.00	0.94	0.56	0.78	0.33	0.92	1.00	6.44	19	良好
23	0.67	1.00	0.38	0.81	0.70	0.47	0.56	0.79	0.78	6.98	16	良好
24	0.67	1.00	0.50	0.89	0.83	0.64	0.78	1.00	0.63	0.89	7.82	6	良好
均值	0.67	0.50	0.88	1.00	0.97	1.00	0.89	1.00	0.63	0.67	7.10	—	良好

11.4.2.4　绘制 PMC 曲面图

曲面图能直观展现政策文本在各一级指标上的得分情况（宋潇、钟易霖、张龙鹏，2021），PMC 曲面中凸出部分为政策优势，凹陷部分为政策劣势，同时还可以通过平均凹凸度考察政策内部结构的合理性。

借鉴宋潇、钟易霖、张龙鹏（2021）的研究，计算各政策文本一级指标的平均凹凸度（平均凹凸度为各指标最大值与各指标离差绝对值之和的算术平均值，该值小于 0.2 为结构合格，否则为不合格），根据平均凹凸度对政策文本的结构合理性进行等级划分，见表 11 - 5。

表 11 - 5　　　　　　　　24 份科技服务业政策的结构评价

序号	平均凹凸度	结构评价	序号	平均凹凸度	结构评价	序号	平均凹凸度	结构评价
1	0.21	不合格	9	0.31	不合格	17	0.46	不合格
2	0.57	不合格	10	0.28	不合格	18	0.17	合格
3	0.40	不合格	11	0.19	合格	19	0.19	合格
4	0.32	不合格	12	0.20	合格	20	0.30	不合格
5	0.23	不合格	13	0.24	不合格	21	0.37	不合格
6	0.20	合格	14	0.21	不合格	22	0.36	不合格
7	0.22	不合格	15	0.30	不合格	23	0.30	不合格
8	0.27	不合格	16	0.30	不合格	24	0.22	不合格
24 份政策文本的均值			0.17		合格			

由于一级变量 X1 没有三级变量，所以删除 X1，根据剩余 9 个一级变量构建 PMC 矩阵，见公式（11 - 4），得出表 11 - 6（由于篇幅有限，仅列出 PMC 平均值、排名第一的序号 18、排名最后的序号 2、良好等级的序号 10、合格等级的序号 15、结构合格的序号 19）。并根据表 11 - 6 绘制 PMC 曲面图，见图 11 - 4。

$$PMC\ 曲面 = \begin{bmatrix} X2 & X3 & X4 \\ X5 & X6 & X7 \\ X8 & X9 & X10 \end{bmatrix} \tag{11 - 4}$$

表 11 - 6　　　　　　　　　　**部分政策样本的 PMC 矩阵结果**

优秀等级	良好等级	合格等级
序号18 = $\begin{bmatrix} 1.00 & 0.50 & 1.00 \\ 1.00 & 1.00 & 0.44 \\ 1.00 & 0.92 & 0.81 \end{bmatrix}$	序号1 = $\begin{bmatrix} 0.50 & 0.75 & 1.00 \\ 0.95 & 1.00 & 0.89 \\ 1.00 & 0.50 & 0.67 \end{bmatrix}$	序号15 = $\begin{bmatrix} 0.75 & 0.50 & 0.81 \\ 0.90 & 0.92 & 0.00 \\ 0.11 & 0.58 & 0.89 \end{bmatrix}$
较差等级	平均值	结构合格
序号2 = $\begin{bmatrix} 1.00 & 0.38 & 0.72 \\ 0.36 & 0.47 & 0.33 \\ 1.00 & 0.63 & 0.64 \end{bmatrix}$	平均值 = $\begin{bmatrix} 0.80 & 0.42 & 0.87 \\ 0.81 & 0.70 & 0.63 \\ 0.51 & 0.76 & 0.78 \end{bmatrix}$	序号19 = $\begin{bmatrix} 0.75 & 0.38 & 0.89 \\ 0.93 & 0.89 & 0.72 \\ 0.67 & 0.83 & 0.67 \end{bmatrix}$

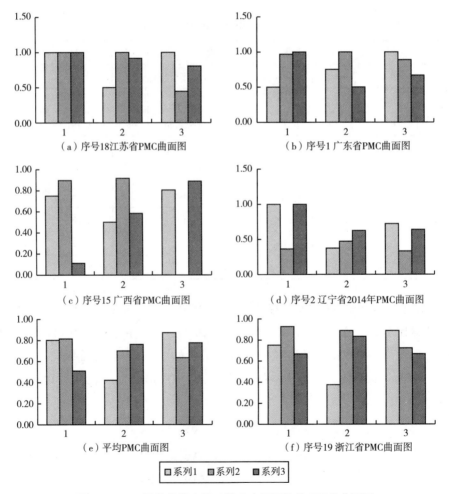

（a）序号18江苏省PMC曲面图　　　　　（b）序号1广东省PMC曲面图

（c）序号15广西省PMC曲面图　　　　　（d）序号2辽宁省2014年PMC曲面图

（e）平均PMC曲面图　　　　　　　　　（f）序号19浙江省PMC曲面图

□系列1　■系列2　■系列3

图 11 - 4　不同等级代表性政策文本及平均值 PMC 曲面图

11.4.3　政策评价结果分析

（1）24 份科技服务业政策整体评价结果分析

第一，根据政策质量级别划分标准，24 份科技服务业政策划分为 4 个等级，4 份优秀，16 份良好，2 份合格，2 份较差。从平均水平看，PMC 指数的平均值为 7.07，处于良好水平，表明 24 份省级科技服务业政策总体处于可接受述评，政策较为科学、合理，能够切合科技服务业的发展现状，促进科技服务业的发展。根据 PMC 评分也发现，24 份科技服务业政策均未达到完美级别，平均 PMC 值与完美政策的差距为 2.93，说明各省科技服务业政策仍有较大的修订与完善空间。

第二，从一级变量平均值的雷达图，可以发现 24 份科技服务业政策的短板。将 10 项一级变量的平均值做成雷达图，见图 11 - 5。从图 11 - 5 可以清晰地发现，10 个一级变量的平均值呈现"政策对象（X4）＞发展领域（X5）＞政策执行性（X2）＞政策影响（X1）＞基础支撑（X10）＞政策措施（X9）＞产业发展（X6）＞人才支持（X7）＞开放合作（X8）＞政策目标（X3）"的分布状态，其中政策目标、开放合作、人才支持是 24 份科技服务业政策的短板，是今后科技服务业政策修订与完善的重点。政策影响（X1）的均值是 0.78，说明 24 份省级政策影响力较强，有 13 项为省政府发文，体现了省级政府对科技服务业的重视程度。政策执行性（X2）的均值是 0.80，说明 24 份省级科技服务业政策在制定注重保障措施、目标任务分工、组织领导和部门协同联动等方面，有 23 份政策文件提出了明确的保障措施，16 份政策文件在重点任务或发展领域中明确了相关的责任部门。政策目标（X3）的均值只有 0.42，这表明 24 份科技服务业政策制定中忽视了近期和中期目标的结合，只制定近期目标或中期目标，缺乏长期目标，不利于政策执行中的近、中、远期目标的结合和连贯性。政策对象（X4）的均值是 0.87，说明 24 份政策的指向性明确，以企业、机构、科研院所和高校为主要对象。发展领域（X5）均值是 0.81，说明 24 份政策所涉及的发展领域较全面，包含研究开发及其服务、科技金融、技术转移、知识产权、检验检测认证、科技咨询服务、综合科技服务和科学技术普及等领域。产业发展（X6）的均值是 0.70，说明 24 份政策在产业发展方面的政策较为合理，但三级指标的分析发现，24 份政策文件在试点示范上的均值只有 0.58，表明政策文本在试点示范方面需要引起更多的重视。人才支持（X7）的均值是 0.63，说明 24 份政策文件在人才支持方面仅达到及格线，通过分析三级指标，发现在团队建设和配套政策上的均值得分较低，分别只有 0.54 和 0.42。开放合作（X8）的均值是 0.51，说明 24 份政策文件在开放合作方面为劣势，三级指标中的区域合作和其他合作的均值得分较低，分别只有 0.51 和 0.38，开放合作不仅要关注国际合作，还要重视区域合作、组建科技服务联盟和拓展国际市场。政策措施（X9）的均值是 0.76，说明 24 份政策文件的政策措施较为全面和具体，除了激励性措施和引导性措施外，还有具体的税收优惠、专项支持、补贴补偿等措施。基础支持（X10）的均值是 0.78，说明 24 份政策文件均较为重视创新平台、资源共享和设备仪器等基础设施和资源的支撑作用。

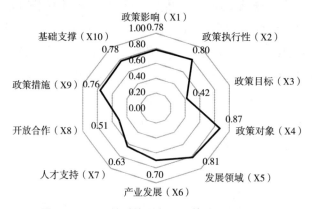

图 11 -5　24 份科技服务业政策的均值雷达图

第三，政策文本的平均结构合理，但评级越低其内部结构的合理性呈下降趋势。从 24 份政策文本的平均结构水平看，平均凹凸度为 0.17，为合理水平。从图 11 -4（e）可以看出平均 PMC 的曲面较为平滑，从表 11 -5 可知评价等级为良好级，说明从 24 份政策文本的平均水平看，省级科技服务业政策的内部一致性较高，各一级指标的分布较为均衡，政策的内部结构合理。从图 11 -4、表 11 -4 和表 11 -5 的对比可以发现，序号 6、11、12、18 均为优秀等级，且结构合理，序号 2 和 17 的等级最低为较差，平均凹凸度的取值最大，分别为 0.57 和 0.46，且序号 2 的 PMC 曲面图的凹凸程度最为明显，结构最不合理。这表明随着政策评级水平的提高，PMC 曲面图的凹凸程度呈下降趋势，政策内部的一致性水平和结构合理性水平呈上升趋势。

（2）24 份科技服务业政策分等级评价结果分析

根据前面的 PMC 等级评价结果和多投入产出表，对 24 份科技服务业政策的等级评价结果进行分析。

第一，优秀等级政策结果分析。24 份政策中有 4 份为优秀等级政策，分别为序号 18、11、6、12，对应于江苏省（PMC = 8.34）、湖南省（PMC = 8.05）、北京市（PMC = 8.03）和安徽省（PMC = 8.00），东部区域和中部区域各两个省份，均为我国科技服务业发展水平较高的区域，但上述政策与完美政策（PMC = 10）分别有 1.66、1.95、1.97 和 2.69 差距，仍有一定的提升空间，见图 11 – 6。具体看，江苏省在政策目标和人才支持两方面存在短板，政策目标中忽视了中期目标、人才支持中缺少团队建设、流动政策和倾向性待遇，在以后的政策制定中可重点加强以上两方面，以提升政策等级。湖南省在政策目标、开放合作两方面存在短板，政策目标中对近期和中期目标要达到的产业规模的描述不够具体、开放合作中忽视了区域合作和科技服务联盟等其他开放合作，可在明确政策目标、进一步具体化和多元化开放合作政策方面进行政策的完善和提升。北京市在政策目标、人才支持和基础支撑三方面存在短板，政策目标中缺少近期目标、人才支持中忽视了团队建设和配套政策、基础支撑中忽视了平台的建设，未来在政策制定中可进一步修

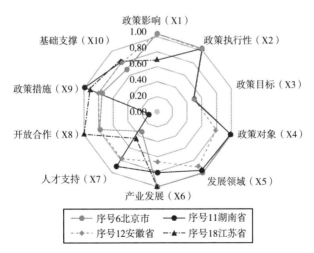

图 11 – 6　优秀等级的 4 份政策的雷达图

订与完善上述三个方面，以全面促进科技服务业的发展。安徽省在政策目标和产业发展两方面存在短板，政策目标中缺少近期目标、产业发展中对集群发展和试点示范不够重视，可进一步完善上述两个方面。综合 4 份政策文本，发现在政策目标上均存在短板，对近期、中期目标要形成的科技服务体系、打造的科技服务业集聚区和骨干科技服务机构、产业规模等的规划不够具体，需要进一步明确近中远期目标，形成长中短期目标相互衔接，提高目标的延续性。

第二，良好等级政策分析。24 份政策文本中有 16 份为良好等级，涉及15 个省份，其中东部区域有广东、山东、河北、浙江和海南 5 个省份，中部区域有湖北和河南 2 个省份，东北区域有吉林和辽宁 2 个省份，西部区域有青海、宁夏、云南、甘肃、内蒙古 5 个省份。16 份政策的平均 PMC 值为 7.16，属于良好等级。由于篇幅有限，仅对 16 份政策的 PMC 平均值、各区域的平均值、随机选取的四个区域中的任意省份的一级变量画雷达图，见图 11 - 7。总体看，良好等级政策在政策目标、开发合作和人才支持的平均得分均低于0.7，在政策影响、政策执行性、政策对象、发展领域、产业发展和政策支撑的平均得分均高于 0.7。分区域看：东部区域的 5 个省份政策平均 PMC 值为6.98，在政策目标、开放合作和产业发展三方面的得分低于 0.7；中部区域的 2 个省份政策平均 PMC 值为 7.00，在政策目标、人才支持和开放合作三方面的得分低于 0.6；东北区域 2 个省份的平均 PMC 值为 6.91，在政策目标、人才支持和开放合作三方面的得分低于 0.7；西部区域 5 个省份的平均 PMC值为 7.54，在政策目标的得分为 0.45，低于 0.7。从区域看，良好等级中，西部区域的平均 PMC 水平较高，且仅在政策目标的设置中存在短板。分一级变量看：政策影响（X1）的平均分为 0.82，其中广东、吉林、宁夏、甘肃、辽宁、浙江、河南、海南的政策发布机构为省政府办公室，影响力均为0.67。政策执行性（X2）的平均得分为 0.73，其中广东、吉林、内蒙古、河南 4 个省份的值低于 0.6，主要是缺乏明确的目标任务分工和部门协同联动机制。政策目标（X3）的平均分为 0.42，其中吉林、青海、宁夏、云南、湖北、甘肃、辽宁、浙江、内蒙古、河南、海南 11 个省份的值均低于 0.6，主要体现在目标不具体、缺少近期或中期目标。政策对象（X4）的平均分为0.86，只有甘肃一个省份的值低于 0.7，为 0.69，缺乏对骨干企业、服务机构和骨干机构的明确指向。发展领域（X5）的平均得分为 0.83，只有宁夏一个省份的值低于 0.7，0.67，主要缺少对工业设计、检验检测认证、综合科技服务等领域的关注。产业发展（X6）的平均值为 0.71，其中青海、云南、河北、山东、内蒙古、海南 6 个省份的值均低于 0.7，主要在集聚区建设、试点示范、网络化等方面存在短板。人才支持（X7）的平均值为 0.71，其中云南、河北、甘肃、辽宁、内蒙古、海南 6 个省份的值均低于 0.7，主要是缺乏明确的配套政策且对团队建设重视度不够。开放合作（X8）的平均值为 0.56，其中吉林、云南、河北、湖北、甘肃、辽宁、浙江、内蒙古、海南、山东 10 个省份的值均低于 0.7，主要是对区域合作、拓展国际市场和组建科

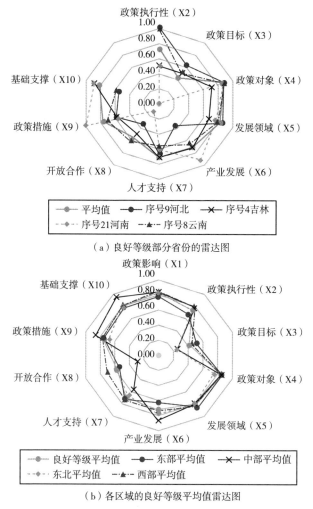

（a）良好等级部分省份的雷达图

（b）各区域的良好等级平均值雷达图

图 11-7　良好等级部分省份和各区域平均值的雷达图

技服务联盟等其他合作的关注度不够。政策措施（X9）的平均值为 0.77，其中广东、吉林、河北 3 个省份的值低于 0.7，主要在税收优惠、补贴补偿方面的政策措施不够具体。基础支撑（X10）的平均值为 0.81，其中广东、青海、云南、河北、辽宁、浙江 6 个省份的值均低于 0.7，主要在平台建设、设施和仪器设备开放运行方面缺乏相关政策支撑。

第三，合格等级政策分析。福建和广西 2 个省份的政策 PMC 得分均低于 0.63，为合格等级，平均 PMC 为 6.06，也为合格等级，见图 11 - 8。从图 11 - 8 可知，2 份政策在政策目标、开放合作、人才支持三方面均存在短板，是福建和广西在进一步发布或修订科技服务业政策文本时需要特别关注的方面。福建在政策目标和开放合作的得分为 0，未设置政策目标，也没有涉及开发合作；在产业发展、人才支持上的得分均低于 0.63，未涉及集聚区建设、集群发展和试点工作，在人才支持上忽视了团队建设，缺乏配套的人才流动、评定和评价政策。广西在人才支持上的得分为 0，政策未涉及人才及团队培养、引进和相关的配套政策；在政策目标、开放合作和政策措施上的得分均低于 0.63，未规划近期目标、未涉及区域合作和其他开放合作，在政策措施中缺少税收扣除、加速折旧、基金或项目、补助或奖励等具体的财税支持措施。

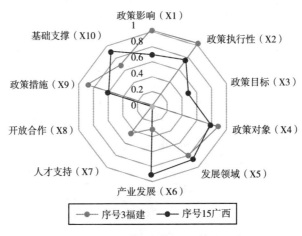

图 11 - 8　合格等级的 2 份政策的雷达图

第四，较差等级政策分析。辽宁（2014）和山西 2 个省份的政策 PMC 得分均低于 5.39，为较差等级，平均 PMC 为 4.85，也为较差等级，见图 11 - 9。

从图 11-9 可知，2 份政策在政策目标、发展领域、产业发展、开放合作四方面均存在短板，需要在今后的政策中进行修订与完善。其中，山西在开放合作上的得分为 0；在政策目标、发展领域和产业发展上的得分均低于 0.5，未规划近期目标且远期目标不够具体、未涉及综合科技服务、科技咨询服务和科学技术普及领域且对科技金融重视度不够、在产业发展上忽视集聚发展和试点工作。辽宁（2014）在开放合作的得分为 0；在政策影响、政策目标、发展领域、产业发展、人才支持、政策措施和基础支撑上的得分均低于 0.5，政策提升空间巨大。

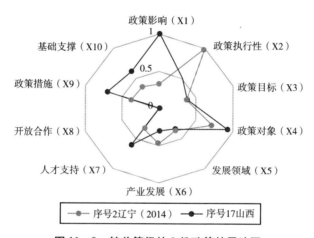

图 11-9　较差等级的 2 份政策的雷达图

第五，纵向比较。24 份政策文本中，有河北、辽宁和山东 3 个省份各涉及 2 份政策文本。通过纵向对比，发现辽宁省和河北省的政策文本质量有显著提升，而山东省的政策文本质量则略有下降，见图 11-10。从图 11-10（a）中可以看出，辽宁省 2015 年公布的科技服务业发展政策（序号 16）与 2014 年的政策（序号 2）相比，在发展领域、产业发展和开发合作三方面的得分均显著提高，PMC 指数由 4.33 提高到 7.01，从较差等级提升到良好等级，但 2015 年的政策仍忽视政策目标的设置，与优秀等级尚有一定差距。从图 11-10（b）中可以看出，河北省 2019 年公布的科技服务业发展政策（序号 24）与 2015 年的政策（序号 9）相比，在产业发展、人才支持、开放合作和基础支撑 4 方面的得分均显著提高，PMC 指数由 6.88 提高到 7.82，但 2019 年的政策忽视中期政策目标的设置且由河北省人民政府办公厅发文，政策影响力降低，与优秀等级尚有一定差距。从图 11-10（c）中可以看出，

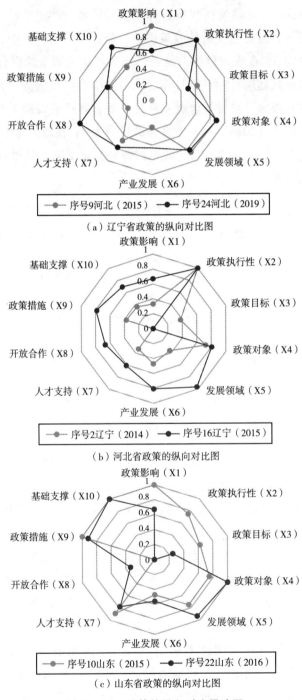

（a）辽宁省政策的纵向对比图

（b）河北省政策的纵向对比图

（c）山东省政策的纵向对比图

图 11-10　政策的纵向对比雷达图

山东省 2016 年公布的科技服务业发展政策（序号 22）与 2014 年的政策（序号 10）相比，虽然在政策对象、产业发展和开放合作 3 方面的得分有所提高，但政策影响、政策执行性和政策目标的得分显著降低，PMC 指数由 7.24降低到 6.44，虽然仍为良好等级，但 2016 年的政策忽视保障措施、目标任务分工、组织领导和部门协同联动等政策执行性问题，且未设置近期政策目标，由山东省人民政府办公厅发文，政策影响力降低。因此，通过纵向对比，可以发现同一省份不同时期的政策间需要保持连贯性，在前期政策的基础上找出差距，针对薄弱环节进行修订和完善。为此，对政策文本的量化评价和纵向比较在政策修订和再发布时就尤为重要。

11.5　研究结论与启示

11.5.1　研究结论

本章从政策文本挖掘、政策制定逻辑和政策评价 3 方面展开研究，对117 份科技服务业政策文本和 24 份省级政策文本进行量化分析，得出如下结论。

第一，提炼出八大政策类属，并归纳出科技服务业政策制定逻辑。基于117 份政策文本，运用 ROST CM 软件，挖掘出科技服务业政策的核心主题词和关键词之间的语义网络关系，从中发现科技服务业政策关注的重点和常用的政策工具。在此基础上，通过对 24 份省级政策文本的挖掘和深入研读，提炼出八大政策类属，并结合关键词语义网络图谱，建立基于八大政策类属的科技服务业政策制定逻辑。研究发现：24 份科技服务业政策从政策目标、政策对象、发展领域、产业发展、开发合作、人才支持、政策措施、基础支撑方面加快科技服务业发展，其中科技服务业发展现状决定政策目标，政策目标影响运行机制要素，并作用于政策对象要素。运行机制要素是加快科技服务业发展的"黑箱"，通过人才支持、基础支撑等提供科技服务业发展的人才、基础设施资源，发展领域和产业发展为科技服务业发展提供发展方向，开放合作和政策措施为加快科技服务业发展提供政策保障。

第二，得出 24 份省级政策的量化评价等级和政策短板。对 PMC 指数的整体分析结果显示，24 份科技服务业政策的平均等级为良好，分别归属于优秀、良好、合格和较差 4 个等级。一级指标中政策对象（X4）的得分最高，政策目标（X3）的得分最低。24 份政策文本整体上对政策对象的指向性最为明确，但普遍忽视近期、中期政策目标的衔接性设置。分等级评价结果显示，归属为优秀等级的政策文本均在政策目标上得分较低，在政策影响、政策执行性、政策对象、发展领域、政策措施方面的均评分较高；良好等级的政策文本在政策目标和开放合作上的平均得分较低；合格等级的政策文本在政策目标、人才支持和开放合作的平均得分最低；较差等级的政策文本仅在政策影响、政策执行性和政策对象方面的评分较高，其余均远低于平均水平。纵向分析结果显示，辽宁和河北 2 个省份不同时期的政策评分有所提升，其中辽宁从较差等级提升到良好等级，但山东省的政策评分在下降。

第三，对 24 份省级政策内容结构的合理性进行评价。研究发现，24 份省级政策中只有 5 份的内容结构是合理的，且政策文本评级越高其政策内容的一致性和合理性越高。5 份内容结构合理的政策文本的发布省份分别为北京、江苏、浙江、湖南和安徽，其中 4 份文本的评价等级为优秀，1 份为良好，这些省份大多位于科技服务业各领域发展较为均衡的东部区域。这说明，政策文本内容结构的合理性对科技服务业的均衡发展至关重要。

11.5.2 研究启示

根据上述研究结论，提出如下加快科技服务业发展的政策优化建议。

第一，注重政策的修订与完善。从科技服务业政策文本的发布时间看，117 份政策文本中，最早发布的政策为 2008 年，距今已有 15 年的时间，2016 年及以前的政策文本有 92 项（78.6%），24 份省级政策文本中只有 2 项是 2016 年以后发布的，政策目标大多设定为 2020 年。可见，已有政策已经超过了政策指引时间，需要根据当前我国及各地科技服务业的发展现状及政策目标的实现情况，进一步修订与完善现有政策。同时，前面对政策文本的纵向对比也发现，辽宁和河北 2 个省份后期发布的政策均明显优于前期发布的政策，这更说明在政策制定时，需要结合政策运行情况和当地科技服务业发展现状，找出现有政策的短板，予以完善。通过政策的修订与完善，提升科技服务业政策的等级度。从前面科技服务业政策的 PMC 指数和各政策文本三级指标的得分中可以发现，各省份的政策离完美级政策的差距较大，特别是评定等级为合格和较差等级的省份应注重对现有政策的修订与完善，及时补齐政策短板。

第二，构建完整明确的政策目标体系。在对 24 份省级政策文本的分析中发现，无论是哪个等级的政策文本，均存在政策目标设置短板。主要表现为大多政策文本仅设置近期（3 年以内）或中期（3~5 年内）的政策目标且多为模糊性描述，忽视长期目标的制定可见，缺乏对近、中、远期目标的综合考虑，政策文本的目标指向性和指导性不足。因此，各地在未来科技服务业政策的制定和完善中，要分阶段、分时期制定科技服务业发展政策目标，既要设置近期的包含具体指标的目标，也要设置中远期规划，特别要重视前瞻性的远期目标的制定，以形成近、中、远期目标有机结合的完整目标体系，提升政策的目标指引性。

第三，增强政策结构的合理性。政策结构的合理性代表政策在各方面布局的均衡性和一致性。从政策的平均凹凸度来看，仅北京、湖南、安徽、江苏、浙江 5 个省份的科技服务业政策的结构为合理水平，其余各省份政策结构的平均凹凸度均大于 0.2，为不合理水平。如序号 13 湖北省的政策等级为良好，但结构不合理，深入分析发现该政策在政策目标（X3）、人才支持（X7）、开放合作（X8）、政策措施（X9）4 个方面的凹凸度均大于 0.2。由此可以发现，政策文本忽视了上述政策要素，不利于科技服务业的均衡发展。因此，各省应根据本省现有科技服务业政策得分和等级，在提升政策文本量化得分和等级的同时，平衡政策在八大政策要素和三级指标体系上的支持力度，以减少因政策因素带来的科技服务业发展中的不均衡现象，促进当地科技服务业高质量发展。

第四，注重政策的针对性，形成政策网络体系。由科技服务业政策制定逻辑可知，科技服务业政策的出发点是科技服务业发展现状，这要求政策制定者在制定政策时要对当地的科技服务业发展现状有全面、客观的认知，能够发现科技服务业发展中存在的问题，以提高政策的针对性。然而对 24 份省级政策文本内容的深入研读发现，所有的政策文本均未体现对本省科技服务业发展现状、存在问题的描述，无法对症下药，不能体现政策的针对性，容易造成政策资源的浪费或制定出无效的政策。因此，各地在制定科技服务业政策时首先应加强科技服务调查统计工作，在全面、客观掌握当地科技服务业产业发展现状和规律的基础上，根据当地科技服务业发展领域和产业发展中的个性化需求制定针对性的政策。科技服务业的发展需要各级政府的政策支持，但收集到的 117 份政策文本显示，没有出台省级政策的省份有江西、四川、陕西、西藏、天津、上海、重庆 7 个省份，福建、海南、黑龙江、宁夏、青海、云南、新疆 7 个省份仅出台了省级政策但缺少市县级政策，尚未形成政策网络体系。因此，各地在制定科技服务业发展政策时，在国家级发展政策的基础上，各省政府和省级部门、市级政府和市级部门、县级政府和县级部门要出台专项政策、补充政策和配套政策，以细化政策措施，形成自上而下层层分解、自下而上层层保障的政策网络体系，确保政策各项工作落到实处。

政策评价是公共政策的重要组成部分，运用 PMC 指数模型对科技服务业政策文本进行量化评价可从政策文本内容中发现政策短板，有助于政策的优化和改进。基于文本挖掘，结合科技服务业政策的特征，运用 ROST CM 软件对收集的 2008～2021 年我国 117 份科技服务业政策文本的高频词进行筛选，构建语义关系网。以 24 份省级科技服务业政策为样本，基于八大政策类属，构建科技服务业政策 PMC 评价指标体系，对政策文本进行量化评价和省级比较。研究发现，24 份省级科技服务政策可划归为 4 个等级，但没有完美政策，政策目标、开放合作和人才支持为政策短板，说明省级科技服务业政策具有较大的修订与完善空间；政策内容的结构合理性比例较低，不利于科技服务业各领域的均衡发展。根据上述研究结论，提出了优化科技服务业政策的建议。

11.6　本章小结

政策评价是公共政策的重要组成部分，本章运用 PMC 指数模型对科技服务业政策文本进行量化评价可从政策文本中发现政策短板，有助于政策的优化和改进。基于文本挖掘，结合科技服务业政策的特征，运用 ROST CM 软件对收集的 2008～2021 年我国 117 份科技服务业政策文本的高频词进行筛选，构建语义关系网。以 24 份省级科技服务业政策为样本，基于八大政策类属，构建科技服务业政策 PMC 评价指标体系，对政策文本进行量化评价和省级比较。研究发现，24 份省级科技服务政策可划归为 4 个等级，但没有完美政策，政策目标、开放合作和人才支持为政策短板，说明省级科技服务业政策具有较大的修订与完善空间；政策内容的结构合理性比例较低，不利于科技服务业各领域的均衡发展。根据上述结论，提出了科技服务业政策的优化建议。

参 考 文 献

[1] 艾之涵，吴宏哲．基于知识视角探讨集群外部知识网络对技术创新的影响——以法国通信安全软件竞争力集群为例 [J]．科研管理，2016，37（S1）：172 – 179．

[2] 白鸥，魏江．技术型与专业型服务业创新网络治理机制研究 [J]．科研管理，2016，37（1）：11 – 19．

[3] 蔡冬松，柴艺琳，田志雄．基于 PMC 指数模型的吉林省数字经济政策文本量化评价 [J]．情报科学，2021，39（12）：139 – 145．

[4] 蔡坚，杜兰英．协同创新网络嵌入影响企业创新绩效的机制与路径研究——基于知识协同的中介效应 [J]．工业技术经济，2013（11）：3 – 13．

[5] 蔡宁，潘松挺．网络关系强度与企业技术创新模式的耦合性及其协同演化：以海正药业技术创新网络为例 [J]．中国工业经济，2008（4）：137 – 144．

[6] 曹允春，王尹君．科技服务业集聚对科技创新的非线性影响研究——基于门槛特征和空间溢出视角 [J]．华东经济管理，2020，34（10）：31 – 39．

[7] 成全，董佳，陈雅兰．创新型国家战略背景下的原始性创新政策评价 [J]．科学学研究，2021，39（12）：2281 – 2293．

[8] 崔世娟、陈丽敏、黄凯珊．网络特征与众创空间绩效关系——基于定性比较分析方法的研究 [J]．科技管理研究，2020，40（18）：165 – 172．

[9] 陈峰．海西软件产业集群发展战略研究 [D]．福州：福州大学，2014．

[10] 陈峰．福州软件产业集群 SWOT 分析及思考——以福州软件园为例 [J]．经济研究导刊，2019（19）：34 – 37．

[11] 陈建军，陈国亮，黄洁．新经济地理学视角下的生产性服务业集

聚及其影响因素研究——来自中国 222 个城市的经验证据［J］．管理世界，2009（4）：83 – 95．

［12］陈瑞，郑毓煌，刘文静．中介效应分析：原理、程序、Bootstrap 方法及其应用［J］．营销科学学报，2013，9（4）：120 – 135．

［13］陈艳艳，王文迪．合作创新网络对知识密集型服务企业创新绩效影响的研究［J］．华东经济管理，2013，27（6）：44 – 48．

［14］陈昭，胡晓丹．内生创新努力、贸易开放与高技术产业技术进步——基于中国三大区域面板分布滞后模型的实证［J］．财经理论研究，2016（5）：1 – 10．

［15］程建青，罗瑾琏，杜运周，刘秋辰．何种创业生态系统产生女性高创业活跃度？［J］．科学学研究，2021，39（4）：695 – 702．

［16］党兴华，肖瑶．基于跨层级视角的创新网络治理机理研究［J］．科学学研究，2015，33（12）：1894 – 1908．

［17］董慧梅，侯卫真，汪建苇．复杂网络视角下的高新技术产业集群创新扩散研究——以中关村产业园为例［J］．科技管理研究，2016，36（5）：149 – 154．

［18］董纪昌，袁铨，尹利君，李秀婷．基于 PMC 指数模型的单项房地产政策量化评价研究——以我国"十三五"以来住房租赁政策为例［J］．管理评论，2020，32（5）：3 – 13 +75．

［19］杜宝贵，陈磊．五维视角下中国科技服务业政策研究［J］．科技管理研究，2021，41（12）：35 – 42．

［20］杜宝贵，陈磊．基于 PMC 指数模型的科技服务业政策量化评价：辽宁及相关省市比较［J］．科技进步与对策，2022，39（1）：132 – 140．

［21］杜运周，贾良定．组态视角与定性比较分析（QCA）：管理学研究的一条新道路［J］．管理世界，2017（6）：155 – 167．

［22］杜振华．科技服务业发展的制度约束与政策建议［J］．宏观经济管理，2008（12）：30 – 32．

［23］段文斌，刘大勇，皮亚彬．现代服务业聚集的形成机制：空间视角下的理论与经验分析［J］．世界经济，2016，39（3）：144 – 165．

［24］方齐．过程视角下科技服务企业创新绩效阶段性影响因素实证研究［J］．浙江理工大学学报，2015，34（2）：53 – 60．

［25］冯帆，张蕾．感知的知识所有权与知识共享——激励的调节作用 ［J］．华东经济管理，2014（2）：97－103．

［26］冯海红，曲婉．社会网络与众创空间的创新创业——基于创业咖啡馆的案例研究 ［J］．科研管理，2019，40（4）：168－178．

［27］符文颖．区域吸收能力的多维度衡量——基于珠江三角洲电子产业的微观考察 ［J］．华南师范大学学报（自然科学版），2014，46（3）：118－123．

［28］高涓，乔桂明．创新创业财政引导政策绩效评价——基于地方众创空间的实证检验 ［J］．财经问题研究，2019（3）：75－82．

［29］谷丽，任立强，洪晨，韩雪，丁堃．知识产权服务中合作创新行为的产生机理研究 ［J］．科学学研究，2018，36（10）：1870－1878．

［30］高云锋．探索性创新与利用性创新的平衡策略 ［J］．经营与管理，2014（4）：90－93．

［31］郭献强，党兴华，刘景东．基于资源依赖视角下企业创新网络中知识权力的形成研究 ［J］．科学学与科学技术管理，2014，35（4）：136－145．

［32］韩冰．中国科技服务业集聚研究 ［D］．长春：吉林大学，2016．

［33］韩军辉，闫艺．网络结构洞、知识基础与企业二元式创新 ［J］．河南社会科学，2020，28（10）：104－111．

［34］韩玮，孙永河，缪彬．不完备判断信息情境下群组 DEMATEL 决策方法 ［J］．中国管理科学，2021，29（5）：231－239．

［35］韩莹．众创空间中企业创业拼凑对创新绩效的影响研究 ［J］．科学学研究，2020，38（8）：1436－1443＋1508．

［36］何郁冰，张迎春．网络嵌入性对产学研知识协同绩效的影响 ［J］．科学学研究，2017，35（9）：1396－1408．

［37］侯光文，薛惠锋．集群网络关系、知识获取与协同创新绩效 ［J］．科研管理，2017，38（4）：1－9．

［38］胡峰，戚晓妮，汪晓燕．基于 PMC 指数模型的机器人产业政策量化评价——以 8 项机器人产业政策情报为例 ［J］．情报杂志，2020，39（1）：121－129＋161．

［39］胡雅蓓，霍焱．网络嵌入、治理机制与创新绩效——以高科技产

业集群为例 [J]. 北京理工大学学报 (社会科学版), 2017, 19 (5): 80 - 88 +112.

[40] 黄丽萍. 推动福建省科技服务业发展的政策建议 [J]. 福建论坛 (人文社会科学), 2013 (5): 156 -160.

[41] 黄晓琼, 徐飞. 科技服务业与高技术产业协同集聚创新效应: 理论分析与实证检验 [J]. 中国科技论坛, 2021 (3): 93 -102.

[42] 冀鸿, 柳烨. 基于 VAR 模型的科技服务业发展与经济增长关系研究——以吉林省为例 [J]. 工业技术经济, 2018 (2): 66 -73.

[43] 吉敏, 胡汉辉. 学习渠道、集群供应链知识网络与企业创新绩效关系研究——来自常州产业集群的实证 [J]. 科技进步与对策, 2014, 31 (18): 73 -79.

[44] 江晨. 福州软件园发展战略研究 [D]. 厦门: 厦门大学, 2008.

[45] 金辉. 基于匹配视角的内外生激励、知识属性与知识共享意愿的关系研究 [J]. 研究与发展管理, 2014, 26 (3): 74 -85.

[46] 金辉, 杨忠, 冯帆. 物质激励、知识所有权与组织知识共享研究 [J]. 科学学研究, 2011 (7): 1036 -1045.

[47] 蒋国平, 徐健, 白振宇. 我国众创空间发展过程中存在的问题与对策——以天津市众创空间为例 [J]. 经营与管理, 2021 (1): 54 -57.

[48] 蒋同明, 陈井安. 城市化与科技服务业互动关系及协调度分析 [J]. 社会科学研究, 2017 (6): 95 -99.

[49] 姜照君, 吴志斌. 网络联结强度、知识吸收能力与文化企业创新绩效——基于江苏省国家级广告产业园的实证分析 [J]. 福建论坛 (人文社会科学版), 2018 (8): 64 -74.

[50] 李纲, 陈静静, 杨雪. 网络能力、知识获取与企业服务创新绩效的关系研究——网络规模的调节作用 [J]. 管理评论, 2017, 29 (2): 59 - 68 +86.

[51] 李红. 知识密集型服务业集群研究述评 [J]. 科学管理研究, 2005 (6): 85 -88.

[52] 李佳洺, 孙威, 张文忠. 北京典型行业微区位选址比较研究——以北京企业管理服务业和汽车制造业为例 [J]. 地理研究, 2018, 37 (12): 2541 -2553.

[53] 李靖华，黄继生．网络嵌入、创新合法性与突破性创新的资源获取 [J]．科研管理，2017，38（4）：10－18.

[54] 李骏，刘洪伟，陈银．产业集聚、技术学习成本与区域经济增长——以中国省际高技术产业为例 [J]．软科学，2018，32（4）：95－99.

[55] 李丽．国内外科技服务业发展中政府作用及对广东的启示 [J]．科技管理研究，2014，34（6）：48－53.

[56] 李天柱，马佳，侯锡林．需求导向的政府科技服务创新案例研究——以东莞松山湖高新区为例 [J]．科学学与科学技术管理，2016，37（9）：58－66.

[57] 李晓龙，冉光和，郑威．科技服务业空间集聚与企业创新效率提升——来自中国高技术产业的经验证据 [J]．研究与发展管理，2017，29（4）：1－10.

[58] 李一曼，孔翔．中国高新区空间生产及多维割裂特征 [J]．科学学研究，2020，38（5）：806－812＋825.

[59] 李梓涵昕，罗萍．社会网络分析视角下可穿戴设备产业合作创新网络特征及演化研究——基于中美专利数据 [J]．科技管理研究，2020，40（13）：217－225.

[60] 连远强．国外创新网络研究述评与区域共生创新战略 [J]．人文地理，2016，31（1）：26－32.

[61] 廖晓东，邱丹逸，林映华．基于区位熵的中国科技服务业空间集聚测度理论与对策研究 [J]．科技管理研究，2018，38（2）：171－178.

[62] 梁娟，陈国宏．多重网络嵌入与集群企业知识创造绩效研究 [J]．科学学研究，2015，33（1）：90－97.

[63] 梁娟，陈国宏．基于知识权力的产业集群多重网络演化机理——以上海汽车产业集群为例 [J]．福建江夏学院学报，2018，8（3）：1－8＋30.

[64] 梁娟，陈国宏．多重网络嵌入、知识整合与知识创造绩效 [J]．科学学研究，2019，37（2）：301－310.

[65] 梁娟，陈国宏．基于多重网络的集群企业知识创造过程研究 [J]．福建江夏学院学报，2020，10（4）：9－19.

[66] 梁娟，陈国宏，蔡彬清．基于知识权力和知识交互行为的产业集

群多重知识网络演化分析 [J]. 技术经济, 2017, 36 (5): 34 – 42 + 118.

[67] 梁佩云. 基于改进 CRITIC-VIKOR 法的科技服务业服务创新能力评价研究 [D]. 合肥: 合肥工业大学, 2020.

[68] 梁咏琪. 基于产业互动的科技服务业集聚对区域创新绩效的作用机制研究 [D]. 广州: 华南理工大学工商管理学院, 2019: 30 – 35.

[69] 林宏杰. 市场效应、政府行为与科技服务业集聚发展的空间视角分析——以福建省为例 [J]. 重庆大学学报 (社会科学版), 2018, 24 (5): 1 – 17.

[70] 林筠, 高霞, 张敏. 利用性与探索性创新对知识型企业创新绩效的双元驱动 [J]. 软科学, 2016, 30 (5): 59 – 63.

[71] 林竹. 李岚清考察福州软件园 [J]. 中国高新区, 2002 (1): 5.

[72] 林竹. "清华大学福州软件园工程硕士培养工作站" 成立 [J]. 中国高新技术企业评价, 1999 (Z1): 88 – 89.

[73] 刘凤朝, 张淑慧, 马荣康. 利用性创新对探索性创新的作用分析——技术景观复杂性的调节作用 [J]. 管理评论, 2020, 32 (9): 97 – 106 + 167.

[74] 刘军. 整体网分析 Ucinet 软件实用指南 (第二版) [M]. 上海: 格致出版社, 上海人民出版社, 2014: 126.

[75] 刘开云. 科技服务业研究述评与展望 [J]. 科技进步与对策, 2014, 31 (12): 149 – 153.

[76] 刘然, 刘平峰, 田琪, 孟哲. 价值链视角下科技服务网络创新绩效评价研究 [J]. 武汉理工大学学报 (社会科学版), 2020, 33 (6): 104 – 114.

[77] 刘思萌, 吕扬. 创业企业的网络嵌入性、知识整合和创新绩效的影响研究 [J]. 科技管理研究, 2019, 39 (24): 85 – 90.

[78] 刘筱寒, 王栋晗, 谷盟, 张珊. 基于三阶段数据包络分析的国内众创空间创新效率研究 [J]. 科技管理研究, 2020, 40 (20): 64 – 74.

[79] 刘欣艳. 福建省产业集群结构的风险研究 [D]. 福州: 福建师范大学, 2010.

[80] 刘新艳, 赵顺龙. 集群氛围对集群内企业创新绩效的影响研究——以企业创新能力为中介变量 [J]. 科学学与科学技术管理, 2014, 35 (7):

31 – 39.

[81] 刘岩, 蔡虹, 向希尧. 基于专利的行业技术知识基础结构演变分析 [J]. 科学学研究, 2014, 32 (7): 1019 – 1028.

[82] 刘媛, 黄斌, 姚缘. 我国典型科技服务业集聚区发展模式对江苏的启示 [J]. 科技管理研究, 2016, 36 (2): 189 – 193.

[83] 龙跃, 顾新, 张莉. 开放式创新下组织间知识转移的生态学建模及仿真 [J]. 科技进步与对策, 2017, 34 (2): 128 – 133.

[84] 路畅, 于渤, 刘立娜, 张晶. 正式/非正式合作网络对中小企业创新绩效的影响研究 [J]. 研究与发展管理, 2019, 31 (6): 24 – 36.

[85] 吕可文, 袁丰, 高露, 赵建吉, 苗长虹. 多元场和集群创新: 河南省神垕钧瓷文化创意产业的案例分析 [J]. 人文地理, 2019, 34 (3): 128 – 136.

[86] 吕途, 林欢, 陈昊. 动态能力对企业新产品开发绩效的影响——双元创新的中介作用 [J]. 中国科技论坛, 2020 (8): 67 – 75 + 87.

[87] 马妍, 薛峰, 孙威, 李苗裔. 海峡西岸经济区城市网络特征分析——基于功能网络与创新网络的视角 [J]. 地理研究, 2019, 38 (12): 3010 – 3024.

[88] 孟卫军, 林刚, 刘名武. 科技服务业与高技术制造业协同集聚对创新效率的影响 [J]. 西部论坛, 2021, 31 (3): 82 – 96.

[89] 慕静, 李爽, 马丽. 科技服务业与制造业知识融合协同创新研究——基于知识正逆转移视角 [J]. 科技管理研究, 2019, 39 (19): 200 – 205.

[90] 宁靓, 孙晓云. 在孵企业要素特征何以影响创业绩效? ——以创新行为为中介变量 [J]. 科学学研究, 2022, 40 (5): 874 – 884.

[91] 宁凌, 郭龙龙. 需求主导型科技服务业激励政策的构建 [J]. 科技进步与对策, 2011, 28 (24): 121 – 125.

[92] 潘松挺, 郑亚莉. 网络关系强度与企业技术创新绩效: 基于探索式学习和利用式学习的实证研究 [J]. 科学学研究. 2011 (11): 1736 – 1743.

[93] 潘伟, 张庆普. 感知的知识所有权对知识隐藏的影响机理研究——基于知识权力视角的分析 [J]. 研究与发展管理, 2016, 28 (3): 25 – 35 + 46.

[94] 齐芮, 祁明. 科技服务业集聚对工业效率提升的溢出效应研究——

基于 2003 - 2015 年中国 215 个地级以上城市的经验证据 [J]. 宏观质量研究, 2018, 6 (1): 86 - 94.

[95] 邱荣华, 王富贵, 严军华. 产业哲学视角下广东科技服务业发展的政策建议 [J]. 科技管理研究, 2014, 34 (8): 23 - 27.

[96] 邱士雷, 王子龙, 杨琬琨, 等. 高技术产业创新能力的空间集聚效应分析 [J]. 研究与发展管理, 2018, 30 (6): 128 - 137.

[97] 任胜钢, 吴娟, 王龙伟. 网络嵌入结构对企业创新行为影响的实证研究 [J]. 管理工程学报, 2011, 25 (4): 75 - 80.

[98] 沈嫣, 顾秋阳, 吴宝. 财税支持、融资获取与众创空间创新绩效——基于浙江的经验研究 [J]. 浙江学刊, 2021 (3): 117 - 124.

[99] 史童, 杨水利, 王春嬉, 谭文俊. 科技成果转化政策的量化评价——基于 PMC 指数模型 [J]. 科学管理研究, 2020, 38 (4): 29 - 33.

[100] 施萧萧, 张庆普. 网络嵌入对企业突破性创新能力影响研究——以网络分裂断层为调节变量 [J]. 科学学与科学技术管理, 2021, 42 (1): 90 - 109.

[101] 宋大成, 焦凤枝, 范升. 我国科学数据开放共享政策量化评价——基于 PMC 指数模型的分析 [J]. 情报杂志, 2021, 40 (8): 119 - 126.

[102] 宋潇, 钟易霖, 张龙鹏. 推动基础研究发展的地方政策研究: 基于路径—工具—评价框架的 PMC 分析 [J]. 科学学与科学技术管理, 2021, 42 (12): 79 - 98.

[103] 苏朝晖. 加快福建科技服务业发展的政策研究 [J]. 福建论坛 (人文社会科学版), 2013 (5): 152 - 155.

[104] 苏庭栋. 科技服务业集聚对制造创新绩效的影响研究 [D]. 北京: 北京交通大学, 2019.

[105] 孙国强, 王欢. 外部搜寻对集群网络权力的影响机制研究 [J]. 经济问题, 2021 (9): 10 - 21.

[106] 孙伟. 基于 DEMATEL 方法的新兴技术产业化融资影响因素实证研究 [J]. 科技进步与对策, 2020, 37 (21): 64 - 71.

[107] 孙耀吾, 韩冰, 黄万艮. 高技术服务创新网络生态位重叠企业竞合关系建模与仿真 [J]. 科技进步与对策, 2014, 31 (13): 59 - 63.

[108] 孙耀吾, 贺石中. 高技术服务创新网络开放式集成模式及演化——

研究综述与科学问题 [J]. 科学学与科学技术管理, 2013, 34 (1): 48 - 55.

[109] 孙耀吾, 黎晶, 陈立勇. 二元创新合作、专有化机制强度与项目创新绩效 [J]. 科学学研究, 2021, 39 (7): 1293 - 1304.

[110] 唐开翼, 欧阳娟, 甄杰, 任浩. 区域创新生态系统如何驱动创新绩效? ——基于31 个省市的模糊集定性比较分析 [J]. 科学学与科学技术管理, 2021, 42 (7): 53 - 72.

[111] 陶秋燕, 孟猛猛. 探索式创新和利用式创新对组织绩效的影响——基于中国中小企业的实证 [J]. 北京理工大学学报 (社会科学版), 2018, 20 (2): 102 - 108.

[112] 滕丽, 蔡砥, 林彰平. 大都市中心区生产性服务业集群的空间溢出——以广州市天河区为例 [J]. 人文地理, 2020, 35 (4): 111 - 120.

[113] 仝自强, 李鹏翔, 杨磊. 双元性创新、全球创新网络与企业逆向创新研究——基于领先企业和后发企业的多案例比较研究 [J]. 科技管理研究, 2020, 40 (14): 10 - 19.

[114] 王凤彬, 陈建勋, 杨阳. 探索式与利用式技术创新及其平衡的效应分析 [J]. 管理世界, 2012 (3): 96 - 112 + 188.

[115] 王海花, 孙芹, 杜梅, 李玉. 长三角城市群协同创新网络演化及形成机制研究——依存型多层网络视角 [J]. 科技进步与对策, 2020, 37 (9): 69 - 78.

[116] 王海花, 熊丽君, 李玉. 众创空间创业环境对新创企业绩效的影响 [J]. 科学学研究, 2020, 38 (4): 673 - 684.

[117] 王海龙, 丁堃, 沈喜玲. 科技服务业创新驱动效应研究——以辽宁投入产出表为例 [J]. 科技进步与对策, 2016, 33 (15): 38 - 43.

[118] 王宏起, 李莹莹, 王珊珊. 科技服务业集聚结构特征与区位因素研究 [J]. 科研管理, 2022, 43 (10): 24 - 32.

[119] 王建军, 叶明海, 曹宁. 知识权力、跨界搜索与企业创新绩效的关系研究 [J]. 软科学, 2020, 34 (2): 1 - 7.

[120] 王俊松, 潘峰华, 田明茂. 跨国公司总部在城市内部的空间分异及影响因素——以上海为例 [J]. 地理研究, 2017, 36 (9): 1667 - 1679.

[121] 王丽平, 李菊香, 李琼. 科技服务业创新生态系统价值共创模式

与协作机制研究 [J]. 科技进步与对策, 2017, 34 (6): 69 – 74.

[122] 王黎萤, 吴瑛, 朱子钦, 宋秀玲. 专利合作网络影响科技型中小企业创新绩效的机理研究 [J]. 科研管理, 2021, 42 (1): 57 – 66.

[123] 王琳, 魏江. 知识密集服务嵌入、跨界搜索与制造企业服务创新关系研究 [J]. 科技进步与对策, 2017, 34 (16): 48 – 55.

[124] 王猛, 王琴梅. 中国服务业集聚的特征研究——基于第五、六次人口普查分县数据 [J]. 世界地理研究, 2021, 30 (3): 601 – 610.

[125] 王猛, 朱丽多, 张宇婧. 科技服务业集聚及其对工业效率的影响——关中平原城市群、成渝城市群的比较研究 [J]. 西安电子科技大学学报 (社会科学版), 2021, 31 (1): 20 – 30.

[126] 王伟明, 邓潇, 徐海燕. 基于三维密度算子的群体 DEMATEL 指标权重确定方法 [J]. 中国管理科学, 2021, 29 (12): 179 – 190.

[127] 王晓红, 张少鹏, 张奔. 内生创新努力、空间溢出与高技术产业创新绩效——基于产学知识流动视角 [J]. 南京财经大学学报, 2021 (2): 58 – 66 + 108.

[128] 汪艳霞. 大学科技园科技服务合作治理模式研究——以重庆北碚国家大学科技园为例 [J]. 科技进步与对策, 2018, 35 (1): 9 – 14.

[129] 王玉荣, 杨博旭, 李兴光. 多重网络嵌入、市场化水平与双元创新 [J]. 科技进步与对策, 2018, 35 (16): 75 – 82.

[130] 王智毓, 冯华. 科技服务业发展对中国经济增长的影响研究 [J]. 宏观经济研究, 2020 (6): 102 – 113 + 121.

[131] 魏江, 徐蕾. 知识网络双重嵌入、知识整合与集群企业创新能力 [J]. 管理科学学报, 2014, 17 (2): 34 – 47.

[132] 魏洁云, 江可申. 基于面板向量自回归模型高技术产业创新动态影响的研究 [J]. 系统管理学报, 2014, 23 (4): 572 – 577 + 584.

[133] 魏龙, 党兴华 a. 网络闭合、知识基础与创新催化: 动态结构洞的调节 [J]. 管理科学, 2017, 30 (3): 83 – 96.

[134] 魏龙, 党兴华 b. 基于组织 – 惯例的相依技术创新网络级联失效模型研究 [J]. 管理评论, 2017, 29 (11): 74 – 88.

[135] 魏奇锋, 顾新, 张宁静. 知识网络形成的耦合分析 [J]. 情报理论与实践, 2013, 36 (12): 39 – 43.

[136] 魏守华，姜宁，吴贵生．内生创新努力、本土技术溢出与长三角高技术产业创新绩效 [J]．中国工业经济，2009，000 (2)：25 – 34.

[137] 魏雅婧．论产业集群内企业之间的竞争合作关系 [D]．福州：福建师范大学，2007.

[138] 韦文求，伍晓玲，梁永福，林雄．粤台科技服务业的空间集聚水平及特征 [J]．科技管理研究，2016，36 (11)：85 – 90.

[139] 文宏，李玉玲．目标引导、资源驱动与环境培育：中国特色新型智库建设的内在逻辑：基于 82 份政策的文本内容分析 [J]．北京工业大学学报（社会科学版），2021，21 (1)：63 – 74.

[140] 吴刚，薛浩．高校众创空间制度"碎片化"问题及其对策——整体性治理理论视角 [J]．高校教育管理，2020，14 (5)：76 – 82.

[141] 吴俊杰，盛亚．网络强度、网络开放度对产业集群绩效的影响机制研究——以浙江产业集群为例 [J]．经济地理，2011，31 (11)：1865 – 1873.

[142] 吴芹，蒋伏心．创新价值链下科技服务业集聚对区域创新效率的影响 [J]．中国科技论坛，2020 (5)：128 – 137.

[143] 巫孝君．协同视域下科技服务业集聚发展研究——基于 2012—2016 年四川科技服务业数据调查 [J]．科技管理研究，2018，38 (11)：55 – 62.

[144] 吴晓云，王建平．网络关系强度对技术创新绩效的影响——不同创新模式的双重中介模型 [J]．科学学与科学技术管理，2017，38 (7)：155 – 166.

[145] 向永胜，魏江．集群企业内外商业、技术网络关系嵌入对创新能力的作用研究 [J]．科学学与科学技术管理，2013，34 (3)：51 – 57.

[146] 谢家平，孔詠炜，张为四．科创平台的网络特征、运行治理与发展策略——以中关村、张江园科技创新实践为例 [J]．经济管理，2017，39 (5)：36 – 49.

[147] 谢泗薪，侯蒙．经济新常态下科技服务业的产业集聚结构模式与立体攻略 [J]．科技管理研究，2017，37 (2)：171 – 175.

[148] 谢臻，卜伟．科技服务业集聚、地区创新能力与经济增长——以北京市为例 [J]．北京社会科学，2018 (6)：108 – 118.

[149] 谢智敏，王霞，杜运周，谢玲敏.创业生态系统如何促进城市创业质量——基于模糊集定性比较分析 [J].科学学与科学技术管理，2020，41 (11)：68－82.

[150] 许冠南.关系嵌入性对技术创新绩效的影响研究 [D].杭州：浙江大学，2008.

[151] 徐蕾，魏江.网络地理边界拓展与创新能力的关系研究——路径依赖的解释视角 [J].科学学研究，2014，32 (5)：767－776.

[152] 徐娜娜，彭正银.本土产品开发能力、创新网络与后发企业逆向创新的案例研究 [J].研究与发展管理，2017，29 (5)：99－112.

[153] 徐倪妮，郭俊华.政府研发资助如何影响中小企业创新绩效 [J].科学学研究，2022，40 (8)：1516－1526.

[154] 徐顽强，孙正翠，周丽娟.基于主成分分析法的科技服务业集聚化发展影响因子研究 [J].科技进步与对策，2016，33 (1)：59－63.

[155] 薛娟，丁长青，卢杨.复杂网络视角的网络众包社区知识传播研究——基于 Dell 公司 Ideastorm 众包社区的实证研究 [J].情报科学，2016，34 (8)：25－28＋61.

[156] 杨博旭，王玉荣，李兴光."厚此薄彼"还是"雨露均沾"——组织如何有效利用网络嵌入资源提高创新绩效 [J].南开管理评论，2019，22 (3)：201－213.

[157] 杨春白雪，曹兴，高远.新兴技术合作创新网络演化及特征分析 [J].科研管理，2020，41 (7)：20－32.

[158] 杨建武.智能治理伦理风险的关键影响因素研究——基于 DEMA-TEL 方法 [J].科学与社会，2021，11 (4)：80－97.

[159] 杨力，刘敦虎.科技服务业集聚对产业升级的影响研究 [J].科技管理研究，2021，41 (19)：169－176.

[160] 杨晔，朱晨.合作网络可以诱发企业创新吗？——基于网络多样性与创新链视角的再审视 [J].管理工程学报，2019，33 (4)：28－37.

[161] 杨照.基于知识网络的产业集群创新研究 [D].南京：南京邮电大学，2012.

[162] 杨震宁，李东红，范黎波.身陷"盘丝洞"：社会网络关系嵌入过度影响了创业过程吗？[J].管理世界，2013 (12)：101－116.

[163] 姚艳红，衡元元. 知识员工创新绩效的结构及测度研究 [J]. 管理学报，2013（10）：97-102.

[164] 姚艳虹，龚榆. 双层网络嵌入下结构洞对企业二元创新的影响 [J]. 科技进步与对策，2022，39（1）：99-109.

[165] 姚战琪. 科技服务业集聚对产业升级的影响研究 [J]. 北京工商大学学报（社会科学版），2020，35（6）：104-114.

[166] 叶琴，曾刚. 不同知识基础产业创新网络与创新绩效比较——以中国生物医药产业与节能环保产业为例 [J]. 地理科学，2020，40（8）：1235-1244.

[167] 叶竹馨，买忆媛. 创业团队的认知结构与创新注意力：基于 TMS 视角的多案例研究 [J]. 管理评论，2016，28（4）：225-240.

[168] 于淳馨，陈红喜，侯召兰，朱跃钊. 城区科技服务业发展水平测评的实证研究 [J]. 科技管理研究，2017，37（8）：88-93.

[169] 俞兆渊，鞠晓伟，余海晴. 企业社会网络影响创新绩效的内在机理研究——打开知识管理能力的黑箱 [J]. 科研管理，2020，41（12）：149-159.

[170] 曾婧婧，刘定杰. 生物医药产业集群网络嵌入性、网络结构与企业创新绩效 [J]. 中国科技论坛，2017（5）：49-56.

[171] 翟运开，郭柳妍，赵栋祥，路薇. 基于 PMC 指数模型的远程医疗政策评价 [J]. 信息资源管理学报，2022，12（2）：112-122+137.

[172] 张爱琴，薛碧薇，张海超. 中国省域创新生态系统耦合协调及空间分布分析 [J]. 经济问题，2021（6）：98-105.

[173] 张保仓. 虚拟组织网络规模、网络结构对合作创新绩效的作用机制——知识资源获取的中介效应 [J]. 科技进步与对策，2020，37（5）：27-36.

[174] 张春雨，郭韬，刘洪德. 网络嵌入对技术创业企业商业模式创新的影响 [J]. 科学学研究，2018（1）：167-175.

[175] 张海红，吴文清. 孵化器内创业者知识超网络涌现研究 [J]. 管理学报，2017，14（5）：695-703.

[176] 张恒俊，杨皎平. 双重网络嵌入、学习空间与集群企业技术创新的实证研究 [J]. 研究与发展管理，2015，27（1）：51-60.

[177] 张辉，苏昕. 网络嵌入、动态能力与企业创新绩效——一个模糊集定性比较分析 [J]. 科技进步与对策，2021，38（6）：85－94.

[178] 张慧，周小虎，吴周玥. 政治赞助与空间资源禀赋如何塑造众创空间成果——来自江苏省 276 家苏青 C 空间的证据 [J]. 系统管理学报，2021，30（5）：982－993.

[179] 张金福，黄雪晴. 创新网络结构对颠覆性创新的影响机制——双元性学习的中介作用 [J]. 科技管理研究，2020，40（8）：7－16.

[180] 张鹏，梁咏琪，杨艳君. 中国科技服务业发展水平评估及区域布局研究 [J]. 科学学研究，2019，37（5）：833－844.

[181] 张琴，赵丙奇，郑旭. 科技服务业集聚与制造业升级：机理与实证检验 [J]. 管理世界，2015（11）：178－179.

[182] 张清正 a. "新"新经济地理学视角下科技服务业发展研究——基于中国 222 个城市的经验证据 [J]. 科学学研究，2015，33（10）：1464－1470.

[183] 张清正 b. 中国科技服务业集聚的空间分析及影响因素研究 [J]. 软科学，2015，29（8）：1－4＋24.

[184] 张清正，李国平. 中国科技服务业集聚发展及影响因素研究 [J]. 中国软科学，2015（7）：75－93.

[185] 张曼，菅利荣. 科技服务业集聚化发展关键影响因素识别——基于直觉模糊层次分析法 [J]. 科技管理研究，2021，41（8）：108－116.

[186] 张胜，郭英远. 基于政策地图的科技服务业发展政策设计研究 [J]. 科技进步与对策，2014，31（23）：110－115.

[187] 张骁，周霞，王亚丹. 中国科技服务业政策的量化与演变——基于扎根理论和文本挖掘分析 [J]. 中国科技论坛，2018（6）：6－13.

[188] 张玉强，王建国. 对投入主导型科技服务业激励政策的反思与解构 [J]. 理论月刊，2011（8）：168－171.

[189] 赵建吉，王艳华，吕可文，茹乐峰，苗长虹. 内陆区域中心城市金融产业集聚的演化机理——以郑东新区为例 [J]. 地理学报，2017，72（8）：1392－1407.

[190] 赵炎，王晨. 知识密集型服务业的集群创新及创新系统文献综述 [J]. 科技进步与对策，2009，26（24）：195－200.

［191］赵炎，王燕妮．越强越狭隘？企业间联盟创新网络的证据——基于资源特征与结构特征的视角［J］．科学学与科学技术管理，2017，38（5）：117－127.

［192］郑苏江，吴忠．上海市科技服务业与制造业互动发展实证研究［J］．科技管理研究，2020，40（17）：81－87.

［193］钟小平．广东科技服务业支持政策体系设计研究［J］．科技管理研究，2014，34（3）：23－28.

［194］周必彧，邢喻．众创空间赋能形式与培育绩效研究——基于浙江省185家众创空间的实证研究［J］．浙江社会科学，2020（2）：60－66＋59＋157.

［195］周灿，曹贤忠，曾刚．中国电子信息产业创新的集群网络模式与演化路径［J］．地理研究，2019，38（9）：2212－2225.

［196］周海炜，陈青青．大数据发展政策的量化评价及优化路径探究——基于PMC指数模型［J］．管理现代化，2020，40（4）：74－78.

［197］周柯，刘洋．我国科技服务业发展效率测度及时空差异分析［J］．科技管理研究，2019，39（8）：48－54.

［198］周柯，武墨涵．科技服务业对制造业效率的影响——基于科技创新活动异质性视角［J］．科技管理研究，2020，40（22）：131－138.

［199］周青，梁超．创新网络视角下产学研协同创新演化过程——基于绿色制药协同创新中心的案例研究［J］．科技管理研究，2017，37（23）：200－206.

［200］周荣，喻登科．知识网络研究述评：结构、行为、演化与绩效［J］．现代情报，2018，38（4）：170－176.

［201］周文静，张瑞林．基于PMC指数模型的冰雪产业政策量化评价及实证研究［J］．武汉体育学院学报，2022，56（4）：42－48＋80.

［202］周文泳，周小敏，姚俊兰．政府补贴、生命周期和科技服务企业价值［J］．同济大学学报（自然科学版），2019，47（6）：888－896.

［203］周志刚，丁秋楷，阮丽娟．创新网络中企业自主知识产权交互对创新绩效的影响［J］．科技进步与对策，2019，36（21）：98－105.

［204］朱文涛，顾乃华．科技服务业集聚是否促进了地区创新——本地效应与省际影响［J］．中国科技论坛，2017（11）：83－92＋98.

［205］朱相宇，严海丽.北京市科技服务业的发展现状与比较研究［J］.科技管理研究，2017，37（23）：105－118.

［206］朱晔.基于复杂适应性系统观的金融中介仿真研究［D］.泉州：华侨大学，2014.

［207］邹琳，曾刚，司月芳，等.创新网络研究进展述评与展望［J］.人文地理，2018，33（4）：7－12＋67.

［208］邹弈星，周华强，刘洋露，冯文帅，王敬东.农业科技服务业发展的理论探析与政策建议——基于四川省实证研究［J］.科技管理研究，2017，37（15）：29－34.

［209］ABDALLAH A B，DAHIYAT S E，Matsui Y. Lean management and innovation performance：Evidence from international manufacturing companies. Management Research Review. 2019，42（2），239－262.

［210］AGARWAL R，SELEN W. Dynamic capability building in service value networks for achieving service innovation［J］. Decision Sciences，2009，40（3）：431－475.

［211］AHUJA G. Collaboration networks，structural holes，and innovation：A longitudinal study［J］. Administrative Science Quarterly，2000，45（3）：425－455.

［212］AHUJA G，LAMPERT C M. Entrepreneurship in the large corporation：A longitudinal study of how established firms create breakthrough inventions［J］. Strategic Management Journal，2001，22（6－7）：521－543.

［213］ALBERTI F G，PIZZURNO E. Oops，I did it again！Knowledge leaks in open innovation networks with start-ups［J］. European Journal of Innovation Management，2017，20（1）：50－79.

［214］AMIN A，THRIFT N. Globalization，Instituions and Regional Development in Europe［M］. New York：Oxford University Press，1995.

［215］ANDERSON A R，BENAVIDES-ESPINOSA M D M，MOHEDANO-SUANES A I. Innovation in services through learning in a joint venture［J］. Service Industries Journal，2011，31（12）：2019－2032.

［216］ARECHAVALA-VARGAS R，DIAZ-PEREZ C，HOLBROOK J A. Globalization of innovation and dynamics of a regional innovation network：The case of the Canadian fuel cell cluster ［C］. Atlanta, GA: Atlanta Conference on Science and Innovation Policy, 2009: 1 – 7.

［217］ AVLONITIS G, PAPASTATHOPOULOU P, GOUNARIS S. An Empirically-based Typology of Product Innovativeness for New Financial Services: Success and Failure Scenarios ［J］. Journal of Product Innovation Management, 2001, 18 (5): 324 – 342.

［218］ BALLAND P A, BOSCHMA R. Complementary Inter-Regional Linkages and Smart Specialization: an Empirical Study on European Regions ［J］. Papers in Evolutionary Economic Geography (PEEG), 2020.

［219］ BALSALOBRE-LORENTE D, ZERAIBI A, SHEHZAD K, ET AL. Taxes, R&D expenditures, and open innovation: analyzing OECD countries ［J］. Journal of Open Innovation: Technology, Market, and Complexity, 2021, 7 (1): 1 – 12.

［220］ BANKINS S, DENNESS B, KRIZ A, ET AL. Innovation Agents in the Public Sector: Applying Champion and Promotor Theory to Explore Innovation in the Australian Public Service ［J］. Australian Journal of Public Administration, 2017, 76 (1): 122 – 137.

［221］ BATHELT H, HENN S. The geographies of knowledge transfers over distance: Toward a typology ［J］. Environment & Planning A, 2014, 46 (6): 1403 – 1424.

［222］ BENNER M J, TUSHMAN M. Process Management and Technological Innovation: A Longitudinal Study of the Photography and Paint Industries ［J］. Administrative Science Quarterly, 2002, 47 (4): 676 – 707.

［223］ BHARWANI S, MATHEWS D. Customer service innovations in the Indian hospitality industry ［J］. Worldwide Hospitality and Tourism Themes, 2016, 8 (4): 416 – 431.

［224］ BIRD M, ZELLWEGER T. Relational embeddedness and firm growth: Comparing spousal and sibling entrepreneurs ［J］. Organization Science, 2018, 29 (2): 264 – 283.

［225］ BOSCHMA R, ERIKSSON R, LINDGREN U. How does labour mobility affect the performance of plants? The importance of relatedness and geographical proximity [J]. Journal of Economic Geography, 2009, 9 (2): 169 – 190.

[226] BOSCHMA R A, FRENKENK. The Spatial evolution of innovation networks: A proximity perspective [M] //BOSCHMA R, MARTIN R. The Handbook of Evolutionary Economic Geography. Cheltenham: Edward Elgar, 2010: 120 – 136.

[227] BROWN P, ROPER S. Innovation and networks in New Zealand farming [J]. Australian Journal of Agricultural and Resource Economics, 2017, 61 (3): 422 – 442.

[228] BRUNEEL J, ESTE P D, SALTER A. Investigating the factors that diminish the barriers to university industry collaboration [J]. Research Policy, 2010, 39 (7): 858 – 868.

[229] BURT R S. Structural Holes: The Social Structure of Competition [M]. Cambridge, MA: Harvard University Press, 1992.

[230] BUZARD K, CARLINO G. The geography of research and development activity in the U.S. [J]. Business Review, 2008, 3: 1 – 11.

[231] CAO Q, GEDAJLOVIC E, ZHANG H. Unpacking organizational ambidexterity: Dimensions, contingencies, and synergistic effects [J]. Organization Science, 2009, 20 (4): 781 – 796.

[232] CAPALDO A, PETRUZZELLI A M. In search of alliance-level relational capabilities: Balancing innovation value creation and appropriability in R&D alliances [J]. Scandinavian Journal of Management, 2011, 27 (3): 273 – 286.

[233] CARRINCAZEAUX C, LUNG Y, RALLET A. Proximity and localisation of corporate R&D activities [J]. Research Policy, 2001, 30 (5): 777 – 789.

[234] CENTOLA D, MACY M. Complex contagions and the weakness of long ties [J]. American Journal of Sociology, 2007, 113 (3): 702 – 734.

[235] CHEN J S, KERR D, CHOU C Y, ET AL. Business co-creation for service innovation in the hospitality and tourism industry [J]. International Journal of Contemporary Hospitality Management, 2017, 29 (6): 1522 – 1540.

[236] CHOI H, KIM S H, LEE J. Role of network structure and network

effects in diffusion of innovations [J]. Industrial Marketing Management, 2010, 39 (1): 170 – 177.

[237] CHULUUN T, PREVOST A, UPADHYAY A. Firm network structure and innovation [J]. Journal of Corporate Finance, 2017, 44: 193 – 214.

[238] CHEN J S, TSOU H T, CHING R K H. Coproduction and its effects on service innovation [J]. Industrial Marketing Management, 2011, 40 (8): 1331 – 1346.

[239] CLAUSS T, SPIETH P. Governance of open innovation networks with national vs international scope [J]. Journal of Strategy and Management, 2017, 10 (1): 66 – 85.

[240] COLEMAN J S. Social Capital in the Creation of Human Capital. American Journal of Sociology, 1988, 94: 95 – 120.

[241] COPERCINI M. Berlin as a creative field: Deconstructing the role of the urban context in creative production [J]. Quaestiones Geographicae, 2016, 35 (4): 121 – 132.

[242] CORSO M, MARTINI A, PELLEGRINI L, ET AL. Technological and Organizational Tools for Knowledge Management: In Search of Configurations [J]. Small Business Economics, 2003, 21 (4): 397 – 408.

[243] CORTINOVIS N, OORT F V. Between spilling over and boiling down: network-mediated spillovers, local knowledge base and productivity in European regions [J]. Journal of Economic Geography, 2019, 19 (6): 1233 – 1260.

[244] COWAN R, JONARD N, ZIMMERMANN J B. Bilateral collaboration and the emergence of innovation networks [J]. Management Science, 2007, 53 (7): 1051 – 1067.

[245] CUIJPERS M, GUENTER H, HUSSINGER K. Costs and benefits of interdepartmental innovation collaboration [J]. Research Policy, 2011, 40 (4): 565 – 575.

[246] DANNEELS E, SETHI R. New product exploration under environmental turbulence [J]. Organization Science. 2011, 22 (4): 1026 – 1039.

[247] DASKALAKIS M, KAUFFELD-MONZ M. On the dynamics of knowledge generation and trust building in regional innovation networks: A multi method

approach [J]. Agent-based Economics, 2007 (5): 278 – 296.

[248] DAVIS J P, EISENHARDT K M. Rotating leadership and collaborative innovation: Recombination processes in symbiotic relationships [J]. Administrative Science Quarterly, 2011, 56 (2): 159 – 201.

[249] D. FJEDSTAD Ø, C. SNOW C, E. MILES R, ET AL. The architecture of collaboration [J]. Strategic Management Journal, 2012, 33 (6): 734 – 750. https://doi. org/10. 1002/smj. 1968.

[250] DICKEN P, KELLY P F, OLDS K, ET AL. Chains and networks, territories and scales: towards a relational framework for analysing the global economy [J]. Global Networks, 2001, 1 (2): 89 – 112.

[251] ELENAALEXANDRA S. The impact of educated migrants and R&D expenditures on innovation [J]. Management & Marketing, 2021, 16 (1): 13 – 25.

[252] FABRIZIO K R, POCZTER S, ZELNER B A. Does innovation policy attract international competition? Evidence from energy storage [J]. Research Policy, 2017, 46 (6): 1106 – 1117.

[253] FISS P C. Building Better Causal Theories: A Fuzzy Set Approach to Typologies in Organization Research [J]. Academy of Management Journal, 2011, 54 (2): 393 – 420.

[254] GALLOUJ F, SAVONA M. Innovation in services: a review of the debate and a research agenda [J]. Journal of Evolutionary Economics, 2009, 19 (2): 149 – 172.

[255] GARCIA-POZOA, MARCHANTE-MERA A J, CAMPOS-SORIA J A. Innovation, environment, and productivity in the Spanish service sector: An implementation of a CDM structural model [J]. Journal of Cleaner Production, 2018, 171: 1049 – 1057.

[256] GARCíA-VILLAVERDE P M, ELCHE D, MARTíNEZ-PéREZ A, ET AL. Determinants of radical innovation in clustered firms of the hospitality and tourism industry [J]. International Journal of Hospitality Management, 2017, 61: 45 – 58.

[257] GIOVANNETTI E, PIGA C A. The contrasting effects of active and

passive cooperation on innovation and productivity: Evidence from British local innovation networks [J]. International Journal of Production Economics, 2017, 187: 102 – 112.

[258] GRANOVETTER M S. The strength of weak ties [J]. American Journal of Sociology, 1973, 78 (6): 1360 – 1380.

[259] GRILLITSCH M, TöDTLING F, HöGLINGER C. Variety in knowledge sourcing, geography and innovation: Evidence from the ICT sector in Austria [J]. Papers in Regional Science, Wiley Blackwell, 2015, 94 (1): 25 – 43.

[260] HAGEDOORN J, CLOODT M. Measuring innovative performance: is there an advantage inusing multiple indicators? [J]. Research Policy, 2003, 32 (1): 1365 – 1379.

[261] HÅKANSSON H, SNEHOTA I. No business is an island: The network concept of business strategy [J]. Scandinavian Journal of Management, 1989, 5 (3), 187 – 200.

[262] HANSEN M T. The Search-Transfer Problem: The Role of Weak Ties in Sharing Knowledge across Organization Subunits [J]. Administrative Science Quarterly, 1999, 44 (1): 82 – 111.

[263] HAYES A F. An introduction to mediation, moderation and conditional process analysis: A regression-based approah [M]. Guilford, New York, 2013.

[264] HERNANDEZ E, KULCHINA E. Immigrants and Foreign Firm Performance [J]. Organization Science, 2020, 31 (4): 797 – 820.

[265] HINZ O, SKIERA B, BARROT C, JAN U B. Seeding strategies for viral marketing: An empirical comparison [J]. Journal of Marketing, 2011, 75 (6): 55 – 71.

[266] HIPP C. Collaborative innovation in services [A]. Gallouj F and Djellal F. The handbook of innovation and services: A muti-disciplinary perspective [C]. London: Edward Elgar Publishing Limited, 2010.

[267] HOFMAN E, HALMAN J I M, SONG M. When to Use Loose or Tight Alliance Networks for Innovation? Empirical Evidence [J]. Journal of Product Innovation Management, 2017, 34 (1): 81 – 100.

[268] HUMPHREY J, SCHMITZ H. How does insertion in global value

chains affect upgrading in industrial clusters [J]. Regional Studies, 2002, 36 (9): 1017 – 1027.

[269] HUŇADY J, PISÁR P. Innovation and invention in the EU business sector: the role of the R&D expenditures [J]. Interdisciplinary Description of Complex Systems-scientific journal, 2021, 19 (2): 168 – 188.

[270] JARILLO J C. on strategic networks [J]. Strategic Management Journal, 1988, 9 (1): 31 – 34.

[271] JARVENPAA S L, STAPLES D S. Exploring perceptions of organizational ownership of information and expertise [J]. Journal of Management Information Systems, 2001, 18 (1): 151 – 183.

[272] JIAN Z, OSMAN M A, LI L. The effects of relational embeddedness on service innovation performance: network competence as a mediator [J]. International Journal of Services Operations and Informatics, 2017, 8 (3): 246 – 262.

[273] JUDGE W Q, FAINSHMIDT S, BROWN J L. Institutional Systems for Equitable Wealth Creation: Replication and an Update of Judge et al. (2014) [J]. Management and Organization Review, 2020, 16 (1): 5 – 31.

[274] KEEBLE D, NACHUM L. Why do business service firms cluster? Small consultancies, clustering and decentralization in London and Southern England [J]. Transactions of the Institute of British Geographers, 2002, 27 (1): 67 – 90.

[275] KEEBLE D, WILKINSON F. High-technology Clusters, Networking and Collective Learning in Europe [M]. London: Taylor and Francis: 2017 – 11 – 22.

[276] KEELING M. The implications of network structure for epidemic dynamics [J]. Theoretical Population Biology, 2005, 67 (1): 1 – 8.

[277] KHAKSAR S M S, SHAHMEHR F S, KHOSLA R, ET AL. Dynamic capabilities in aged care service innovation: The role of social assistive technologies and consumer-directed care strategy [J]. Journal of Services Marketing, 2017, 31 (7): 745 – 759.

[278] KIM Y S, LEE D, CHA J H. A blueprinting approach to service inno-

vation in private educational institutions［J］. International Journal of Quality Inno-vation，2017，3（2）：1 - 11.

［279］KLEIBERT M J. Pervasive but Neglected：Conceptualising Services and Global Production Networks［J］. Geography Compass，2016，10（8）：333 - 345.

［280］KOLLOCH M，RECK F. Innovation networks in the German energy in-dustry［J］. International Journal of Energy Sector Management，2017，11（2）：268 - 294.

［281］KRACKHARDT D. The Ties That Torture：Simmelian Tie Analysis in Organizations［J］. Research in the Sociology of Organizations，1999，16（1）：183 - 210.

［282］KUANG B，HAN J，LU X，ET AL. Quantitative evaluation of China's cultivated land protection policies based on the PMC-Index model［J］. Land Use Policy，2020（99）：1 - 9.

［283］LEE，HWA J，KIM，ET AL. Determinants of technological innova-tion performance of knowledge-intensive business service industries in Korea［J］. Journal of Korea Service Management Society，2016，17（3）：257 - 290.

［284］LI J J，POPPO L，ZHOU K Z. Relational mechanisms，formal con-tracts，and local knowledge acquisition by international subsidiaries［J］. Strategic Management Journal，2010，31（4）：349 - 370.

［285］LIBAI B，MULLER E，PERES R. The role of seeding in multi-market entry［J］. International Journal of Research in Marketing，2005，22（4）：375 - 393.

［286］LIBAI B，MULLER E，PERES R. Decomposing the value of word-of-mouth seeding programs：Acceleration versus expansion［J］. Journal of Marketing Research，2013，50（2）：161 - 176.

［287］LIN J L，FANG S C，FANG S R，TSAI F S. Network embeddedness and technology transfer performance in R&D consortia in Taiwan. Technovation. 2009，29（11），763 - 774.

［288］MAKOTO F. Simulations of the Diffusion of Innovation by Trust-Distrust Model Focusing on the Network Structure.［J］. The review of socionetwork strategies, 2022, 16 (2): 11 – 18.

[289] MAINARDES E W, FUNCHAL B, SOARES J. The informatics technology and innovation in the service production [J]. Structural Change and Economic Dynamics, 2017, 43 (C): 27 – 38.

[290] MARCH J G. Exploration and exploitation in organizational learning [J]. Organization Science1991, 2 (1): 71 – 87.

[291] MARCH J G. Rationality, foolishness, and adaptive intelligence [J]. Strategic Management Journal, 2006, 27 (3): 201 – 214.

[292] MARRA A, ANTONELLI P, POZZI C. Emerging green-tech specializations and clusters-A network analysis on technological innovation at the metropolitan level [J]. Renewable & Sustainable Energy Reviews, 2017, 67: 1037 – 1046.

[293] MCINTYRE D P, SRINIVASAN A. Networks, platforms, and strategy: Emerging views and next steps [J]. Strategic Management Journal, 2017, 38 (1): 141 – 160.

[294] MILES I. Research and development (R&D) beyond manufacturing: the strange case of services R&D [J]. R&D Management, 2007, 37 (3): 249 – 268.

[295] MORRISON A, RABELLOTTI R. Knowledge and information networks in an Italian wine cluster [J]. European Planning Studies, 2009, 17 (7): 983 – 1006.

[296] MOTTA J J, MORERO H A, BORRASTERO C, ET AL. Complementarities between innovation policies in emerging economies. The case of Argentina's software sector [J]. International Journal of Technological Learning Innovation and Development, 2013, 6 (4): 355 – 373.

[297] MOULAERT F, GALLOUJ C. The Locational Geography of Advanced Producer Service Firms: the Limits of Economies of Agglomeration [J]. The Service Industries Journal, 1993, 13 (2): 91 – 106.

[298] MUKHERJEE P. How chilling are network externalities? The role of network structure [J]. International Journal of Research in Marketing, 2014, 31 (4): 452 – 456.

[299] MULLER E, PERES R. The effect of social networks structure on innovation performance: A review and directions for research [J]. International Journal of Research in Marketing, 2019, 36 (1): 3 – 19.

[300] NECOECHEA-MONDRAGóN H, PINEDA-DOMINGUEZ D, PÉREZ-REVELES M D L L, ET AL. Critical factors for participation in global innovation networks. Empirical evidence from the Mexican nanotechnology sector [J]. Technological Forecasting & Social Change, 2017, 114: 293 – 312.

[301] NOLD A. Heterogeneity in disease-transmission modeling [J]. Mathematical Biosciences, 1980, 52 (3): 227 – 240.

[302] NONAKA I, TOYAMA R, NAGATA A. A firm as a knowledge-creating entity: A new perspective on the theory of the firm [J]. Journal of Industrial and Corporate Change, 2000, 9 (1): 1 – 20.

[303] ORDANINI A, PARASURAMAN A. Service Innovation Viewed Through A Service-Dominant Logic Lens: A Conceptual Framework and Empirical Analysis [J]. Journal of Service Research, 2011, 14 (1), 3 – 23.

[304] PENG H. Why and when do people hide knowledge? [J]. Journal of Knowledge Management, 2013, 17 (3): 398 – 415.

[305] PISANO G P. Learning-before-Doing in the development of new process technology [J]. Research Policy, 1996, 25 (7): 1097 – 1119.

[306] PRESBITERO A, ROXAS B, CHADEE D. Sustaining innovation of information technology service providers [J]. International Journal of Physical Distribution & Logistics Management, 2017, 47 (2/3): 156 – 174.

[307] POMEGBE W W K, LI W, DOGBE C S K, OTOO C O. Enhancing the Innovation Performance of Small and Medium-Sized Enterprises Through Network Embeddedness. Journal of Competitiveness,, 2020, 12 (3): 156 – 171.

[308] PORTER M E. Clusters and the new economics of competition [J]. Harvard Business Review, 1998, 76 (6): 77 – 90.

[309] RADAUER A, WALTER L. Elements of Good Practice for Providers of Publicly Funded Patent Information Services for SMEs Selected and Amended Results of a Benchmarking Exercise [J]. World Patent Information, 2009, 32 (3): 237 – 245.

[310] RAISCH S, BIRKINSHAW J, PROBST G, ET AL. Organizational ambidexterity: balancing exploitation and exploration for sustained performance [J]. Organization Science, 2009, 20 (4): 685 –695.

[311] RAND W, RUST R T. Agent-based modeling in marketing: Guide-lines for rigor [J]. International Journal of Research in Marketing, 2011, 28 (3): 181 –193.

[312] ROST K. The strength of strong ties in the creation of innovation [J]. Research Policy, 2011, 40 (4): 588 –604.

[313] RUIZ E M·A. Policy modeling: Definition, classification and evalua-tion [J]. Journal of Policy Modeling, 2011, 33 (4): 523 –536.

[314] RUIZ E M A, PARK D. The past, present and future of policy model-ing [J]. Journal of Policy Modeling, 2018, 40 (1): 1 –15.

[315] RUIZ E M A, YAP S F. The origins and evolution of policy modeling [J]. Journal of Policy Modeling, 2013, 35 (1): 170 –182.

[316] RUIZ E M A, YAP S F, NAGARAJ S. Beyond the ceteris paribus as-sumption: modeling demand and supply assuming omnia mobilis [J]. Internation-al Journal of Economics Research, 2008 (2): 185 –194.

[317] LATIFF HS B H N M A, HASSAN A. Rise and fall of knowledge pow-er: an in-depth investigation [J]. Humanomics, 2008, 24 (1): 17 –27.

[318] Schilling M A, Phelps C C. Interfirm Collaboration Networks: The Im-pact of Large-Scale Network Structure on Firm Innovation [J]. Management Sci-ence, 2007, 53 (7): 1113 –1126.

[319] SCOTT A J. Beyond the creative city: Cognitive-cultural capitalism and the new urbanism [J]. Regional Studies, 2020, 48 (4): 565 –578.

[320] SCUOTTOV, GIUDICE M D, DELLA PERUTA M R, ET AL. The performance implications of leveraging internal innovation through social media net-works: An empirical verification of the smart fashion industry [J]. Technological Forecasting & Social Change, 2017, 120: 184 –194.

[321] SCOTT A J. Flexible production systems and regional development: the rise of new industrial spaces in North America and western Europe [J]. Interna-tional Journal of Urban and Regional Research, 1988, 12 (2): 171 –186.

[322] SHAW A T, GILLY J P. On the analytical dimension of proximity dynamics [J]. Regional Studies, 2000, 34 (2): 169 – 180.

[323] SÖLVELL I. Managers' silent whisper innovation involvement and role-modeling in service firms [J]. European Journal of Innovation Management, 2018, 21 (1): 2 – 19.

[324] SUNLEY P. Relational economic geography: A partial understanding or a new paradigm? [J]. Economic Geography, 2008, 84 (1): 1 – 26.

[325] TORRE A, RALLET A. Proximity and localization [J]. Regional Studies, 2005, 39 (1): 47 – 59.

[326] UCHIDA M, SHIRAYAMA S. Influence of a network structure on the network effect in the communication service market [J]. Physica A: Statistical Mechanics and its Applications, 2008, 387 (21): 5303 – 5310.

[327] UZZI B. The Sources and Consequences of Embeddedness for the Economic Performance of Organizations: The Network Effect [J]. American Sociological Review, 1996, 61 (4): 674 – 698.

[328] UZZI B. Social Structure and Competition in Interfirm Networks: The Paradox of Embeddedness [J]. Administrative Science Quarterly, 1997, 42 (1): 35 – 67.

[329] VAN ECK P S, JAGER W, LEEFLANG P S H. Opinion leaders' role in innovation diffusion: A simulation study [J]. Journal of Product Innovation Management, 2011, 28 (2): 187 – 203.

[330] VIGL L E, DEPELLEGRIN D, PEREIRA P, ET AL. Mapping the ecosystem service delivery chain: Capacity, flow, and demand pertaining to aesthetic experiences in mountain landscapes [J]. Science of the Total Environment, 2017, 574: 422 – 436.

[331] VILJAMAA A, KOLEHMAINEN J, KUUSISTO J. For and against? An exploration of inadvertent influences of policies on KIBS industries in the Finnish policy setting [J]. Service Industries Journal, 2010, 30 (1 – 2): 71 – 84.

[332] WATTS D J, DODDS P S. Influentials, networks, and public opinion formation [J]. Journal of Consumer Research, 2007, 34 (4): 441 – 458.

[333] WERNER P, STRAMBACH S. Policy mobilities, territorial knowledge

dynamics and the role of KIBS: Exploring conceptual synergies of formerly discrete approaches [J]. Geoforum, 2018, 89: 19 – 28.

[334] WITELL L, GEBAUER H, JAAKKOLA E, ET AL. A bricolage perspective on service innovation [J]. Journal of Business Research, 2017, 79 (C): 290 – 298.

[335] YAN Y, ZHANG J, GUAN J. Network embeddedness and innovation: Evidence from the alternative energy field [J]. IEEETransactions on Engineering Management, 2020, 67 (3): 769 – 782.

[336] YOGANARASIMHAN H. Impact of social network structure on content propagation: A study using YouTube data [J]. Quantitative Marketing and Economics, 2012, 10 (1): 111 – 150.

[337] YOON J, SUNG S, RYU D. The Role of Networks in Improving International Performance and Competitiveness: Perspective View of Open Innovation [J]. Sustainability, 2020, 12 (3): 1 – 16.

[338] ZACH F J, HILL T L. Network, knowledge and relationship impacts on innovation in tourism destinations [J]. Tourism Management, 2017, 62: 196 – 207.

[339] ZAHEER A, BELL G G. Benefiting from network position: Firm capabilities, structural holes, and performance [J]. Strategic Management Journal, 2005, 26 (9): 809 – 825.

[340] ZHANG J A, EDGAR F, GEARE A, O'KANE C. The interactive effects of entrepreneurial orientation and capability based hrm on firm performance: the mediating role of innovation ambidexterity [J]. Industrial Marketing Management, 2016, 59: 131 – 143.

[341] ZHAO X, LYNCH J G, CHEN Q. Reconsidering baron and kenny: Myths and truths about mediation analysis [J]. Social Science Electronic Publishing. 2010, 37 (2): 197 – 206.

[342] ZOLLO M, WINTER S G. Deliberate learning and the evolution of dynamic capabilities [J]. Organization Science, 2002, 13 (3): 339 – 351.